뇌는 왜 친구를 원하는가

WHY BRAINS NEED FRIENDS

Copyright © 2025 by Ben Rein, originally published in the United States by Avery, an imprint of Penguin Publishing Group, a division of Penguin Random House LLC

All rights reserved including the right of reproduction in whole or in part in any form. This edition published by arrangement with Avery, an imprint of Penguin Publishing Group, a division of Penguin Random House LLC. This Korean translation published by arrangement with Ben Rein in care of Avery, an imprint of Penguin Publishing Group, a division of Penguin Random House LLC through Alex Lee Agency ALA.

이 책의 한국어판 저작권은 알렉스리 에이전시 ALA를 통해서 Avery, an imprint of Penguin Publishing Group, a division of Penguin Random House LLC 사와 독점계약한 도서출판 길벗에 있습니다. 저작권법에 의하여 한국 내에서 보호를 받는 저작물이므로 무단 전재와 복제를 금합니다.

뇌는 왜 친구를 원하는가

우리 삶에 사랑과 연결 그리고 관계가 필요한 뇌과학적 이유

벤 라인 지음 | 고현석 옮김

WHY BRAINS NEED FRIENDS

더퀘스트

외로움과 싸워온 이들에게

그리고 그들을 탈출구로 이끌어준 모든 이들에게

이 책을 바칩니다.

추천의 글

고립과 외로움은 현대인의 뇌를 병들게 하는 전염병이다. 특히 고령화와 자살률에서 OECD 최고를 기록하는 대한민국에서는 더욱 심각하다. '인간은 사회적 동물'이라는 아리스토텔레스의 선언은 '사회적 뇌는 친구가 필요하다'는 뜻이다. 우리에게 필요한 것은 소셜미디어를 통한 '접속'이 아니라 직접적인 '사회적 접촉'이다. 아주 쉬운 방법이 있다. 자주 만나 서로 사랑하자. AI 시대를 살아갈 현대인 모두에게 이 책을 권한다.

― **최재천**(이화여대 에코과학부 명예교수, 생명다양성재단 이사장)

AI의 시대다. 그래서 역설적으로 우리의 CPU이자 GPU인 뇌를 이해하는 것은 그 무엇보다도 중요하다. 그런데 문제가 하나 있다. 너무 어렵고 복잡하다. 여기, 내가 아는 한 뇌를 가장 쉽고도 정확하게 이해하게 해주는 책이 세상에 나왔다. 이 책이 30년 전에 나왔으면 나의 학창시절 공부와 이후의 연구 활동이 얼마나 수월해졌을까 하는 생각이 절로 들 정도다. 필자의 노력과 센스에 감탄이 절로 나온다. 무엇보다, '연결'을 갈망하면서도 왜 우리가 고립과 분열을 택하게 되는지, 그리고 왜 타인과 연결될 때 가장 건강하고 강해지는지를 명확하고 흥미롭게 풀어낸 점이 놀랍다.

― **김경일**(아주대학교 심리학과 교수)

외로움은 사치가 아니라 생존의 문제다. 벤 라인 박사의 《뇌는 왜 친구를 원하는가》는 외로움이 단순히 '마음의 문제'라는 우리의 오랜 착각을 정교하게 해체한다. 그는 사회적 관계를 '감정적 사치품'이 아니라, 운동, 수면, 영양만큼이나 신경생리학적으로 필수적인 요소로 제시한다. 따뜻한 서술과 냉철한 과학적 분석을 병치시키며, 우리가 서로를 필요로 하는 이유를 뇌의 회로와 신경전달물질의 언어로 명료하게 번역해낸다.

이 책의 중심에는 명확한 하나의 명제가 있다. 인간의 뇌는 연결되도록 설계되었다는 것. 측좌핵은 사회적 보상을 감지할 때 불을 밝히고, 전대상피질은 고립의 고통을 마치 신체적 통증처럼 처리한다. 함께 있다고 느낄 때 분비되는 옥시토신은 신뢰를 강화하는 사회적 접착제이지만, 동시에 배타적 소속감이라는 그림자를 낳기도 한다. 라인은 이 미묘한 균형을 과장 없이 보여준다. 인간의 뇌는 이타심과 자기보존 사이에서 끊임없이 흔들리며, 그 진동 속에서 우리의 문명은 진화해왔다.

이 책의 미덕은 최신 신경과학을 삶의 언어로 풀어낸 투명한 문체에 있다. 복잡한 fMRI 실험과 동물모델 연구는 딱딱한 데이터가 아닌, 하나의 이야기로 엮인다. 특히, 쥐가 동료의 고통에 반응하는 장면을 설명할 때는 실험실의 냉철함보다, 공감의 진화를 목격하는 인문학자의 시선이 느껴진다. 그리고 소셜미디어 시대를 다룬 장에서는 디지털 관계의 도파민 회로를 해부하면서도, 단절된 현대인의 마음을 연민의 눈으로 바라본다.

《뇌는 왜 친구를 원하는가》는 단순한 사회신경과학 소개서가 아니다. 우리 뇌가 관계를 통해 스스로를 어떻게 치유하는지, 그리고 왜 혼자서는 완전해질 수 없는지를 보여주는 사회적 존재로서의 내밀한 고백이다. 책을 덮는 순간, 독자는 깨닫게 될 것이다. 우리가 서로를 필요로 하는 것은 약해서가 아니라, 그것이 인간의 본질이기 때문이라는 사실을 말이다. "인간은 혼자 살아남을 수 있도록 만들어지지 않았다." 이 문장을 책은 신경과학의 가장 아름다운 문체로 증명한다.

— 정재승(KAIST 뇌인지과학과 교수)

우리를 너무 자주 갈라놓는 지금의 세상에서, 진정한 연결이 건강에 얼마나 중요한지 설득력 있고 시의적절하게 짚어낸 책.

— 〈월스트리트저널〉

우리의 마음이 독주자가 아니라 교향악단이라는 사실을 일깨워주는 절묘한 책이다. 우리는 연결을 위해 만들어졌다.

— 데이비드 이글먼(《무의식은 어떻게 나를 설계하는가》 저자)

'사회적 뇌'에 대한 통찰을 아름다운 문체로 풀어낸 탁월한 책이다.
― 매슈 D. 리버먼(《소셜Social》의 저자)

저자는 사회적 연결이 단순한 '좋은 요소'를 넘어 웰빙, 건강, 행복에 필수적인 이유를 신경과학적으로 멋지게 풀어낸다. 이 매혹적인 책은 당신의 인간관계를 바라보는 방식을 바꾸고 '연결'을 삶의 우선순위로 삼도록 이끌 것이다. 반드시 읽어야 할 책이다.
― 니르 이얄(《훅》,《초집중》의 저자)

왜 우리가 함께할 때 더 나아지는지를 심리학과 신경과학의 관점에서 친절하게 풀어낸 책.
― 리사 제노바(《기억의 뇌과학》,《스틸 앨리스》의 저자)

더 오래 살고 더 잘 살고자 하는 모든 이에게 반드시 권하고 싶은 책이다. 그 변화는 한 번의 대화에서 시작된다.
― 카란 라잔(《이 책은 당신의 생명을 구할지도 모른다This Book May Save Your Life》의 저자)

이 책은 당신이 자신을 더 잘 이해하도록 이끌 뿐 아니라, 지구 위의 복잡한 사회적 그물망 속에서 인간다운 길을 찾아가도록 도와줄 것이다.
― 데보라 블럼(미국의 과학 저널리스트이자《독살자의 핸드북Poisoner's Handbook》의 저자)

저자의 강점을 가장 잘 드러내는 책이다. 과학을 누구나 이해하고 삶에서 활용할 수 있도록 풀어내는 그 탁월한 능력이 빛난다.
― 로버트 말렌카(스탠퍼드대학교 우차이 신경과학연구소 부소장)

《너는 왜 친구를 원하는가》는 점점 분열되고 있는 우리의 세계에 필요한 해독제가 될 것이다. 우리는 더 오래 그리고 더 잘 살고 싶어 한다. 이 목표에 다가가려 한다면 당신은 이 책은 반드시 읽어야 한다.
― 샌드라 본드 채프먼(텍사스대학교 댈러스캠퍼스 뇌건강센터 최고 책임자)

통찰로 가득 찬 이 책에서 저자는 인간관계의 과학을 풀어내면서, 어떻게 하면 더 강한 관계를 구축해 우리가 더 행복하고 건강해질 수 있는지 보여준다. 더 나아가 번영하는 사회를 함께 만들어가는 방법까지 제시한다. 지금 우리에게 가장 절실히 필요한, 바로 그 길을 안내하는 책이다.

— 에마 세팔라(《해피니스 트랙》의 저자)

탁월한 과학 커뮤니케이터인 벤 라인의 이 책은 당신의 행복과 노년이 뇌 건강에 달려 있다는 사실을 깨닫게 하는 동시에 뇌 건강을 개선하는 데 도움을 줄 것이다. 휴대폰을 내려놓고 더 충만한 삶을 살고자 하는 사람이라면 누구나, 이 책이 제시하는 과학적 통찰을 통해 사회적 연결을 일상에서 실천해야 하는 분명한 이유를 발견하게 될 것이다.

— 브릿 레이(《제너레이션 드레드Generation Dread》의 저자이자
스탠퍼드 의과대학 정신의학과 정신건강연구소 소장)

외로움을 느끼는 유일한 신체 기관인 뇌의 건강을 개선하는 데 필수적인 사용자 설명서다. 저자는 사람들이 어떤 면에서는 과도하게 연결되어 있으면서도 그 어느 때보다 고독한 이 세계에서 더 나은 삶을 살아가기 위해 반드시 필요한 지침을 이 책 한 권에 담아냈다.

— 시마 야스민(PhD)(《왓 더 팩트?!(What the Fact?!)》의 저자)

이 책은 우리의 사고방식을 완전히 뒤집는다. 저자는 인간관계의 신경과학을 탁월하게 해설하며, 잘 살아가기 위해 반드시 기억해야 할 생물학적·사회적 요소들을 정교하게 일깨워준다. 복잡한 과학을 독자의 사고를 바꿔놓을 실천적 통찰로 풀어내는 것은 매우 드문 능력인데, 저자는 이 책에서 바로 그 성취를 이뤄냈다. 반드시 읽어야 할 책이다.

— 배리 오라일리(《언러닝(Unlearn)》, 《린 엔터프라이즈(Lean Enterprise)》의 저자)

한국어판 서문

다음에 식당이나 바에 가거든 주변 테이블을 둘러보며 사람들이 어떻게 상호작용하는지 가만히 관찰해보자. 그들이 어떤 표정을 짓는지, 어떤 느낌을 드러내는지 주의 깊게 살펴보자.

그들은 서로 다른 정서적 에너지가 번져 나오는 다양한 상호작용에 참여하고 있을 것이다. 한쪽 구석에는 낮은 목소리로 대화를 이어가는 커플이 있는데 둘 다 미간을 모으고 허리를 꼿꼿이 세운 모습이다. 가운데 쪽 테이블에서는 사회 초년생으로 보이는 일행이 웃음을 터뜨리면서 서로의 손을 잡거나 너무 크게 웃다가 눈물을 훔치기도 한다. 두 테이블 건너에는 한 남자가 다리를 꼰 채 생각에 잠겨 잔을 기울이고 있다. 바 쪽에서는 중년의 남성이 옆자리 여성 쪽으로 몸을 돌려 적극적으로 말을 붙이지만, 그녀는 정면의 바텐더를 바라보면서 그와 시선을 마주치려 애쓰고 있다.

사회적 행동을 조절하는 뇌 시스템을 연구하는 신경과학자인 내게 이런 밤 외출은 일종의 현장 조사와도 같다. 사람들은 너무나 다양한 방식으로 상호작용하는데 이는 어디에서든 쉽게 관찰할 수 있다. 나는 이런 다양성이 펼쳐지는 순간이야말로 우리의 뇌 속 미세한 차이가 빚어내는 독특함이 아름답게 드러나는 순간이라고 생각한다. 낯선 사람들로 가득한 방을 둘러보기만 해도 우리는 인간에게만 허락된 놀라운 특권을 누릴 수 있다. 미묘한 기류가 파도처럼 높아졌다가 낮아지는 흐름 속에서 사람들의 생물학적 차이가 어떻게 드러나는지 감지할 수 있는 특권 말이다.

상호작용은 존재를 구성하는 근본 요소다. 또한 지구에서 살아 있다는 것을 증명하는 표지이기도 하다. 적절한 조건만 갖춰지면 배양접시 속 심장 세포들은 서로 뭉쳐 하나의 리듬으로 뛰기 시작한다. 뇌세포들은 가느다란 돌기를 서로에게 뻗어 연결망을 만든다. 물고기는 무리를 이뤄 헤엄치고, 벌도 무리를 이뤄 벌집을 짓고, 새도 떼지어 날고, 쥐도 무리를 이뤄 굴을 파고, 들개 역시 무리를 지어 사냥하고, 개미도 집단으로 일한다. 그리고 인간은 모인다.

우리 인간에게 상호작용은 단순한 유희가 아니다. 그것은 생존을 위한 필수 조건이다. 관련 연구에 따르면, 고립은 담배를 피우는 것보다 더 위험하며 모든 형태의 사망 위험을 높인다. 하지만 지금 우리는 외로움이라는 전염병에 직면해 있다. 누군가와 함께 보내는 시간이 점점 줄어들고 있다. 최근의 이런 추세를 고려할 때, 나는 더 늦기 전에 인류 문명 전체가 한 걸음 물러서서 사회적 상호작용의 신경과학에 주의를 기울여야 한다고 본다.

하지만 솔직히 당신은 다른 사람들과 어울릴 때 뇌에서 무슨 일이 벌어지는지 알고 있는가? 고립이 우리의 생존 가능성을 떨어뜨리는 이유가 무엇인지 알고 있는가? 이 질문들의 답을 모른다면 어떻게 우리가 다른 사람들과 연결되기 위해 더 적극적으로 나설 수 있겠는가.

내가 이 책을 쓴 이유가 바로 이것이다. 나는 이 책을 통해 당신이 사람들과 관계를 맺는 것이 얼마나 중요한지, 사람들과의 일상적인 교류가 얼마나 소중한지 깨닫게 되길 바란다. 엘리베이터에서 낯선 사람과 함께 있는 순간을 따분하고 피할 수 없는 일상의 단편으로만 보지 말고, 당신의 뇌를 단련하고 돌볼 기회로 바라보기를 바란다. 우리의 하루는 사회적 교류를 통해 기분을 북돋고 뇌에 자양분을 공급할 수 있는 순간들로 가득하다. 이제 그 기회들을 붙잡을 때다.

WHY BRAINS NEED FRIENDS

차례

추천의 글   6
한국어판 서문   10
프롤로그   우리의 사회적 삶에 관한 세 가지 불편한 진실   16

1부 우리는 혼자 살아남도록 설계되지 않았다

1   **Don't be shy**   35
사회적 연결이 주는 보이지 않는 선물

2   **외로움을 느끼는 유일한 기관**   63
사회적 고립은 어떻게 뇌를 공격하는가

2부 상호작용이 사라진 세상에서 서로에게 닿는 법

3   **사회적 습관 만들기**   103
뇌의 근본적인 한계를 극복하는 방법

4	**공감과 거리두기**	128
	타인의 관점을 이해한다는 것의 의미	
5	**동물에게서 배우는 상호작용**	168
	인간은 더 잘할 수 있어	
6	**가상 세계**	193
	온라인 상호작용에서 우리는 무엇을 얻는가	
7	**서로 주파수를 맞추는 뇌**	231
	사랑, 접촉 그리고 깊은 관계는 뇌를 어떻게 자극하는가	
8	**상호작용을 잘하는 방법**	265
	호감의 과학	
9	**약물에 관하여**	290
	약물이 사회적 뇌에 영향을 미치는 방식	
10	**인간의 가장 친한 친구**	328
	개를 사랑하는 것이 뇌에 좋은 이유	

에필로그	우리 모두는 서로에게 꼭 필요한 존재다	354
부록	소셜 저널 템플릿	366
감사의 글		370

프롤로그

우리의 사회적 삶에 관한 세 가지 불편한 진실

이런 상황을 한번 상상해보자. 목요일 오후 4시. 당신은 컴퓨터 앞에 웅크린 채 스트레스와 불안에 시달리고 있다. 이번 주는 악몽 같다. 엄청나게 힘든 프로젝트를 야근까지 하며 진행 중이고, 마감은 빠르게 다가오고 있다. 스트레스가 쌓일수록 집중하기는 더 어려워진다. 프로젝트가 끝나기만을 바라지만, 어떻게 해야 끝낼 수 있을지 상상조차 안 된다.

완전히 방전된 상태에서 몸을 의자에 기댄다. 눈을 감은 채 숨을 고른다. 몸은 휴식을 간절히 원하지만, 당신은 자신을 설득한다. 오늘 몇 시간만 더 일하면 내일은 나아질 거야. 다시 몸을 숙이고 지친 눈으로 화면을 응시한다. 본능에 거슬리는 선택이지만, 다른 방법이 없어 보인다.

바로 그때 책상 위 휴대전화가 울린다. 놀랍게도, 지난 몇 년 동안 연락이 없던 옛 친구의 전화다. 무슨 일이지? 당신은 휴대전화와 컴퓨터를 번갈아 바라보며 갈등한다. 계속 프로젝트를 붙잡고 있을까, 전화를 받을까? 이 상황에서 당신은 어떤 선택을 할까? **전화를 받을까?**

쉽지 않은 선택이다. 프로젝트를 빨리 끝내고 싶은 당신에게 친구와의 통화는 방해가 될 수 있다. 하지만 한편으로는 친구가 왜 전화했는지 궁금하다. 좋은 소식일까, 나쁜 소식일까? 부탁을 하려는 걸까? 전화를 받았는데 대화가 어색해지면 어쩌지? 그러면 빨리 끊을 방법을 찾아내느라 힘들지 않을까?

이런 걱정이 들긴 하지만, 왠지 전화를 받아야 할 것 같은 느낌이 든다. 결국 당신은 그 느낌에 이끌려 전화를 받는다.

"여보세요?"

"오랜만이야!"

이어진 대화는 놀랍도록 풍성하고 만족스럽다. 부탁도, 나쁜 소식도, 어색함도 없다. 친구는 그저 당신이 떠올라 안부를 묻고 싶었을 뿐이다. 당신과 친구는 옛 추억을 떠올리며 화기애애하게 지난 이야기를 나눈다. 어느새 당신은 컴퓨터에서 눈을 떼고 통화에 몰두한다. 거의 한 시간을 대화한 뒤 작별 인사를 하며 조만간 한번 보자고 약속한다. 정말 그렇게 할 생각이다.

컴퓨터로 다시 눈을 돌리자, 예상치 못했던 활력이 솟기 시작한다. 머리가 맑아지면서, 이제는 프로젝트가 힘들고 버겁게 느껴지지 않는다. 편안하게 한두 시간을 더 일하며 예상보다 훨씬 많은 일을 해낸다.

∞

한 번쯤은 이런 경험을 해본 적이 있지 않은가? 처진 기분을 되살리는 데 즐거운 대화가 더할 나위 없는 특효약이 된 경험 말이다. 며칠 동안 다른 사람들과 만족스러운 상호작용이 없었다면 더더욱 그랬을 것이다. 이 효과는 경험으로 확인할 수 있을 뿐만 아니라 과학으로도 뒷받침된다. 관련 연구에 따르면 사람들은 대화를 나눈 뒤 기분이 나아지고 스트레스가 줄어든다. 이런 효과는 장기적으로 누적된다. 사회적 상호작용이 잦은 사람일수록 안녕감well-being(개인의 삶에 대한 인지적, 정서적 평가를 포함하는 주관적인 행복감이나 만족감 – 옮긴이)이 높고, 사회적 상호작용에 대한 욕구가 충족되지 못한 사람일수록 안녕감이 낮다.

이렇듯 상호작용은 자연스럽게 기분을 고양한다. 하지만 상호작용의 효과는 여기서 그치지 않는다. 예를 들어 상호작용을 활발하게 하는 사람들은 치매, 심부전, 당뇨, 우울증, 불안의 위험이 낮다. 실제로 사람들이 사회적 관계에서 얻는 지지는 스트레스에 대한 취약성을 줄이고 통증에 대한 내성을 높이는 것으로 입증됐다. 반대로 사회적 고립*isolation*은 자살을 예측하는 데 매우 의미 있는 지표 중 하나다. 사회적 삶은 사람들의 건강과 안녕감에 강력한 영향을 미치는 것이 확실하다.

이게 다가 아니다. 관련 연구에 따르면 사회적 삶은 수명에도 영향을 미칠 수 있다. 믿기 어렵겠지만, 전화를 받을지 음성사서함으로 넘길지 같은 사소한 선택이 당신이 지구에서 보내는 시간을 좌우할 수 있다. 한 연구는 30만 명이 넘는 사람을 평균 7년 반 동안 추적했다. 그사이 일부는 세상을 떠났다. 놀랍게도, *사회적 관계가 약한 사람들은 연구 기간에 사망할 위험이 50퍼센트 더 높았던 것으로 나타났다. 다른 요인들과 비교해서 말하자면, 사회적 고립은 비만보다 대략 두 배, 심각한 대기 오염 속에서 사는 것보다 네 배나 더 해롭다.*

친구에게서 온 전화를 받을지 말지 고민하는 상황으로 돌아가 보자. 당신은 그 순간, 건강에 대해 생각하면서 전화를 받을지 말지 고민했을까? 당연히 그렇지 않았을 것이다. 우리는 사회적 삶에 대해 이런 방식으로 생각하지 않기 때문이다. 하지만 그렇게 해야 한다. 사회적 행동의 생물학적 메커니즘을 연구하는 신경과학자로서 나는 인간관계가 운동, 수면, 영양처럼 건강을 떠받치는 핵심적인 기둥이라고 생각한다. 하지만 일반적으로 사람들은 인간관계가 그 정도로 중요하다고 생각하지 않는다.

첫 번째 불편한 진실은 이것이다. 우리는 분열된 세상에 살고 있다. 우리를 이런 세상에 살게 한 원인으로는 무분별한 소셜 미디어 사용, 코로나19 팬데믹, 원격 근무, 정치적 양극화 등 수많은 것을 꼽을 수 있다. 하지만 누가 또는 무엇이 원인이든, 우리는 사회적 삶이 서서히 줄어들고 있으며 그 현실이 엄청난 문제를 일으키고 있다는 사실 자체를 확실히 인식하고 인정해야 한다.

다행히도 최근 들어 이런 인식이 확산하고 있는 것으로 보인다. 지난 몇 년 동안 고립에 관한 사회적 논의가 진전되는 모습을 보면 안도감이 들기도 한다. 또한 우리는 사회적 문제를 다루는 기사를 읽고 관련 팟캐스트도 듣기 시작했다. 가장 희망적인 소식은 해결책이 놀라울 만큼 분명하고 단순하다는 사실이다. 사람들과 더 많이 어울려라!

하지만 우리는 진정으로 이 메시지에 충실했을까? 실제로 달라진 것이 있을까? 그동안 나는 사람들이 모여 유대감을 쌓고 함께 나아가는 모습을 거의 보지 못했다. 내 눈에는 오히려 우리 사회가 계속 분열되는 모습만 보인다. 왜 우리는 이 문제를 해결하기 위해 충분히 노력하지 않는 걸까? 그 이유 중 하나는 사람들과 상호작용하지 않았을 때 발생하는 결과를 제대로 인식하지 못하는 데 있는 것으로 보인다. 그래서 나는 당신이 듣고 싶지 않을 **두 번째 불편한 진실**을 전하려 한다. 우리는 이 문제를 심각하게 받아들여야 한다. 그 진실은 **분열이 뇌 건강의 적**이라는 것이다.

인간의 뇌는 타인과의 연결에는 보상을, 고립에는 벌을 주도록 진화했다. 사람들이 사회적 교류를 하면 많은 것을 얻지만, 그렇지 않을 때는 많은 것을 확실히 잃게 되는 이유가 바로 여기에 있다. 우리는 다른 사람과 통화를 더 자주 해야 하고, 친구나 가족과 더 많은 시간을 함께해야 한다고 생각한다. 하지만 이런 생각을 실제로 행동에 옮기는 데 필요한 의지는 좀 부족한 것 같다. 나는 그 이유 중 하나가 고립에 대한 현재의 논의가 불완전하기 때문이라고 본다. 우리는 상호작용은 유익하고 고립은 해롭다는 이야기를 수없이 듣지만, 상호작용과 고립이 뇌와 몸에 실제로 어떤 영향을 미치는지는 잘 알지 못한다.

지금까지 나온 관련 기사와 팟캐스트는 우리가 실제로 무엇을 잃을 위험에 처해 있는지를 보여주는 신경과학적 통찰을 제대로 반영하지 못했다. 공유하고 보완해야 하는 지식이 너무나 많다. 사회적 연결은 우리 내면 깊숙이 침투해 수많은 생체 시스템에 영향을 미친다. 연결을 우선순위에 두지 않으면, 우리의 생체 메커니즘은 아무도 모르는 사이에 무너질 수 있다. 무엇을 잃을 수 있는지 제대로 알아야 사회적 연결을 위해 행동하겠다는 의지가 더 강해질 것이다. 이유를 알아야 동기가 생겨나지 않겠는가.

이 시점에서 당신이 받아들여야 할 또 하나의 불편한 진실이 있다. 아마도 이 진실을 받아들이기가 가장 힘들 것이다. 사람들은 흔히 사회적 문제가 코로나19 팬데믹이나 원격 근무 같은 외부 요인 탓이라고 생각한다. 하지만 그 원인 중 하나가 자기 자신이라는 사실을 받아들여야 한다. 실제로 현대인은 자신을 분열로 몰아넣는 방식으로 행동한다. 물론 그게 전적으로 우리의 잘못은 아니다. 인간의 뇌는 오늘날 우리가 살아가는 환경과는 전혀 다른 환경에서 형성됐다. 따라서 인간의 뇌가 하는 일은 현대인들이 옳다고 생각하는 일 또는 최선이라고 여기는 일과 항상 같지는 않다. 이를테면 우리는 때때로 인터넷에서 낯선 사람과 논쟁을 벌이고, 자신과 다른 사람들에게는 공감empathy하지 않으며, 타인을 칭찬하는 일의 가치를 과소평가한다. 당연히 이런 부정적인 태도는 사회적 관계를 구축하는 데 도움이 되지 않는다. 하지만 그것은 어디까지나 인간의 뇌가 그렇게 배선돼 있기 때문에 나타나는 자연스러운 결과일 뿐이다. 뇌는 영리하고 놀라울 만큼 정교하지만, 완전한 기관은 아니다. 오히려 뇌는 사회적 연결을 방해할 만한 결함을 품고 있다. 세 번째 불편한 진실이 바로 이 지점에서 명확하게 드러난다. 바로, **뇌는 사람들을 갈라놓을 수 있는 내적 결함을 지니고 있다**는 것이다.

우리가 진정으로 연결을 선택하고 그것을 사회의 최우선 가치로 삼고자 한다면, 반드시 이런 장벽들을 찾아내 적극적으로 극복해야 한다. 이를 위해 지금부터 뇌를 분열로 향하게 하는 수많은 기묘한 메커니즘을 살펴보고, 왜 그런 메커니즘이 우리의 마음에 내장돼 있는지 탐구하며, 우리가 무엇을 할 수 있는지 논의할 것이다. 내 목표는 우리의 사회적 뇌에 존재하는 이런 '구덩이들'을 전조등으로 비추어냄으로써 우리가 신중하고 의도적인 행동을 통해 그것을 피해 갈 수 있게 하는 것이다.

오늘날 지구에 사는 모든 사람에게는 공통의 적이 있다. 바로 **분열**이다. 모두가 우리 뇌의 건강과 우리 종의 미래를 위협하는 이 적과 조용히 전쟁을 치르고 있다. 이 적을 물리칠 방법은 단 한 가지밖에 없으며, 믿을 수 없을 정도로 간단하다. 그 방법은 '함께하는 것'이다. 이 책은 방대한 신경과학 연구의 막을 걷어내 이 싸움의 진짜 본질을 이해하도록 돕는다. 이 책에서는 다음과 같은 질문들을 다룰 것이다.

- 생물학적 차원에서 상호작용은 뇌에 무엇을 제공하는가?
- 다른 사람들과 시간을 보낼 때 또는 너무 오래 혼자 지낼 때 우리 뇌에서는 무슨 일이 벌어지는가?
- 온라인에서 사람들과 상호작용하는 것도 뇌에 영향을 주

는가?
- 반려견과 함께 시간을 보내는 것이 중요한가?
- 표면 아래 은밀히 숨어서 뇌를 조작해 우리의 연결을 방해하는 힘은 무엇인가?

이 책을 읽다 보면, 당신은 놀라운 과학적 사실 앞에서 때로 깊은 충격을 받게 될 것이며 지금까지 당연하게 믿어온 것들을 의심하게 될 것이다. 나는 당신이 우리 안에서 정교하게 작동하는 경이로운 시스템에 경탄하기를 바란다. 그리고 무엇보다 다른 사람들과 손을 맞잡고 공통의 적과 맞서 싸우고자 하는 의지를 품게 되기를 바란다.

∞

어릴 적부터 나는 유독 사회적 상호작용에 매료됐다. 초등학생 시절 점심시간, 주위를 둘러보며 점심을 먹는 친구들의 다양한 모습에 눈길을 빼앗겼던 기억이 또렷하다. 어떤 테이블은 숨죽은 듯 조용했는데, 그곳에는 소심한 아이들이 앉아 있었다. 그 아이들이 무리를 지어 앉아 있었던 것은 그래야 한다는 규범 때문이었다. 그들은 그렇게 모여 앉아 책을 읽으면서, 아무런 대화 없이 샌드위치를 먹었다. 아주 가끔 그들 사이에서도 상호작용이 일어나곤 했지만, 어딘가 어설프고 어색했다. 책을 많이 읽는 아이였던 나도 대부분은 그런 테이블에 앉아서 점심을 먹었다. 하지만 그럴 때마다 나는 사회적 결핍을 느꼈다. 주위를 둘러보며 더 활발하고 인기 있는 아이들과 어울려 앉아 있는 내 모습을 상상하곤 했다. 그들의 테이블은 언제나 시끌벅적하고 즐거웠다. 그들은 나와는 전혀 다른 세계에 살고 있었고, 나는 너무나 그 세계에 속하고 싶었다.

어린 시절 그렇게 몇 년 동안 사람들을 관찰하면서 사람마다 사회적 습관이 제각각이라는 점을 깨달았다. 나는 사교성이 연속체 위에 존재한다고 상상하기 시작했다. 깊은 수줍음에서 극단적인 외향성까지 이어지는 연속체 말이다. 모든 사람은 그 스펙트럼 어딘가에 자리 잡고 있다. 당신은 어디에 있는가?

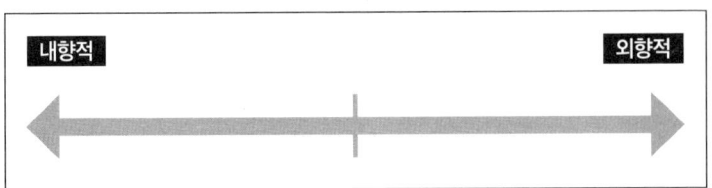

나이가 들수록 이 생각이 반복해서 떠올랐다. 사람들이 왜 이렇게 다른지 이해하고 싶었다. 다행히도 나는 마침내 외향적인 친구들이 모인 테이블에 앉게 됐지만, 주위를 살피는 일은 멈추지 않았다. 나는 개개인의 사회적 행동이 얼마나 다양하게 펼쳐지는지 관찰하며, 우리 각자를 독특하게 하는 작동 체계가 무엇인지 궁금해했다.

대학에 가서는 심리학을 전공했다. 심리학을 공부하면 사람들 사이의 이런 사회성 차이를 탐구할 수 있으리라는 생각에서였다. 하지만 심리학을 공부하면서 뭔가 잘못됐다는 느낌을 받았다. 엉뚱한 것을 공부하고 있다는 생각이 들면서 뭔가 불완전하다는 느낌을 지울 수 없었다. 심리학을 공부하는 일이 생각만큼 신나지 않았는데, 공부를 계속하면서 점차 그 이유를 알게 됐다. 나는 사람들의 행동과 그 이유에 대해 공부하고 있었는데, 사실 내가 진짜로 알고 싶었던 것은 뇌였다. 어린 시절에 생각했던 사교성 연속체를 다시 떠올리면서 나는 학생들이 자신을 표현하는 각기 다른 방식이 뇌 기능의 보이지 않는 차이를 반영한다는 걸 깨달았다! 나는 그 차이를 정확히 밝혀내는 데 집착하기 시작했다. 왜 어떤 학생들의 뇌는 조용한 테이블에서 더 편안함을 느끼고, 또 어떤 학생들의 뇌는 상호작용을 더 선호할까? 이런 사회적 습관이 특정한 뇌 시스템 때문에 형성된다고 할 수 있을까? 나는 내가 진짜 열정적으로 하고 싶은 일이 뇌 연구라고 확신했지만, 심각한 문제가 있었다. 신경과학 공부는 너무나 어렵고 힘들다는 생각에 엄두가 나지 않았다는 것이다.

나는 신경과학이라는 학문에 완전히 겁을 먹고 있었다. 전공을 신경과학으로 바꾸려면 생화학, 유전학, 분자생물학 같은 과목을 들어야 했는데 도저히 감당할 수 없을 것 같았다. 어린 시절 내내 자신감 부족에 시달렸던 나는 자신을 믿지 못했다. 그래서 꿈을 좇는 대신, 언젠가는 잘되기를 바라며 계속 심리학을 공부했다. 내가 실수를 하고 있다는 두려움이 들긴 했지만, 그때는 그게 내가 할 수 있는 최선이었다. 성적이 잘 나오는 심리학에서 괜히 신경과학으로 전공을 바꿔 학점을 떨어뜨리고 싶지 않았다. 그렇게 나는 진정으로 원한다는 확신조차 없는 미래를 향해 느릿느릿 발걸음을 옮겼다.

그러던 어느 날 모든 것이 갑자기 바뀌었다. 졸업을 세 학기 앞두고, 내 인생을 송두리째 바꿔놓을 끔찍한 악몽을 꾸었다. 꿈속에서 나는 가정을 이루고 사는 어른이었는데, 겉으로는 모든 게 정상처럼 보였다. 하지만 정체를 알 수 없는 사악한 힘이 내 삶을 지배하고 있었고, 그 힘에 저항하면 몸이 끔찍하게 변형됐다. 팔과 다리가 엉뚱한 방향으로 꺾이고, 얼굴이 부풀어 올라 피부가 터질 듯했고, 온몸에 종기가 돋았다. 그러다가 어느 순간 그 사악한 힘이 나를 집 지하실로 불러들였다. 그동안 보이지 않던 그 존재가 드디어 모습을 드러내려 하고 있었다. 엄청난 힘이 나를 둘러쌌고, 나는 두려움과 경외감에 압도당했다. 너무나 무서웠다. 그리고 그 힘이 나를 집어삼키려는 순간, 잠에서 깨어났다.

깨어났을 때 느낀 감각도 마찬가지로 강렬했다. 삐걱거리는 침대에서 벌떡 일어나니 한밤중이었다. 온몸에서 아드레날린이 솟구치는 듯했다. 다시 누워 마음을 진정시키려 했지만 꿈에서 느꼈던 감각이 사라지지 않았다. 그런데 이상하게도, 그 순간 내 머릿속에서는 단 하나의 생각만 계속 떠올랐다. 내 뇌가 도대체 어떻게 이런 일을 한 거지? 단 하나의 기관이 이토록 정교한 악몽을 만들어낼 수 있다는 사실에 경탄했다. 꿈은 생생한 풍경과 예측할 수 없는 인물들, 매혹적인 줄거리를 갖추고 있었다. 동시에 나는 그 세계를 직접 체험하며 꿈속 인물들과 교류하고 스스로 결정을 내리고 있었다. 이런 모든 일이 어떻게 내 뇌에서 일어나는 거지?

그 호기심이 마지막 도화선 역할을 했다. 더는 나의 진짜 열망을 억누를 수 없었다. 밤새 학업 계획을 다시 짜며 신경과학을 공부하겠다고 다짐했다. 다음 날 지도교수에게 상담을 요청했고, 신경과학 동아리에 가입했으며, 신경과학 연구실에 자원봉사를 신청했다. 나는 신경과학이라는 렌즈를 통해 사회적 행동을 계속 연구하고 싶었다. 학생들의 뇌가 왜 그렇게 서로 다른지, 왜 어떤 뇌는 점심시간에 대화 없이 샌드위치 먹는 것을 선호하고 왜 어떤 뇌는 장난을 치며 어울리기를 좋아하는지를 언젠가 내가 밝혀낼 수 있을지도 모른다고 생각했다.

지금 돌이켜보면, 그 악몽 속의 사악한 '힘'은 내 경력을 상징했던 것 같다. 어쩌면 내 무의식이 내가 잘못된 길로 가고 있다고 경고하려 했던 게 아닐까? 잘못된 길에 들어서면 원치 않는 일을 해야 하고, 내가 나라고 느끼지 못하는 존재로 변하게 되리라고 말하고 있었던 게 아닐까? 꿈에서 그 힘은 처음부터 모습을 드러낼 생각이 없었을 것이다. 어쩌면 그 힘은 잠에서 깬 뒤 뇌에 대한 생각을 멈출 수 없었던 그 순간들, 바로 현실 속에서 내게 진실을 드러내려 했던 것일지도 모른다. 또한 꿈속에서 맞닥뜨렸던 그 힘이 사실은 나의 무의식이었고, 내가 저지르고 있는 잘못을 알아차리게 하려고 경고를 보낸 것은 아니었을까 하는 생각도 든다.

이 이야기는 해피엔딩으로 끝난다. 나는 뉴욕주립대학교 버펄로 캠퍼스에서 신경과학 박사 학위를 받았고, 그토록 두려워하던 긴 이름의 과목들도 문제없이 이수했다. 박사 학위를 받은 뒤에는 스탠퍼드대학교에서 신경과학자로서 연구를 이어갔다. 지금까지 나는 사회적 뇌가 어떻게 작동하는지 탐구한 과학 논문을 20편 이상 발표했다. 내 연구는 유전자가 어떻게 사회적 행동을 형성하는지, MDMA(뒤에서 자세히 다룬다) 같은 약물이 어떻게 공감을 강화하는지, 사회적 동기가 환경적 압력에 어떻게 영향을 받는지, 왜 사람들이 소셜 미디어에서 서로를 잔혹하게 대하는지, 사람의 개입이 어떻게 자살을 예방하는지, 심지어 쥐의 사회적 상호작용을 어떻게 측정할 수 있는지에 관한 것들이다. 두렵지만 피할 수 없는 도전을 기꺼이 받아들인 과거의 나 자신이 자랑스럽다.

신경과학 연구를 통해 나는 인간의 상호작용을 둘러싼 경이로운 과학을 배웠고, 그 지식을 이 책을 통해 당신과 나누고 싶다. 당신도 어쩌면 나처럼 신경과학을 어렵다고 느낄지도 모르겠다. 그래도 괜찮다. 이 책은 바로 그런 당신을 위한 것이다. 나는 실험실에서의 연구 외에도 소셜 미디어를 통해 신경과학을 전하며, 뇌의 아름다움과 신비에 기꺼이 귀 기울이는 이들과 기쁨을 나눠왔다. 그러면서 뇌과학을 더 쉽게 전달하기 위해 의사소통 능력을 끊임없이 단련해왔다. 정보가 올바른 방식으로 제시된다면 누구든 뇌를 이해할 수 있다고 믿기 때문이다. 우리 모두 뇌를 지니고 있고, 그것을 알 권리가 있다. 나는 누구나 그 지식에 다가갈 수 있도록 이 책을 썼다.

우리가 사회적 문제를 겪고 있다는 사실은 새로운 뉴스가 아니다. 앞으로도 많은 책이 우리가 얼마나 고립돼가고 있는지를 진단할 것이다. 하지만 이 책은 거기에 집중하지 않는다. 나는 단순히 우리가 얼마나 외로운지, 현대 사회가 어떻게 변하고 있는지를 반복해 말하려는 것이 아니다. 그 대신, 뇌의 신비로운 생물학 세계로 더 깊이 들어가 현대 사회의 변화가 우리의 건강과 웰빙에 어떤 의미가 있는지 풀어낼 것이다. 이 책은 단순히 연결이 필요하다고 말하는 데 그치지 않고, *왜 연결이 필*

요한지를 보여줄 것이다. 당신의 머릿속에 있는 말랑말랑한 분홍빛 기관이 절실하게 상호작용을 원한다는 사실을 둘러싼 수많은 질문에 답할 것이다. 이를 위해 수십 년에 걸쳐 여러 대륙에서 이뤄진 방대한 연구를 함께 살펴볼 것이다. 아마 당신이 처음 접할지도 모르겠지만, 그 연구들이 당신의 삶을 근본적으로 바꿔줄 것이다. 이 책에서 인용하는 연구 결과의 출처와 참고 문헌을 비롯해 더 깊이 있는 내용을 알고 싶어 할 독자들을 위해 전용 웹사이트(benrein.com/book)를 개설해두었으니 참고하길 바란다.

핵심 정리

1. 사회적 연결은 우리의 웰빙을 떠받치는 토대다. 사회적 연결은 있으면 좋고 없어도 그만인 요소가 아니라 운동, 수면, 영양처럼 필수적인 요소다. 그런데도 우리는 사회적 연결을 건강의 핵심 요소로 인식하지 않는 경향이 있다.
2. 사회적 연결은 건강에 엄청난 도움을 준다. 치매·심부전·당뇨·우울증·불안의 발생 가능성을 낮추고, 통증을 더 잘 견딜 수 있게 해주며, 수명 연장에도 기여한다.
3. 고립에 관한 현재의 사회적 담론은 그 배경에 놓인 신경과학

연구의 성과를 충분히 담아내지 못하고 있다. 이 책은 고립 때문에 우리가 실제로 무엇을 잃을 위험에 처해 있는지를 확실하게 보여줄 것이다.

4. 우리는 사회적 상호작용에 관한 세 가지 불편한 진실을 인정해야 한다.

첫째, 우리는 분열된 세상에 살고 있다. 소셜 미디어, 팬데믹, 정치적 양극화 같은 외부 요인들이 사회적 간극을 키우고 있다.

둘째, 분열은 뇌 건강의 적이다. 인간의 뇌는 타인과의 연결에는 보상을, 고립에는 벌을 주도록 배선돼 있다. 따라서 분열은 웰빙을 심각하게 위협한다.

셋째, 뇌는 사람들을 갈라놓을 수 있는 내적 결함을 지니고 있다. 우리의 신경 회로 속 오류와 편향은 타인과의 연결을 방해한다. 하지만 이런 결함을 이해하면 더 효과적으로 사회적 삶을 구축할 수 있다.

1부

WHY BRAINS
NEED FRIENDS

우리는 혼자 살아남도록
설계되지 않았다

1

Don't be shy
사회적 연결이 주는 보이지 않는 선물

상호작용이 사라진 세상

우리 뇌는 예측 기계다. 뇌는 눈 뒤에 조용히 자리하고 있지만, 세상으로부터 끊임없이 정보를 수집하며 다음에 어떤 일이 일어날지를 추측한다. 이는 좋은 일이다. 그 덕에 우리가 더 빠르게 결정을 내리고 변화하는 환경에 적응할 수 있기 때문이다. 영화 〈캐스트 어웨이〉의 톰 행크스를 떠올려보라. 처음에 그는 창으로 물고기를 잡으려 애썼지만 번번이 실패한다. 그러나 시간을 두고 관찰한 끝에, 그의 뇌가 물고기의 수영 패턴을 학습해 다음 움직임을 더 잘 예측하게 되면서 단번에 물고기를 잡을 수 있었다. 이런 현상은 삶의 모든 영역에서 일어난다. 우리 뇌는 끊임없이 변화하는 세상에 적응하며 더 정확히 예측하는 능력을 쌓아간다.

뇌의 이런 기능은 대체로 유용하다. 하지만 사회적 접촉이 갈수록 줄어드는 세상에서 우리의 예측은 어떻게 달라질까? 의도했든 아니든, 인류는 점점 더 깊은 고립 속으로 빠져들고 있는 듯하다. 이제는 친구에게 전화를 걸기보다 소셜 미디어를 스크롤하는 일이 더 흔하다. 마트에서 점원과 가벼운 대화를 주고받으며 장을 보는 대신 앱으로 해치운다. 식당에 앉아 오늘의 메뉴를 묻기보다 온라인으로 음식을 주문한다. 심지어 아침 9시부터 저녁 5시까지의 업무도 집에서 침대에 누워 노트북으로 처리할 수 있다. 사회적 접촉이 전혀 없는 상태에서 말이다. 이런 변화는 지난 몇 년에 걸쳐 서서히, 거의 눈에 띄지 않게 진행됐다.

그 결과 우리 뇌가 사회적 접촉에 대한 기대치를 점차 낮추었다고 생각한다. 예를 들어 나는 전화를 걸었을 때 자동응답기가 받아도 별로 놀라지 않는다. 오히려 사람이 받으면 더 놀란다. 나의 뇌는 변화하는 세상에 적응해 예측을 수정함으로써 이제는 기계가 전화를 받을 것으로 예상한다. 뇌의 이런 변화는 사회 전반에서 실제로 나타나고 있는 변화의 축소판이라고 할 수 있다. 우리는 자각하지 못하지만, 이렇게 우리 뇌는 다른 사람과의 상호작용이 줄어든 세상에 적응하고 있다.

설상가상으로, 2020년에는 또 다른 극적인 변화가 우리의 사회적 삶을 위축시켰다. 코로나19 팬데믹은 인류 역사상 고립감을 가장 심화시킨 사건 가운데 하나로, 수십억 인류를 고립의 음울한 심연 속으로 몰아넣었다. 수십억 명이 집에 갇히면서 외로움이라는 구름이 짙게 드리웠고 웰빙은 그 그림자 안에 갇혔다. 점차 우리는 세상 밖으로 나오기 시작했지만, 세상은 이미 극적으로 달라져 있었다. 사람들 사이의 사회적 상호작용은 또 다른 형태의 낯선 질병에 노출될 가능성에 대한 두려움과 불안으로 움츠러들었다. 예를 들어 사람들은 공공장소에서 그동안 느끼지 못했던 불안을 느끼기 시작했다. 이제 더는 정육점 주인과 말을 주고받으려 하지 않았고, 아예 그들이 내가 먹을 음식에 손을 대지 않는 편이 낫다고 여겼다. 일은 물론 운동과 장보기까지 집에서 해결하는 데 익숙해졌다. 그 결과 우리 뇌는 동료, 운동 친구, 이웃을 덜 보게 되는 현실에 적응했다. 사회적 성향이 강한 뇌를 가진 우리 인간에게 이는 *치명적*이라고 할 수 있다.

이처럼 연이어 일어난 사회적 변화는 우리 뇌가 점점 줄어드는 사회적 접촉을 예상하며 새로운 방식으로 예측을 수행하도록 유도했을 가능성이 있다. 하지만 뇌의 기대 수준이 낮아졌다고 해서 뇌가 필요로 하는 것들이 줄어든 것은 아니다. 수면을 예로 들어보겠다. 만약 우리가 하루에 3~4시간밖에 자지 못하는 상황에 놓인다면 어떻게 될까? 물론 우리는 그 새로운 기준에 맞춰 생활 방식을 조정할 것이다. 커피를 훨씬 더 많이 마시게 될 수도 있다. 그러면서 더 피로한 상태에 점점 더 익숙해질 것이다. 하지만 우리가 수면 부족에 심리적으로 적응했다고 해서 우리 뇌가 8시간의 수면, 다시 말해 뇌가 최상의 기능을 수행하는 데 필요한 수면을 더는 필요로 하지 않게 되는 것은 아니다. 결국 우리는 덜 행복해지고, 알츠하이머병 같은 질환에 걸릴 위험이 커질 것이다. 뇌가 필요로 하는 조건이 충족되지 않았기 때문이다.

    나는 이와 비슷한 일이 지금 우리의 사회적 삶에서도 벌어지고 있다고 본다. 분열된 세상은 우리를 서로에게서 물러서게 하고, 인간이라는 존재에게서 핵심적인 역할을 하는 사회적 자극을 앗아간다. 인간의 뇌는 함께 존재하려는 깊고도 본능적인 욕구를 지니고 있으며, 오랫동안 그 욕구를 담당해온 뇌의 사회적 시스템은 상호작용이 사라진 세상에서 방향을 잃고 흔들리고 있다.

    사람들 사이의 간격은 실제로 점점 더 벌어지고 있다. 2013년에서 2021년 사이, 미국인이 친구와 함께 보낸 시간은 한 달에 약 15시간 줄어들었고 혼자 보낸 시간은 36시간 이상 늘어났다. 2022년 조사에서는 미국 성인의 58퍼센트가 외롭다고 답했다. 1990년에는 미국인의 27퍼센트만이 가까운 친구가 세 명 이하라고 했지만, 2021년에는 그 수치가 49퍼센트로 치솟았다. 미국 공중보건국장은 우리가 외로움과 고립이라는 전염병에 시달리고 있다고 선언하기도 했다. 상황이 그 정도로 심각하다.

하지만 솔직히 말해, 이게 정말 중요한 걸까? 우리가 행복하고 건강하게 사는 데 상호작용이 정말로 필수적인 걸까? 사회적 교류는 우리의 웰빙에 실제로 깊은 영향을 미치는 걸까?

이 질문에 대한 답은 '그렇다'를 넘어 '매우 그렇다'다. 상호작용이 우리 뇌에 엄청난 영향을 미친다는 사실은 수많은 연구로 입증되고 있다. 이 주제를 설명하기 위해 다소 이색적인 경로(상호작용의 심리학에서 출발해 그 바탕이 되는 신경과학으로 이어지는 여정)를 따라가 보려 한다. 이는 내가 학문적 여정에서 처음 심리학을 거쳐 신경과학으로 나아갔던 흐름과 비슷하다. 나는 이 순서가 전체적인 그림을 조망하는 데 더 효과적이라고 믿는다. 상호작용의 심리학을 이해하는 것은 토대를 세우는 일이며, 상호작용의 신경과학으로 그 토대를 보강하고 해석할 수 있기 때문이다. 이 경로를 따라감으로써 당신은 행동 차원에서뿐 아니라 뇌 속 세포 수준에서 자신의 생각과 성향을 이해하게 될 것이다. 심리학과 신경과학이 만나면 마법 같은 일이 일어난다. 행동을 분자와 연결할 수 있을 때, 우리의 지식은 피상적인 수준을 벗어나 눈에 보이지 않는 신경 세계 깊숙이 스며든다.

왜 우리는 서로 만나야 할까?

인간은 존재의 시작부터 지금까지, 한 가지 질문의 답을 끈질기게 찾아왔다. 무엇이 우리를 행복하게 하는가? 돈? 명예? 멋진 차? 근육질의 몸? 햇살 좋은 날 바닷가재 수프에 곁들여 먹는 빵? 나는 그 답이 '사회적 관계'라고 자신 있게 말하겠다.

이쯤 되면 내가 사회적 상호작용이 우리에게 이롭다고 말하려는 게 뻔히 보일 것이다. 하지만 내가 사회적 상호작용이 단순히 이로운 수준을 넘어 기분과 웰빙 수준을 끌어올리는 막강한 힘이라고 말한다면 당신은 놀랄지도 모른다. 최근의 연구는 사회적 교류와 감사의 표현이 행복을 증진하는 가장 효과적인 방법임을 보여준다. 운동, 명상, 자연 속에서 보내는 시간을 능가할 정도다. 그렇다면 실제 삶에서는 이 효과가 어떻게 나타날까? 실제로 우리는 상호작용 직후에 기분이 좋아질까?

세인트루이스 워싱턴대학교 연구팀에 따르면 실제로 그렇다. 연구진은 약 250명의 대학생에게 일주일 동안 '도청 장치'를 착용한 채 캠퍼스를 돌아다니라고 요청했다. 물론 진짜 도청 장치는 아니다. 연구진이 '전자 활성 기록기 E.A.R.'라고 부른 이 장치는 소리를 녹음하는 작은 기계로, 학생들의 대화를 기록해 사회적 상호작용을 분석하기 위한 도구였다. 그리고 이 일주일 동안 학생들은 하루에 네 차례 자신의 행복도를 기록했다. 목표는 사회적 상호작용이 기분에 영향을 미치는지를 알아내는 것이었다. 실험이 끝난 뒤 연구진은 30초 길이의 녹음 파일 15만 개 이상을 수집했고, 연구 보조원들이 그 모든 녹음 파일을 직접 듣고 평가했다. 거의 53일 분량의 오디오였다. 그들은 무엇을 발견했을까?

전반적으로 학생들은 대화를 나눈 뒤 1시간 이내에 기분이 훨씬 좋아졌다. 대화 시간이 길수록 행복감은 더욱 커졌다! 예상대로, 학생들의 기분은 자신이 잘 알고 좋아하는 사람과 상호작용할 때 가장 뚜렷하게 좋아졌다. 그리고 연구 보조원들의 수고에 보답이라도 하듯이, 녹음 파일 분석을 통해 뜻밖의 사실도 드러났다. 학생들은 대화 속에서 *자기 자신에 대해 더 많이 털어놓을수록* 기분이 좋아지는 모습을 보였다. 나는 이 결과가 우리의 상호작용이 더 개방적이고 투명해져야 하는 이유를 설명해준다고 본다.

이처럼 유기적인*organic* 상호작용, 즉 사회적 교류를 선택했을 때 자연스럽게 이뤄지는 상호작용은 사람들을 행복하게 한다. 그렇다면 유기적이지 않은 상호작용은 어떨까? 만약 학생들이 무작위로 낯선 사람과 상호작용하도록 강요받았다면, 그 경험을 똑같이 즐길 수 있었을까? 이 질문은 중요하다. 우리가 사회적 문제를 해결하려면 일상생활에서 새로운 상호작용을 의도적으로 만들어내야 할 수도 있기 때문이다. 이렇게 자연스럽지 않은 대화도 기분을 좋게 할 수 있을까, 아니면 무익한 시도에 불과할까?

다행히 시카고대학교의 니컬러스 에플리Nicholas Epley 교수는 이미 우리보다 몇 걸음 앞서 있었다. 에플리의 연구팀은 사람들이 낯선 이와 대화를 나눠야 했을 때 어떤 일이 일어나는지를 탐구해왔다. 내가 그의 연구를 특히 좋아하는 이유는 그가 실제 생활에서 실험을 진행하기 때문이다. 예를 들어 그의 연구팀은 런던행 기차에 탄 통근자들에게 무작위로 낯선 이와 대화를 나누도록 요청한 적이 있다. 그들의 기분에 어떤 변화가 생기는지 보기 위해서였다. 결과는 명확했다. 실험이 끝났을 때, 낯선 이와 이야기를 나눈 통근자들은 대조군control group(실험에서 약물이나 자극과 같은 변수의 효과를 알아보기 위해 처치를 한 실험군 대비 처치를 하지 않은 집단, 여기서는 대화를 나누지 않은 통근자들을 의미한다 – 옮긴이)에 비해 통근 경험이 두 배 이상 즐거웠다고 평가했다. 대학생들을 대상으로 한 연구와 마찬가지로, 이 연구에서도 대화에 시간을 더 많이 쓸수록 승객들은 통근을 더 긍정적으로 평가했다. 이 결과는 그들이 대화를 나눈 낯선 이의 나이, 성별, 인종과는 관계가 없었다. 사회적 교류를 한 집단이 언제나 통근을 더 즐겁게 생각했다.

실제로, 상호작용은 자연스럽게 이뤄지지 않아도 기분을 좋게 하는 것으로 보인다. 에플리 교수의 연구팀은 이 사실을 버스, 택시, 대기실에서도 재확인했다. 사람들은 어디에 있든, 주변의 낯선 이와 대화할 때 기분이 좋아지는 것으로 보인다.

그렇다면 이런 심리학 연구가 우리에게 말해주는 바는 무엇일까? 단 한 문장으로 요약할 수 있다. '사회적 접촉은 사람을 기분 좋게 한다.' 상호작용은 (마트에서 우연히 친구를 만날 때처럼) 자연스럽게 일어나든, (기차나 버스에서 낯선 이와 대화할 때처럼) 부자연스럽고 인위적으로 일어나든 언제나 기분을 좋게 해주는 것으로 보인다. 물론 상호작용의 심리학적 가치는 그 상호작용의 질과 상대에 따라 달라질 수 있다(예를 들어 가장 큰 기분 상승효과를 내는 상호작용은 친구와의 대화다). 하지만 아주 짧은 시간 동안 상호작용을 해도(이를테면 버스에서 내릴 때 기사에게 감사 인사를 건네기만 해도) 웰빙감이 향상될 수 있다. 기분을 북돋는 데는 스쳐 지나가는 몇 마디 말이면 충분할지도 모른다.

장기적으로 볼 때, 이런 사회적 습관을 우선시하는 것은 궁극적으로 큰 이익으로 이어질 수 있다. 생활 방식이 사회적인 사람일수록 행복하다는 사실은 과학으로도 입증됐다. 심지어 평소보다 외향적으로 행동하기만 해도 기분이 나아질 수 있다. 한 연구에서는 대학생들에게 한 주 동안은 외향적으로(말이 많고, 자기주장이 강하며, 즉흥적으로), 또 다른 한 주 동안은 내향적으로(신중하고, 조용하며, 수줍게) 행동하도록 요청했다. 그 결과, 그들은 외향적으로 행동했을 때 기분이 크게 향상됐고 내향적으로 생활했을 때는 기분이 뚜렷하게 가라앉았다.

이런 연구 결과를 떠올리며, 자신의 삶을 살펴보고 사회적 관계를 넓힐 수 있는 지점을 찾아보길 바란다. 여기서 **불편한 진실 1: 우리는 분열된 세상에 살고 있다**를 다시 떠올려보자. 우리는 매주 수십 번의 연결 기회를 놓치고 있는지도 모른다. 가족의 전화를 음성사서함으로 넘기지 말고 직접 받자. 친구와의 저녁 약속을 취소하고 싶을 때, 그 결정이 당신의 웰빙에 어떤 영향을 미칠지 깊이 생각해보자. 건강을 위해 식습관을 고치고 운동을 더 많이 하고 충분히 잠을 자겠다고 다짐하듯이, 사회적 상호작용을 하기 위해서도 충분한 노력을 기울여야 한다. 그리고 진심으로 말하는 건데, 낯선 이와 대화를 나눠보고 그때 어떤 기분이 드는지 직접 경험해보라. 분명 놀라게 될 것이다. 우리 앞에는 언제나 수확을 기다리는 사회적 열매가 있다. 그 열매는 뇌의 건강을 지키고 마음을 북돋는 드물고도 귀한 힘을 품고 있다. 삶을 돌아보며 다음의 질문들을 자신에게 던져보자.

- 요즘 가족이나 친구를 얼마나 자주 만나는가? 과거와 비교했을 때 어떤가?

- 전화를 무시하거나, 온라인으로만 장을 보거나, 친구 모임을 거절하는 등 스스로 고립을 선택하지는 않는가?
- 낯선 사람과 대화를 시작하는 것이 편안한가?
- 사회적 삶을 확장하고 더 많은 시간을 교류에 쓰기 위해 어떤 결정을 내릴 수 있을까?

뇌에서 무슨 일이 벌어지고 있을까?

이제 이 주제를 더 깊이 풀어내기 위해 신경과학적 설명을 덧붙일 차례다. 왜 사회적 상호작용은 근본적으로 우리에게 기분 좋은 경험이 되는 걸까?

기본 원리부터 살펴보자. 우리의 모든 심리적 경험은 뇌에서 일어나는 사건으로 시작된다. 이것이 바로 심리학과 신경과학이 만나는 지점에서 일어나는 마법 같은 상호작용이다. 예를 들어 강아지를 쓰다듬으며 기쁨을 느끼는 것은 뇌의 특정 부위(보상을 담당하는 영역)가 활성화돼 기쁨의 감정을 만들어내기 때문이다. 하지만 강아지가 갑자기 돌아서서 요란하게 방귀를 뀌면, 그 보상 영역의 활동은 줄어들고 그 대신 혐오를 담당하는 부위가 활성화될 수 있다. 우리 안에서 작동하는 이런 메커니즘을 이해하면 우리가 경험하는 감각의 의미를 더 깊이 음미

할 수 있다. 인간의 몸을 자동차에 비유하자면, 뇌는 우리를 움직이는 엔진이다. 그러니 때로는 후드를 열어 그 안을 들여다봐야 한다.

이제 이 원리를 사회적 상호작용에 적용해보자. 이 장의 앞부분에서 **사회적 상호작용이 기분을 좋게 한다**는 심리학적 사실을 확인했다. 이제는 **뇌에서 무슨 일이 일어나고 있는지** 물어야 한다. 그 답을 찾으려면 사회적 보상이라는, 인류의 오랜 역사에 깊이 뿌리내리고 있는 신경과학 개념을 살펴봐야 한다.

⊙

나는 수년간 과학을 공부하면서 우리 몸의 거의 모든 부분이 흥미로운 진화적 기원을 가진다는 사실을 알게 됐다. 예를 들어 얼굴에 코가 있다는 건 참 이상하지 않은가? 이상한 질문 같지만, 코가 꼭 있어야 할까? 코는 외모상으로도 그다지 매력적인 부위는 아니다. 물론 (음식을 먹을 때처럼) 입이 막혀 있을 때 숨을 쉬려면 콧구멍이 필요한 건 맞다. 하지만 굳이 코 전체가 필요할까? 얼굴에 콧구멍 두 개만 있으면 되지 않을까?

사실은 그렇지 않다. 실제로 코에는 여러 가지 기능이 있다. 첫째, 코는 여과 장치 역할을 한다. 코털과 점액은 원치 않는 입자가 기도로 들어오지 못하게 걸러낸다. 둘째, 코는 콧구멍이 아래쪽을 향하게 해 물이나 먼지가 계속 흘러드는 것을 막는다. 투박해 보이긴 하지만, 코는 우리의 생존을 돕기 위해 존재한다. 우리 얼굴에 콧구멍만 두 개 뚫려 있다면, 그 구멍을 통해 몸으로 들어오는 온갖 이물질을 막기 위해 엄청나게 강력한 면역 체계를 갖춰야 할 것이다.

코처럼 뇌의 작동 메커니즘에도 진화적 기원이 있다. 우리에게 코가 있는 이유를 명확하게 설명할 수 있듯이, 사회적 상호작용이 뇌를 기분 좋게 하는 이유도 명확하게 설명할 수 있다. 그 이유는 매우 단순하다. 아주 먼 옛날의 인류는 집단을 이뤘을 때 더 잘 생존할 수 있었기 때문이다. 몇만 년 전, 인류가 집단을 이루고 살지 않았다면 생존이 매우 힘들었을 것이다. 당시 검치호랑이와 일대일로 맞붙은 사람이 있다면 분명히 (상당히 괴롭게) 죽었을 것이다. 하지만 열 명, 아니 스무 명이 함께라면 이길 가능성이 있었다. 적자생존의 세계에서 생존에 적합한 인간은 사회적인 인간이었다. 우리는 지구에서 가장 강하거나 가장 사나운 동물은 아니지만, 머리가 기가 막히게 좋고 놀라울 정도로 의사소통 능력이 뛰어나다. 그 덕에 집단으로 움직이면 놀라울 만큼 강력한 힘을 발휘한다. 생존을 위해 우리 뇌는 사회적으로 되도록 배선된 것이다.

여기서 '사회적으로 되도록 배선됐다'라는 말은 실제로 어떤 뜻일까? 간단한 사고 실험을 해보자. 당신이 지구를 위해 일하면서 수많은 종을 돌보는 막중한 임무를 부여받은 존재라고 상상해보자. 당신이 할 일은 모든 동물이 살아남게 하는 것이다. 그래서 당신은 그들의 생존에 도움이 될 적응 방식을 선택한다. 이제 당신의 상사인 대자연이 인간이라는 새로운 동물의 생존을 도우라는 명령을 내린다. 당신은 가능한 모든 방법을 동원해 인간을 계속 생존시켜야 한다. 인간들을 살펴본 결과, 그들이 함께 움직일 때 사냥과 방어에 탁월하다는 사실을 알게 됐다. 그래서 그들에게 집단을 이뤄 살아가기를 원하게 하는 새로운 특성을 심어주기로 한다. 뇌든 몸이든 당신 마음대로 조정할 수 있다. 이때 당신은 어떤 특성을 선택하겠는가?

정답은 '현실에서 나타난 특정한 적응 능력'으로, 사회적 보상을 추구하는 특성이 바로 그것이다. 우리 뇌는 타인과 상호작용할 때 즐거움을 느끼도록 화학적으로 설계됐다. 다른 인간과 어울리고자 하는 인간의 본능은 바로 이 화학적 설계에서 비롯된 것이다. 이 사회적 보상 추구 본능은 수십만 년 전에 생겨났지만, 오늘날에도 우리 뇌에 남아 지금의 사회를 유지하는 데 핵심적인 역할을 하고 있다.

한번 생각해보자. 현대인은 보통 주말을 어떻게 보낼까? 집안일을 하거나 소파에 늘어져 시간을 보내기도 하지만, 많은 사람은 이 소중한 여가를 다른 사람들과 함께하는 데 쓰려고 애쓴다. 가족이나 친구를 만나고 공공장소에 모인다. 금요일이나 토요일 밤이면 좁은 방에 빼곡히 모여 술을 마시며 서로 어울린다. 그 귀중한 시간을 다른 무언가에 쓸 수도 있지만, 사람들은 이 기묘한 '사회적 뒤섞임' 속에서 시간을 보내고 싶어 한다. 재미있지 않은가? 나에게 이런 상호작용은 함께 어울리려는 인간의 본능적 충동을 또렷하고 아름답게 드러내는 표현이며, 생존을 위해 뭉쳐야 했던 진화적 필요에서 비롯된 부산물로 보인다.

하지만 오늘날 우리는 함께하려는 본능이 흔들리는 시대에 살고 있다. 타고난 사회적 충동과 맞서 경쟁하는 새로운 사회적 보상의 형태들이 끊임없이 등장하기 때문이다. 예를 들어 요즘은 소셜 미디어에 사진을 올리면 곧바로 다른 사용자들의 '좋아요'를 받을 수 있다. 이는 사회적 보상을 게임처럼 만든 전형적인 사례로, 공동체의 인정을 얻고자 하는 뇌의 본능적 욕구를 활용하려는 시도다. 버튼 하나로 쏟아지는 긍정적 관심은 우리의 사회적 시스템을 자극해 앱에서 손을 떼기 어렵게 한다. TV를 켜면 드라마나 영화 속 인물이 사랑을 얻고, 높은 지위에 이르고, 공동의 적을 물리치는 장면을 볼 수 있다. 이 모든 것이 뇌의 사회적 보상 체계를 강렬하게 자극한다. 우리가 저녁 외출을 마다하고 TV 시청이나 소셜 미디어에 쉽게 빠지는 이유는 어쩌면 기기를 통해서도 어느 정도 사회적 보상을 얻을 수 있기 때문일 것이다. 그렇게 우리는 인공적 보상에 안주하며 실제 만남을 멀리하게 됐고, 그 결과 얼굴을 맞대는 연결에는 점점 마음을 덜 쓰게 된 것일지도 모른다.

　우리 본성이 사회적이라는 사실을 당연하게 여겨서는 안 된다. 모든 동물이 우리처럼 사회적으로 태어나는 것은 아니기 때문이다. 예를 들어 호랑이는 혼자 사는 것을 선호한다. 왜일까? 혼자서도 먹잇감을 사냥할 수 있기 때문이다. 무리를 지어봤자 내 몫이 줄어들 뿐이다. 무리로 살게 하는 진화적 압력이 없었기에 호랑이의 뇌는 다른 호랑이와 함께 있는 것에 보상을 느끼도록 발달하지 않았다. 반면, 집단 속에서 살아야만 생존할 수 있는 수많은 다른 종은 우리와 같은 본능을 공유한다. 원숭이도 무리를 이루고, 물고기도 떼를 지어 헤엄치며, 개도 무리를 지어 사냥하고, 심지어 쥐도 집단으로 산다. 이런 유사성 때문에 사회적 행동에 관한 신경과학 연구는 대부분 쥐를 모델로 이뤄진다. 나 역시 쥐를 대상으로 사회적 보상 추구라는 주제를 연구한 적이 있다.

　박사 과정 첫해에 나는 참신한 아이디어가 많았다(아마도 그때는 지금보다 뇌가 훨씬 더 잘 돌아갔기 때문일 것이다). 그때 나는 사람들이 사회적 이유로 어리석은 행동을 하는 경우가 많다고 생각했다. 당신은 혹시 데이트 상대의 마음에 들고 싶어서 지갑을 탈탈 털거나, 춥고 비 오는 날 친구들과 콘서트에 갔다가 감기에 걸리거나, 밤새 떠들썩하게 술을 마신 적이 있는가? 나는 다 해봤다. 아마 이보다 더 어리석은 행동도 했을 것이다. 인간은 불편을 감수하면서도 다른 사람들과 함께 있으려고 한다. 이는 우리 뇌에 존재하는 사회적 보상 체계 때문일 가능성이 크다. 나는 쥐도 우리처럼 사회적 동기에 이끌려 이런 행동을 하는지 궁금했다.

어느 날 연구실에서 나는 의자에 앉아 빙글빙글 돌면서 동료인 왕쯔쥔Zijun Wang 박사에게 이 얘기를 꺼냈다. 쥐가 사회적 이유로 어리석은 행동을 할 의지가 있는지를 우리가 알아낼 수 있을까? 쥐는 데이트도 하지 않고, 술집에서 늦게까지 버티지도 않으며, 콘서트에 가지도 않는다(만약 그런 일이 가능하다면, 나도 꼭 보고 싶다). 다행히도 내 젊고 신선한 뇌(그리고 왕 박사의 도움) 덕분에 하나의 아이디어가 떠올랐다.

십자 모양의 플랫폼을 떠올려보자. 그 플랫폼은 바닥에서 약 50센티미터 위에 세워져 있고, 네 개 팔 중 두 개는 벽으로 둘러싸여 있으며, 나머지 두 팔은 완전히 노출돼 있다(다음 페이지의 그림 참조). 십자형 높은 미로Elevated Plus Maze, EPM라고 불리는 이 장치는 설치류의 불안 행동을 평가하는 데 사용하는 실험 장치다. 노출된 팔은 쥐에게 무서운 공간이고, 벽으로 막힌 팔은 쥐가 안심할 수 있는 꿈 같은 안식처다. 쥐는 대부분 시간을 닫힌 팔에서 보내며, 열린 팔에는 아주 잠깐 용기가 날 때만 나간다. 우리는 쥐가 무서움을 느끼는 열린 팔에서 보내는 시간이 적을수록 더 불안해한다고 판단한다. 왕 박사와 나는 이 십자형 높은 미로가 쥐의 사회적 동기를 측정하기에 완벽한 무대라고 생각했다. 만약 열린 팔 끝 쪽에 다른 쥐를 두면 어떨까? 닫힌 팔에 있던 정상적인 쥐가 이 쥐를 만나기 위해 위험을 무릅쓰고 다가갈까? 춥고 비 오는 날 콘서트에 가는 우리와 비슷한 행동을 과연 쥐가 할까? 우리는 과연 쥐가 친구와 어울리기 위해 불편함을 감수하는 행동을 할지 지켜봤다.

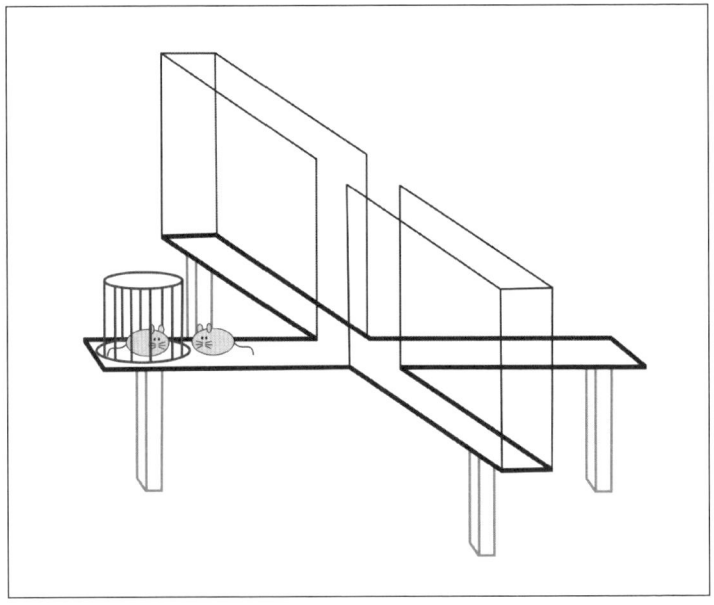

놀랍게도, 실험은 성공했다. 열린 팔 끝 쪽에 다른 쥐를 두자, 자유롭게 움직이던 쥐는 그 위치에서 약 네 배 더 오랜 시간을 보냈다. 쥐들이 사회적 상호작용을 위해 두려운 환경에 기꺼이 뛰어들려는 의지가 무려 네 배나 강해진 것이다. 이와는 대조적으로, 자폐와 관련된 유전자 변이를 지닌 쥐들에게서는 이런 사회적 동기 부여가 거의 관찰되지 않았다. 이 쥐들은 사회적 교류를 위해 열린 팔의 끝 쪽으로 다가갈 의지가 거의 없었다.

쥐들에게도 상호작용은 보상을 주는 것이 확실했다. 심지어 쥐들은 다른 쥐와 단지 15초간 함께 있기 위해 레버를 스무 번까지 누르기도 했다. 인간과의 이런 유사성 덕분에 우리는 쥐의 뇌를 연구해 사회적 보상 시스템이 어떻게 작동하는지 알아낼 수 있으며, 신경과학자들은 지금까지 실제로 그렇게 해왔다. 바로 이 지점에서 우리는 큰 질문, 곧 사회적 보상이 생성될 때 뇌에서 어떤 일이 일어나는가에 대한 답을 얻는다.

뇌의 보상 체계에 관여하는 세 가지 화학물질

사회적 보상은 단 하나의 뇌 화학물질에 좌우되는 것이 아니라 세 가지 주요 화학물질의 관여로 이뤄진다. 옥시토신$_{oxytocin}$, 세로토닌$_{serotonin}$, 도파민$_{dopamine}$이다. 신경전달물질$_{neurotransmitter}$로 널리 알려진 이들 세 화학물질에 대해서는 들어본 적이 있을 것이다. 신경전달물질은 뇌세포가 다른 뇌세포와 소통하기 위해 분비하는 화학 신호 물질이다.

하지만 상호작용이 즐겁다고 느끼게 하는 이런 화학물질들의 이름을 아는 것이 당신이 자신을 이해하는 데 실제로 도움이 될까? 별 도움이 안 될 것이다. 이 화학물질들이 정확하게 어떤 역할을 하며, 뇌의 어떤 부위에서 작용하는지 알기 전까지는 말이다.

먼저 옥시토신부터 살펴보자. 이 물질은 사회적 유대와 애착 형성에서 중요할 역할을 하기 때문에 흔히 '사랑의 호르몬'으로 부른다. 뇌에서 옥시토신은 대부분 시상하부의 실방핵 *paraventricular nucleus*이라는 부위에서 생성된다. 실방핵은 뇌척수액으로 채워진 뇌 속 공간인 뇌실*ventricle* 중 하나와 인접한 뉴런 *neuron*(신경세포) 집단을 뜻한다. 실방핵은 뇌척수액이 가득 찬 아름다운 연못 옆에 자리한 옥시토신 공장이라고 생각할 수 있다. 이 공장은 옥시토신을 생산하고 포장한 뒤 다른 뇌 영역으로 보낸다.

연구에 따르면, 옥시토신이 측좌핵*nucleus accumbens*이라는 특정한 뇌 영역으로 보내졌을 때 사회적 보상을 만들어낸다. 측좌핵은 반드시 기억해야 하는 뇌 부위다. 이 책에서 여러 차례 등장할 것이기 때문이다. 측좌핵은 껍질이 내부의 핵심*core*을 감싸고 있는 구조로, M&M 초콜릿과 비슷하게 생겼다. 우연히도 크기까지 거의 비슷한데, 더 길쭉하고 덜 볼록하다. 측좌핵은 뇌의 양쪽 반구에 각각 하나씩, 눈에서 몇 센티미터 뒤에 깊숙이

박혀 있다(즉, 하나의 뇌에는 두 개의 M&M 초콜릿이 있다). 이 측좌핵들은 마치 대도시의 중앙역처럼 뇌의 다양한 영역과 연결돼 있다. 이 위치만 생각해도 측좌핵이 얼마나 중요한지 알 수 있다. 끊임없이 전화를 받으며 수많은 거래를 처리하는 CEO처럼, 측좌핵은 뇌 활동에서 핵심적인 역할을 한다. 더 구체적으로 설명하면, 뇌의 여러 영역에서 정보를 수집해 우리의 동기 부여 메커니즘을 만들어낸다. 이 메커니즘의 핵심 목표는 우리가 보상을 추구하게 하는 것이다. 예를 들어 '피자를 한 조각 더 먹을까 말까' 고민할 때 측좌핵은 이렇게 속삭인다. "그래, 맛있잖아. 저 바삭한 크러스트를 한번 보라고!" 또는 카지노에 갔을 때는 "블랙잭 테이블로 가! 지난번에 얼마나 땄는지 기억하지?"라고 신호를 보낼 수도 있다. 이처럼 측좌핵은 우리가 보상을 얻을 수 있는 방향으로 행동하도록 이끈다. 측좌핵이 이런 역할을 한다는 점을 생각하면, 달콤한 M&M 초콜릿과 측좌핵의 유사점이 더 확실히 보일 것이다. 우리가 바삭바삭한 피자나 단것을 조금 더 먹고 싶다는 충동을 느낄 때, 그 행동을 부추기는 것은 측좌핵일 가능성이 매우 크다.

 측좌핵이 이처럼 보상 처리와 깊이 연관된 만큼 사회적 보상을 담당하는 것도 당연해 보인다. 실제로 관련 연구에 따르면, 사회적 보상을 추구하고자 하는 욕구 역시 옥시토신이 측좌핵으로 보내졌을 때 발생한다. 하지만 이 과정에서 옥시토신만 역할을 하는 것은 아니다. 옥시토신이 측좌핵으로 전달되면 세로토닌의 분비가 촉진되는데, 이 역시 결정적이다. 친구와 즐겁게 대화할 때나 배우자와 포옹할 때, 당신의 측좌핵에서는 옥시토신과 세로토닌이 함께 흐르고 있을 가능성이 매우 크다. 이 두 물질은 보상을 담당하는 이 뇌 영역, 즉 측좌핵에서 힘을 합쳐 우리에게 사회적 연결의 기쁨을 느끼게 한다.

이제 이 파티의 세 번째 멤버, 도파민을 다룰 차례다. 도파민이라는 단어는 당신에게도 익숙할 것이다. 보상과 동기 부여에 중요한 역할을 하는 신경전달물질로 널리 알려져 있기 때문이다. 하지만 도파민은 사람들이 잘못 이해하고 있는 물질 중 하나이기도 하다. 흔히 도파민을 '행복 호르몬'으로만 생각하는데, 사실은 그보다 훨씬 다양한 역할을 한다. 우선, 학습을 돕는다. 예를 들어 도파민은 우리가 따뜻한 물로 샤워를 하거나, 맛있는 음식을 먹거나, 부드러운 담요 속에 몸을 파묻는 것처럼 즐겁거나 이로운 행동을 할 때 분비돼 뇌가 그 경험을 기억하도록 돕는다. 그 학습의 결과로 우리는 다시 따뜻한 물로 샤워를 하거나, 같은 음식을 먹거나, 그 담요를 찾고 싶어진다. 따라서 도파민은 보상이 지닌 가치를 평가하며, 그 결과에 따라 우리의 행동에 동기를 부여하는 역할을 한다고 할 수 있다.

다시 말해 도파민은 뇌에 내장된 강화 시스템이다. 쥐들이 코카인을 얻기 위해 레버를 집요하게 누르는 이유도(그리고 사람들이 그보다 훨씬 심한 행동을 하는 이유도) 코카인이 도파민 신호 전달dopamine signaling(도파민이 표적 세포의 도파민 수용체에 결합함으로써 신경세포 사이에서 정보를 전달하는 과정 - 옮긴이)을 직접 자극하기 때문이다. 코카인은 뇌에 '더 많이 필요해!'라는 강력한 신호를 보낼 수 있기 때문에 중독성이 매우 강하다. 그래서 쥐들은 뇌의 도파민 중추를 직접 자극받기 위해 말 그대로 레버를 누른다. 이 말은 도파민 공장을 직접 자극할 수 있다면 굳이 약물을 사용하지 않아도 같은 효과를 얻을 수 있다는 뜻이다!

그렇다면 도파민은 사회적 보상과 어떤 관련이 있을까? 연구에 따르면 옥시토신이 도파민 분비를 자극하고, 이로 인해 사회적 상호작용이 강화 효과를 가지게 된다. 다시 말해 우리는 도파민 분비 때문에 계속해서 사회적 상호작용을 하고자 하는 욕구를 가지게 된다. 사람들이 비를 맞으면서도 콘서트장에서 친구와 어울리고, 쥐가 다른 쥐의 냄새를 맡으려고 무서운 환경에 뛰어드는 이유도 바로 이 강화 효과에 있다. 뇌가 기본적으로 사회적 접촉을 추구하도록 동기를 부여하는 것이 바로 도파민이다.

이 모든 이야기의 핵심은 **우리에게 보상을 주는 화학물질을 뇌에서 분비하게 하는 것이 사회적 상호작용이라는 것이다.** 옥시토신은 그 자체로 어느 정도 보상적 특성을 지니며, 우리가 다른 사람과 연결될 때 분비된다. 또한 옥시토신은 즐거움이나 보상과 관련된 다른 두 신경전달물질인 세로토닌과 도파민의 분비를 촉진한다. 이는 마치 세 개의 도미노 조각이 줄지어 서 있는 것과 같다. 첫 번째 큰 도미노 조각(옥시토신)이 넘어지면, 두 개의 작은 도미노 조각(세로토닌과 도파민)이 연이어 쓰러진다. 이 세 신경전달물질이 동시에 방출되면 매혹적인 화학적 조합이 이뤄져 놀라울 정도로 기분이 좋아진다. 특히 세로토닌과 도파민의 조합은 매우 강력한데, MDMA(정식 명칭은 3,4-메틸렌디옥시메탐페타민 3,4-methylenedioxymethamphetamine이다. 아마도 발음하기 어려울 것이다)가 바로 이 조합과 동일한 효과를 낸다. 몰리molly 또는 엑스터시ecstasy라는 이름으로도 알려진 MDMA는 강렬한 황홀감과 사회적 연결감을 발생시킨다. 이 약물이 자극하는 뇌 영역과 옥시토신이 자극하는 뇌 영역이 동일하다는 사실은 많은 것을 말해준다.

이제 우리가 얻고자 했던 답을 얻은 것 같다. 지금쯤이면 사회적 상호작용이 사람들을 기분 좋게 하는 이유가 이해될 것이다. 사회적 상호작용이 일어날 때, 뇌에서는 즐거움이나 보상과 관련된 고유한 화학적 반응이 발생한다! 이 사실은 인류의 진화 과정을 떠올려보면 쉽게 받아들일 수 있다. 우리 뇌는 사회적 연결을 기분 좋게 느끼고 기본적으로 사회적 연결을 강화하도록 설계돼 있다. 이 설계 덕분에 우리는 다른 사람들과 함께 어울리게 됐고 그 덕에 살아남을 수 있었다. 우리 뇌가 '사회적 연결을 추구하도록 배선됐다'라는 말의 의미가 바로 이것이다.

앞에서 쥐가 우리와 비슷하게 집단 속에서 살아가려는 동기를 지니기 때문에 사회신경과학 연구에 자주 사용된다고 언급했다. 사실 지금까지 설명한 거의 모든 것은 인간이 아니라 설치류의 뇌에서 처음 발견됐다. 하지만 이 세 가지 신경전달물질은 인간의 뇌에서도 사회적 보상과 연결돼 있음이 밝혀졌다(이 책을 읽고 있는 당신이 쥐가 아니라 사람일 것이라는 생각에서 하는 말이다). 예를 들어 옥시토신을 사람의 코에 분사해 비강으로 투여하면(의외로 흔하게 사용되는 방식이다), 보상과 관련된 뇌 영역의 활동이 증가하고 다른 사람의 접촉을 더 기분 좋게 느끼는 경향이 나타난다. 세로토닌을 보자면, 뇌 속 세로토닌이 고갈되면 사회적 보상 학습 과제에서 수행 능력이 떨어진다. 도파민은 외향성 측면에서 사회적 보상과 연결된다. 실제로, 도파민 수용체에 유전적 변이가 있는 사람들은 외향적인 경향이 강하다. 따라서 도파민과 외향성의 연관 관계는 매우 분명하다고 할 수 있다. 남들과 어울릴 때 뇌에서 도파민이 더 많이 분비되는 사람이 있다면, 그는 다시 사회적 상호작용을 가지려는 동기를 더 많이 부여받게 될 것이다. 따뜻한 물로 샤워를 하거나 부드러운 담요로 몸을 감싸는 즐거운 경험을 다시 하도록 동기를 부여하는 도파민이 사회적 상호작용도 다시 하도록 동기를 부여하는 것이다. 그 결과, 그들은 더 외향적으로 될 것이다. 내가 어린 시절 상상했던 사교성 연속체 개념이 틀리지 않았던 것 같다. 사람마다 사회적 선호가 다른 것은 실제로 그들의 뇌 기능이 서로 다르기 때문에 발생하는 현상이다.

◎

우리 뇌에 사회적 보상을 담당하는 시스템이 내장돼 있다는 사실만으로도 모든 것을 설명할 수 있다. 인간은 서로 함께하도록 설계된 존재다. 이 시스템 덕분에 우리는 기차에서 낯선 이와 대화를 나눈 뒤에 기분이 좋아지고, 주말이면 친구나 가족을 찾아간다. 책상 위 휴대전화가 울리면 꼭 받아야 하는 이유도 여기에 있다. 사회적 활동에 참여할 때 우리 뇌는 보상과 만족을 담당하는 신경 시스템을 활성화하기 때문이다.

여기서 다시 **불편한 진실 1: 우리는 분열된 세상에 살고 있다**로 돌아가 보자. 하나의 종으로서 우리는 길을 잃고 서로 멀어지고 있는 듯 보인다. 하지만 희망적인 소식도 있다. 뇌는 언제나 함께하는 것을 좋아한다는 사실이다. 현재 우리는 수십만 년, 어쩌면 수백만 년의 사회적 전통 위에 서 있다. 역사가 기록되기 훨씬 전부터 우리의 조상은 사회적 삶을 살았다. 이는 우리가 그저 다른 사람들과 함께하는 것을 선호하도록 배선된 존재가 아니라 그렇게 하도록 본능적으로 확실하게 배선된 존재라는 뜻이다. 우리 뇌에는 충분한 잠만큼이나 충분한 사회적 상호작용도 필요하다. 우리의 문화가 관계를 우선시하지 않더라도, 우리 뇌는 언제나 그것을 최우선으로 여긴다. 왜냐하면 아주 오래전에(소셜 미디어와 원격 근무가 생겨나기 훨씬 전에) 뇌에는 다른 선택지가 없었기 때문이다. 사회적으로 연결되지 않았다면 인류는 멸종했을 것이다.

만약 우리가 지금처럼 계속 서로 멀어진다면 어떻게 될까? 현대 사회는 사람들 사이에 점점 더 많은 간격을 만들어내고 있다. 우리가 서로 어울리는 삶으로 돌아가지 않는다면 어떻게 될까? 사회적 상호작용의 의미를 완벽하게 이해하려면, 이 문제를 뒤집어 고립이라는 어두운 이면을 마주해야 한다. 뇌가 계속 고립될 때 우리가 어떤 것을 잃을지 알게 되면 상당히 놀랄 것이다.

핵심 정리

1. 사회적 변화가 우리를 고립으로 몰아넣으면서 예측 기계인 우리 뇌는 상호작용을 덜 기대하게 됐다. 하지만 기대가 줄었다고 해서 필요까지 줄어든 것은 아니다.
2. 사회적 교류는 행복감을 높이는 매우 효과적인 방법 중 하나

다. 낯선 이와의 짧은 대화조차 기분을 좋게 해주고 경험을 풍성하게 한다.

3. 먼 옛날 인간은 다른 인간과 반드시 함께해야 생존할 수 있었다. 그 결과 뇌는 우리가 집단 속에 있을 때 보상을 주게 됐다. 이 사회적 보상 시스템은 오늘날에도 우리 뇌에 남아 우리가 사회적 활동에서 즐거움을 느끼게 한다.

4. 뇌의 사회적 보상 체계는 옥시토신, 도파민, 세로토닌을 통해 작동한다. 이 신경 화학물질들은 사회적 교류의 보상적 성격을 강화해 즐거움을 느끼게 하고 다시 반복하고 싶게 한다.

2

외로움을 느끼는 유일한 기관
사회적 고립은 어떻게 뇌를 공격하는가

당신이 완전히 고립된 상태에서 살고 있다고 상상해보라. 현재의 삶(집, 직장, 침대)은 그대로 유지되지만 사회적 접촉은 전혀 없는 상태다. 일테면 당신이 지구에 남아 있는 마지막 인간이라고 가정해보자.

매일 아침 당신은 고요하고 텅 빈 집에서 깨어난다. 차가 없어 교통체증도 없는 도로를 달려 출근한다. 차 안은 너무나 조용하다. 라디오에서 흘러나오는 목소리도 없고 따라 부를 노래도 나오지 않는다. 승객이 없는 기차가 당신 옆을 스쳐 지나간다. 도착한 직장은 텅 비어 있고 당신은 홀로 일할 준비를 한다.

점심시간에는 아무도 없는 복도를 혼자 거닌다. 저녁에는 오직 자기를 위해 저녁을 차린다. 주말도 다르지 않다. 혼자서 집안일을 하거나 공원을 산책한다.

처음에는 외롭다기보다는 지루하게 느껴질 것이다. 타인으로부터 아무런 자극이 없으니 생각이 얼마나 단조롭고 반복적인지를 깨닫게 될지도 모른다. 시간이 지나면 당신은 점차 어두운 고립의 구덩이로 가라앉을 것이다. 불쾌하더라도 당장은 참을 만한 수준일 수 있다. 그러나 몇 달이 흐르면 그 감정은 점점 깊어져 무시할 수 없는 상태가 된다. 구덩이의 바닥이 힘없이 허물어지고, 사회적 연결을 갈망하는 가운데 깊은 불안과 혼돈을 느낄 것이다. 고립의 압박 속에서 몸과 마음의 건강이 서서히 무너질 것이다.

이런 현실이 어떻게 느껴지는가? 아마도 끔찍하다고 생각될 것이다. 나 역시 그런 삶을 상상하면 가슴이 죄어들며 불안해진다. 그러나 이 가상 세계는 일부 사람들에게는 현실이다. 예를 들어 독방에 갇힌 죄수들은 매일 이런 현실을 겪는다. 배우자를 잃은 노인이나 따돌림당하는 학생들에게도 먼 이야기가 아니다. 이는 단순한 비극을 넘어 심각한 공중보건 문제다.

인간에게 최악의 형벌, 고립

인류는 오래전부터 고립이 고통스럽다는 사실을 알고 있었다. 이미 1700년대에도 독방 감금이 죄수를 벌하는 수단으로 사용됐다. 그것은 인간이 겪을 수 있는 최악의 형벌 중 하나이며, 의도적으로 고통을 주기 위한 조치였다. 미국에서 이 조치를 시도한 초기에 끔찍하고 참혹한 결과가 나타났다. 1820년대 초, 뉴욕주는 오번 주립교도소에서 독방 감금을 실험할 수 있도록 허가했다. 교도소장은 그 실험이 죄수들에게 어떤 영향을 미쳤는지 이렇게 기록했다. "어떤 재소자는 절망 끝에 감방에서 뛰쳐나와 복도 난간에서 몸을 던졌고, 또 다른 재소자는 머리를 벽에 부딪치며 자해하다가 결국 한쪽 눈을 잃었다." 이들의 행동은 극도의 절망을 보여준다. 사회적 접촉 없이 살아가는 것보다는 차라리 죽음을 택하겠다는 모습이 소름 끼칠 정도다.

최근 연구에 따르면 장기간의 독방 감금은 생생한 다중 감각 환각, 소리에 대한 과민 반응, 목적 없는 폭력적 행동을 유발할 수 있다. 20만 명이 넘는 수감자를 조사한 한 연구에 따르면, 수감 기간에 단 한 번이라도 독방에 갇혔던 사람은 출소 후 1년 안에 사망할 확률이 독방 수감 경험이 없는 이들에 비해 24퍼센트 더 높았다. 또한 자살로 사망할 확률은 78퍼센트 더 높았다.

독방 감금이 이렇게 끔찍한 결과를 낳는 이유는 무엇일까?

아마도 진화 과정에서 우리가 다른 사람과 함께하도록 배선됐기 때문일 것이다. 수면이나 영양이 그러하듯, 사회적 연결 역시 인간의 뇌가 반드시 필요로 하는 기본 조건이다. 반면, 고립은 다른 사람과 같이 있고자 하는 인간의 가장 깊고 원초적인 본능에 역행한다. 고립은 우리 안에 원초적인 고통의 씨앗을 심는다. 그 씨앗이 자라 뿌리내리도록 내버려두면 광기로 번질 수 있다. 우리는 머리부터 발끝까지 놀라운 장치들로 가득 찬 정교한 존재다. 그러나 다른 많은 기관과 달리, 뇌는 외로움을 느낀다. 이는 뇌의 고유한 특성이다. 심장은 밤낮없이 영양분을 온몸에 퍼 나르고, 장은 음식을 소화하며, 횡격막은 쉼 없이 폐에 공기를 채운다. 이 기관들은 그저 작동할 뿐이다. 묻지도 따지지도 않고 끊임없이 작동한다. 하지만 뇌는 다르다. 뇌는 산소나 포도당 외에 다른 것들도 필요로 한다. 모든 생각, 감정, 비밀을 담은 이 말랑말랑하고 주름진 덩어리는 다른 사람과 함께해야 존재할 수 있다. 뇌는 타인의 존재를 갈망한다. 타인이라는 존재와 함께하지 못하면 뇌는 무너진다. 완전히 무너지지는 않는다고 해도, 최소한 존재하는 것 자체가 힘들어진다.

뇌 건강이 사실상 우리의 모든 생활을 뒷받침하고 있다. '건강한 뇌를 가진다'는 것은 단순히 퍼즐을 빨리 풀거나 집중력을 유지하는 것만을 의미하지 않는다. 정서를 얼마나 잘 조절하는지, 직장에서 졸음을 얼마나 잘 참는지, 운동을 얼마나 계속

할 수 있는지, 얼마나 허기를 느끼는지 등 모든 것이 뇌 건강에 달려 있다. 뇌 기능을 강화하는 열쇠가 특별한 식단이나 특정한 건강 보조제나 십자말풀이 같은 활동에 있다고 믿는 사람이 많지만, 그것들은 전체 그림의 일부일 뿐이다. 뇌를 돌보고자 한다면 가장 기본적인 요구들부터 충족해야 하며, 사회적 접촉이 그중 하나다.

독방 수감은 외로움의 가장 극단적인 사례지만, 우리가 이미 알고 있는 진실을 다시 드러내기도 한다. 혼자 있는 것은 고통스럽다는 진실이다. 대부분 사람에게 고립은 파도처럼 간헐적으로 또는 짧은 기간만 찾아온다. 며칠 동안 제대로 된 대화를 나누지 못한다든지, 집에서 혼자 며칠을 보내는 식이다. 예컨대 일주일 내내 아무도 직접 만나지 못한 원격 근무자, 독감에 걸려 졸업 파티에 참석하지 못하고 집에 있는 학생, 남편이 출근한 사이 수술 후 회복을 위해 침대에 누워 있는 아내가 그렇다. 이처럼 비교적 짧은 고립은 사람을 미치게 할 정도는 아니지만(물론 그렇게 느껴질 때도 있다), 결코 사소하다고도 할 수 없다. 짧은 기간이라도 고독은 웰빙에 심각한 영향을 줄 수 있기 때문이다.

입원 환자의 회복 과정에 대한 연구는 단기적 고립이 어떻게 우리를 나약하게 만드는지 잘 보여준다. 환자가 (주로 전염병 확산을 막기 위해) 입원 기간에 격리되면 우울과 불안이 악화되고 부정적 사건을 겪을 위험이 커진다. 퇴원 후에도 격리가 이어지면 상황이 더 나빠진다. 심근경색으로 입원했던 환자의 경우, 퇴원 후 혼자 지낸 이들은 누군가의 돌봄을 받은 이들에 비해 3년 안에 사망한 비율이 두 배 이상 높았다. 반대로, 뇌졸중 이후에 사람들과 지내면서 도움을 많이 받은 환자들은 회복률이 매우 높았다.

고립의 또 다른 단면은 2020년 팬데믹 봉쇄에서 드러났다. 팬데믹 봉쇄는 외로움이 사람들에게 미치는 영향을 드러낸 비극적인 동시에 흥미로운 실험이었다. 관련 연구는 사회적 교류의 제한이 높은 수준의 우울, 스트레스, 외로움과 연결돼 있음을 보여주었다. 특히 혼자 지낸 미국인들은 가족과 함께 격리된 사람들보다 훨씬 더 힘들어했다. 또한 고립 기간이 길어질수록 우울 증상이 악화됐다.

이렇듯 고립의 결과가 분명함에도, 현대 사회에서 우리는 여전히 연결에 우선순위를 두지 않는 것 같다. 우리는 여전히 분열된 세상에 살고 있다. 이 상황에서 변화를 만들어내지 못한다면 점점 더 큰 위험에 빠질 것이다. 수백만 명을 대상으로 한 연구는 고립이 전반적인 사망 위험을 32퍼센트나 높인다는 사실을 보여준다. 어떻게 해야 이 위험한 함정에서 벗어나 앞으로 나아갈 수 있을까?

어쩌면 우리는 혼란스럽고 두려운 현실 속에서 적절한 정보나 지식이 부족해 어려움을 겪고 있는 것인지도 모른다. 만약 우리가 실제로 무엇을 잃을 수 있는지 제대로 이해했다면, 더 안전해지기 위해 필사적으로 몸부림쳤을 것이다. 이제 진지하게 생각해보자. 고립은 뇌에 어떤 영향을 미칠까? 왜 혼자 있는 것이 실제로 사망 위험을 높일까? 이제 바로 그 이유, 뇌가 왜 친구를 필요로 하는지를 밝혀야 할 때다.

가장 치명적인 숫자

2015년, 알츠하이머와 뇌졸중을 연구하는 조슈아 크랩서Joshua Crapser 박사는 사회적 고립이 뇌 건강에 미치는 영향에 대한 논문을 발표했다. 그 논문은 '1은 가장 치명적인 숫자다One Is the Deadliest Number'라는 도발적인 제목이 이미 모든 것을 함축하고 있었다.

뇌 노화를 연구하던 중, 크랩서 박사와 동료들은 충격적인 사실을 발견했다. 그들이 연구하던 구체적인 대상은 뇌졸중이었다. 뇌졸중은 뇌로 가는 혈류가 갑자기 막히거나 줄어들어 뉴런이 산소와 영양을 공급받지 못해 손상되거나 사멸하는 질환이다. 그들은 쥐의 뇌에 혈액을 공급하는 동맥을 일시적으로 차단해 인위적으로 뇌졸중을 유발했다. 원래 목표는 이런 파괴적인 사건 이후 뇌가 어떻게 회복하는지를 알아내는 것이었다. 하지만 그들은 실험 결과에서 놀라운 경향을 발견하고 연구 방향을 선회했다. 이유는 확실하지 않았지만, 혼자 지내는 쥐들이 그렇지 않은 쥐들에 비해 훨씬 더 심각한 뇌졸중을 겪었기 때문이다. 같은 뇌졸중임에도 사회적으로 고립된 쥐의 뇌는 더 넓은 영역이 손상되고 더 많은 세포가 사멸했다. 게다가 증상이 더 심했고, 회복이 더뎠으며, 사망 확률도 높았다.

믿기 어려운 결과였다. 그들의 사회적 조건이 원인이라고 어떻게 단정할 수 있을까? 흥미롭게도 다른 연구는 쥐가 부분적으로 고립됐을 때, 즉 투명한 장벽 너머로 서로를 볼 수 있지만 직접 접촉할 수는 없을 때 뇌졸중의 결과가 중간 정도로 나타난다는 사실을 밝혀냈다. 이 쥐들은 집단생활을 하는 쥐보다 손상이 더 컸지만, 완전히 고립된 쥐보다는 덜했다.

내게 이 연구 결과는 너무나 충격적이었다. 어떻게 이런 현상이 발생하는 걸까? 이 연구 결과는 사회적 상호작용이 어떤 방식으로든 뉴런을 질식$_{suffocation}$으로부터 보호한다는 뜻이다. 이는 어떤 두 사람이 똑같이 뇌졸중을 겪을 때(예를 들어 뇌가 5분 동안 혈류 차단을 겪을 때), 사회적 활동이 적은 사람이 더 심각한 뇌 손상을 입을 수 있다는 말이다. 도대체 어떻게 그럴 수 있을까?

이 장의 서두에 했던 상상을 떠올려보라. 사회적 접촉이 없는 삶을 떠올렸을 때 스트레스를 받지 않았는가? 사랑하는 사람들을 영영 보지 못하거나 오랫동안 독방에 갇혀 있는 상상을 했을 때 가슴이 죄이지 않았는가? 당연히 그렇게 느껴질 것이다. 실제로 사회적 고립은 일종의 스트레스이며, 몸도 그것을 스트레스로 처리하기 때문이다. 인류의 진화 과정을 생각해보면 확실하게 이해가 될 것이다. 먼 옛날에는 이런 불안 신호가 공동체를 찾아 나서도록 동기를 부여해 생존 가능성을 높였을 것이다. 그로부터 수만 년이 지난 지금도 가슴이 죄이는 그 느낌은 생존 본능의 일부로 남아 있다. 하지만 그 느낌이 반드시 유익한 것은 아니다. 이런 스트레스는 고립된 쥐에게서 관찰되는 심각한 뇌졸중과 비슷한 증상을 (뇌의 특정 메커니즘을 통해) 우리에게도 일으킬 수 있기 때문이다.

인간의 몸은 스트레스에 예측 가능한 특정 방식으로 반응한다. 예를 들어 뇌에서는 여러 부위와 요소가 얽힌 복잡한 시스템인 HPA 축 *HPA axis* 이 스트레스 반응을 처리한다. 스트레스를 받을 때는 노르에피네프린 *norepinephrine* (노르아드레날린 *noradrenaline* 이라고도 한다)이라는 신경전달물질(호르몬)이 분비돼 우리가 잘 아는 투쟁-도피 반응 *fight flight response* 을 촉발한다. 이 과정에서 체온이나 심박수 같은 기본적인 신체 균형을 유지하는 시상하부 *hypothalamus* 라는 뇌 부위가 활성화된다. 시상하부가 이런 경보 신호를 감지하면 코르티코트로핀 분비 인자 *corticotropin-releasing* *factor*라는 호르몬을 내보내고, 이는 뇌하수체*pituitary gland*에 신호를 보내 부신피질자극호르몬*adrenocorticotropic hormone*을 혈류로 분비하게 한다. 마지막으로, 부신*adrenal gland*은 글루코코르티코이드*glucocorticoid*라는 호르몬을 분비한다. 참고로 HPA 축이란 시상하부-뇌하수체-부신피질 축*hypothalamic-pituitary-adrenocortical axis*의 줄임말이다. 이 이름만 봐도 스트레스 반응 시스템이 얼마나 복잡한지(아울러 내가 왜 신경과학 공부에 겁을 먹었는지도) 알 수 있을 것이다.

이 복잡한 내용을 모두 기억할 필요는 없다. 마지막 단계에 등장하는 글루코코르티코이드만 이해하면 된다. 이 호르몬은 몸의 다양한 조직에 작용해 스트레스 반응을 일으킨다. 인간의 몸에서 가장 중요한 글루코코르티코이드는 코르티솔*cortisol*로, 흔히 '스트레스 호르몬'이라고 부른다. 코르티솔은 스트레스를 일으키는 위협에 맞서도록 몸을 준비시키는 호르몬이다. 스트레스를 받을 때 몸은 싸움이 다가왔다고 생각하며 군대를 소집한다. 그 결과 심박수가 높아지고, 소화 기능 같은 비필수적인 기능이 억제되며, 혈당이 높아져 근육과 조직에 에너지를 공급한다. 여기서 중요한 사실은 코르티솔이 염증을 줄인다는 점이다. 포식자에게 쫓기는 상황에서는 염증이 아무런 도움이 되지 않기 때문이다.

만약 글루코코르티코이드라는 단어가 낯익게 들린다면, 아마 당신은 프레드니손prednisone 같은 약물을 처방받아 복용한 적이 있을 것이다. 체내 염증을 줄이는 데 쓰이는 약물이다. 이 시점에서 당신은 고개를 갸웃할지도 모르겠다. '코르티솔이 항염 작용을 한다면, 스트레스는 오히려 좋은 것이 아닐까?'

물론 그렇게 생각할 수 있다. 하지만 여기서 의외의 복병이 등장한다. 스트레스가 단기성(급성 스트레스)에서 장기성(만성 스트레스)으로 전환되면 좋지 않은 일들이 벌어진다. 만성 스트레스는 코르티솔 수치가 오랫동안 높은 수준으로 유지되게 하고, 그 결과 몸이 코르티솔에 둔감해진다. 우리가 언제까지나 투쟁-도피 모드로 살 수 없듯, 우리 조직도 스트레스 반응 상태를 무한정 유지할 수는 없다. 결국 몸의 조직들이 코르티솔에 반응하지 않아 염증을 억제하지 못하게 된다. 다시 말해 몸이 만성 스트레스 상태에 놓이면 이 호르몬은 항염증 기능을 잃는다. 이는 매우 심각한 문제다. 주요 항염 시스템이 무너지면서 몸은 만성 염증에 취약해지고, 이는 건강과 웰빙의 큰 적이 된다. 만성 염증은 건강한 조직을 훼손하며 심장병, 당뇨, 암과 같은 질환을 유발할 수 있다.

사회적으로 고립됐을 때 바로 이런 일이 벌어지는 것으로 보인다. 고립은 일종의 스트레스다. 따라서 고립된 사람들은 더 높은 코르티솔 수치를 보인다. 가깝게 지내는 사람들이 적을수록 코르티솔 분비는 더 많아진다. 미국 휴스턴의 NASA 존슨우

주센터에서 진행된 한 연구에서 참가자들은 약 60제곱미터 크기의 공간에 30일 동안 격리됐다. 실험 시작 일주일 만에 참가자들의 코르티솔 수치가 평균 56퍼센트 증가했다. 이 결과는 고립된 환자들이 더 심한 불안과 우울을 겪는 이유, 일주일 동안 재택근무를 이어갈 때 불안정해지는 이유를 설명해준다. 참가자들의 코르티솔 수치는 격리 기간 내내 높게 유지됐으며, 정상생활로 돌아간 뒤 며칠이 지나서야 회복됐다. 다시 말해 고립 중에는 코르티솔 수치가 상승하고, 정상적인 생활로 돌아가자 다시 떨어졌다.

뇌 건강의 적군과 아군

우리는 건강과 웰빙을 추구하면서도 눈앞의 영웅을 간과하고 있는 건 아닐까? 사회적 접촉은 즐겁고 효과적이며 대개는 돈도 들지 않는다. 수천 가지 다이어트 방법, 건강 보조제, 값비싼 영약들이 코르티솔을 조절해준다고 떠들어대는 오늘날 더 단순하고 저렴하기까지 한 해답이 여기 있다. 바로 사회적 교류다.

그렇다면 고립된 사람들의 사망률이 전반적으로 더 높은 이유, 고립된 쥐가 더 심한 뇌졸중을 앓은 이유가 만성 염증 때문일까? 휴스턴 텍사스대학교 보건과학센터 루이즈 매컬로Louise McCullough 박사와 크랩서 박사의 공동 연구 결과에 따르면 그럴 가능성이 상당히 크다. 이 연구자들은 고립된 쥐들에게서 염증을 억제했을 때 보호 효과가 나타난다는 사실을 발견했다. 이 쥐들은 여럿이 어울려 사는 쥐들과 마찬가지로 뇌졸중이 악화되지 않았다. 이 연구 결과는 고립이 염증을 일으키면 뇌가 뇌졸중 같은 손상에 더 취약해진다는 점을 보여준다.

인간을 대상으로 한 심장 질환에 관한 연구에서도 비슷한 결과가 나왔다. 외로움은 심장 질환 위험을 높이며, 혼자 사는 사람은 심근경색 발생 이후 사망할 확률이 더 높았다. 하지만 쥐를 이용한 실험에서 옥시토신을 투여했을 때, 심장 건강에 미치는 고립의 부정적 영향이 제거되는 것으로 나타났다. 이는 옥시토신이 단순히 사회적 보상과 유대만을 담당하는 것이 아니라 항염 특성도 지니기 때문이다. 이 결과에는 매우 중요한 의미가 있다. 상호작용은 기분을 좋게 할 뿐 아니라 몸 안의 위험한 염증에 맞서 다양한 질병과 죽음으로부터 우리를 보호한다는 점이다. 이를 인식해야 사회적 연결이 건강에 얼마나 깊은 영향을 미치는지 이해할 수 있다. 우리는 이제 **불편한 진실 2: 분열은 뇌 건강의 적이다**(그리고 말할 것도 없이 신체 전반의 건강에도 해롭다)를 마주하고 있다.

반드시 필요한 것이 결핍되면 괴로움을 겪기 마련이다. 사회적 영양이 결핍돼도 마찬가지다. 인간이 사회적 동물이라는 말은 상호작용 기능이 인간의 뇌에 근본적으로 내재해 있다는 뜻이다. 만약 우리가 사회적 성향을 갖고 있지 않다면 고립이 부정적 결과를 일으키지도 않을 것이다. 실제로 혼자 사는 것을 선호하는 호랑이나 여우원숭이 같은 동물은 고립됐을 때 코르티솔 수치가 높아지지 않는다. 오히려 같은 종의 다른 개체들과 함께 지내도록 강요받을 때 코르티솔이 증가한다! 이 동물들은 사회적 성향이 우리와 정반대이기 때문에 스트레스 반응 체계도 그에 맞게 짜여 있다.

2024년 초, 나의 어머니는 알츠하이머병으로 점차 쇠약해지는 외할머니를 돌보며 심각한 우울증을 겪었다. 당시 어머니의 기분은 몇 주 동안 가라앉아 있었고, 절망이 깊어지면서 다른 사람들과 어울리려고 하지 않았다. 외출하거나 친구를 만나는 일에서 의미를 찾지 못하는 것 같았다. 설상가상으로, 이런 자발적 고립 때문에 어머니의 우울증은 서서히 악화됐다. 평생 친하게 지내던 친구가 저녁 식사에 초대했을 때도 어머니는 거절했다. 다행히 그 친구분은 어머니가 우울증을 앓고 있으며, 어느 때보다 우정이 필요하다는 사실을 잘 알았다. "안 돼, 꼭 와야 해!" 그분은 단호히 말했다. 친구의 기대를 저버리고 싶지 않았던 어머니는 결국 가기로 했다.

그날 밤, 어머니의 몸은 놀라운 반응을 보였다. 숙면을 취했고, 다음 날은 완전히 다른 기분으로 깨어났다. 단 몇 시간의 만남으로 기분이 고양된 것이다. 만약 친구가 함께 시간을 보내자고 고집하지 않았다면, 지속된 고립이 어머니의 건강에 어떤 영향을 주었을지 생각하기도 싫다.

우리는 다른 사람과 함께 있을 때는 큰 즐거움과 보상을 경험하지만 고립됐을 때는 고통을 느끼고 건강이 악화된다. 생물학적으로 그럴 수밖에 없다. 바로 이 점에 주목해야 한다. 다른 사람과 어울리고 싶지 않은데 억지로 어울려도 우리 뇌와 몸은 그 어울림이 주는 혜택을 누린다.

여기서 주의해야 할 점이 있다. 고립이 '스트레스'에 불과하다고 단순하게 생각해선 안 된다는 것이다. 진실은 훨씬 더 복잡하다. 외로운 뇌에서는 염증 반응 외에도 많은 일이 일어난다. 우리가 외로울 때 뇌는 우리에게 전혀 도움이 되지 않는 새로운 방식으로 사회적 정보를 처리하기 시작한다. 구체적으로 말하면, 상호작용의 부정적인 부분에 더 집중하는 경향을 보인다. 예를 들어 남성이 여성을 때리는 영상 같은 부정적인 사회적 이미지를 볼 때, 외로운 사람들의 시각피질 반응은 외롭지 않은 사람들에 비해 훨씬 더 강렬하게 일어난다. 또한 외로운 사람들은 신뢰와 관련된 뇌 영역, 즉 전방섬엽 anterior insula, 측좌핵, 편도체 amygdala 의 활동이 더 적다. 안타깝게도, 그 결과 외로운 사람들은 다른 사람들로부터 신뢰성이 떨어진다는 평가를 받게 된다.

지금처럼 분열된 세상에서 살면서 나는 이런 생각을 하곤 한다. 우리가 알아차리지 못하는 사이, 외로움이 우리를 서로에게서 한층 더 멀어지게 하는 건 아닐까? 고립이 서로에 대한 불신을 키워 정치적 양극화와 문화 전쟁 등 사회를 분열시키는 여러 요인에 취약해지게 하는 건 아닐까? 정치적 긴장과 문화적 요인 등으로 이미 2010년대 후반에 불신의 늪으로 빠져들었던 우리 사회가 코로나19 팬데믹으로 결정타를 맞은 건 아닐까?

설상가상으로, 고립된 상태에 있으면 사람들과 어울리는 일조차 예전만큼 즐겁지 않게 느껴져 외로움에서 벗어나기가 한층 더 어려워진다. 외로운 사람들은 사회적 보상을 더 적게 경험하며, 긍정적인 사회적 이미지를 볼 때 작동하는 뇌의 보상 회로 중 하나인 복측 선조체ventral striatum의 활동이 줄어든다. 그 결과 즐거운 상호작용을 해도 기분이 크게 좋아지지 않고 옥시토신 수치 또한 낮게 나타난다.

여기서 중요한 교훈을 얻을 수 있다. 외롭고 고립감을 느낄 때는 몇 차례의 사회적 상호작용이 껍데기를 깨고 다시 일상에 녹아들게 하는 데 도움이 될 수 있다는 것이다. 그러나 그 효과가 늘 즉각적으로 나타나는 것은 아니다. 내 어머니는 단 하루 외출만으로도 큰 변화를 느꼈지만, 누구에게나 그런 효과가 나타나는 것은 아니다. 첫 만남에서 기분이 전환되지 않거나 여전히 자기 자리로 돌아오지 못한 듯 느껴진다고 해도 만남을 계속 해야 한다. 외로움이 실제로 뇌 기능을 변화시켜 의미 있는 관계를 찾는 일을 더 어렵게 만들 수 있기 때문이다.

이 시점에서 반드시 주의해야 할 사실이 하나 더 있다. 고립이 미치는 영향은 나이에 따라 달라진다는 점이다. 언제 고립을 경험하는지가 중요하다. 특히 주목해야 할 두 연령 집단이 바로 아동과 노인이다. 이들은 각기 고유한 방식으로 고립에 취약하며, 이를 이해하는 것이 중요하다. 이제 모든 것이 시작되는 시점인 아동기부터 살펴보자.

왜 유아기의 사회적 경험이 중요한가

1957년, 캘리포니아에서 한 여자아이가 태어났다. 이름은 수전 와일리Susan Wiley였다. 그런데 13년 후, 사람들은 그녀를 지니Genie라는 이름으로 부르게 됐다.

그녀의 어린 시절은 너무나 끔찍한 경험으로 점철돼 있었다. 그녀는 어린 시절 대부분 기간을 부모의 방치와 학대 속에서 살았다. 제대로 먹지도 못하는 상태에서 조악한 구속 장치에 묶인 채로 방에 홀로 갇혀 보냈다. 사회적 경험을 전혀 하지 못했고, 다른 사람의 말을 들어본 적도 거의 없었다. 그녀의 유일한 상호작용은 아버지에게 학대받을 때만 이뤄졌다. 보고에 따르면 지니가 조금이라도 소리를 내면 아버지는 개처럼 짖고 으르렁거리며 그녀를 때리고 할퀴어 억눌렀다고 한다. 다행히도 1970년 말, 지니는 어머니와 함께 복지센터에 아동 수당을 타러 갔다가 사회복지사들의 눈에 띄었다. 사회복지사들은 그녀를 보는 순간 무언가 심각하게 잘못됐음을 직감했고 즉시 조사를 시작했다. 그녀의 참혹한 삶이 곧 백일하에 드러났고, 언론 보도가 쏟아졌다.

언론은 지니를 '야생아'로 묘사했다. 실제로 지니의 행동은 그녀가 사람들 사이에서 이뤄지는 정상적이고 건강한 상호작용을 전혀 경험하지 못한 채 살아왔음을 그대로 드러냈다. 언어 능력은 사실상 전무했고, 겨우 스무 개 정도의 단어만 알아들었다. 지니는 오직 비언어적 방식으로만 자기 생각을 드러낼 수 있었다. 그마저도 표정이나 몸짓이 동반되지 않아 의사소통은 거의 기대할 수 없었다. 그녀는 주변 사람들의 존재에 무심했고, 누군가가 말을 걸어도 대부분 반응을 보이지 않았다. 캘리포니아주 복지 당국의 보호를 받기 시작한 뒤에도 그녀는 언어를 배우기 힘들어했고, 언어로 소통하는 능력은 끝내 가지지 못했다. 안타깝게도 어린 시절의 상처 가운데 대부분은 회복이 불가능했다.

지니의 사례는 비극적이었지만, 심리학 분야에서 매우 중요한 사건으로 남았다. 사회적 자극을 전혀 경험하지 못한 인간이 생물학적으로 어떤 모습을 보이는지 엿볼 수 있게 해준 드문 사례였기 때문이다. 지니의 사례는 어둡고 금기시된 영역을 비추며 묻는다. 사회적 상호작용을 전혀 하지 못한 아이는 어떤 존재로 성장하는가? 그 답은 너무나 충격적이고 섬뜩하다.

사회적 접촉이 없었던 지니는 상호작용 기술을 아예 습득하지 못했다. 지니의 사례에 대한 연구를 통해 자신에게 말을 거는 사람을 쳐다보거나, 표정으로 감정을 드러내거나, 상대방의 이야기를 듣다가 적절한 순간에 웃는 등의 행동은 본능적인 것이 아니라 학습되는 것임이 드러났다. 사회적 교류를 한 번도 경험해본 적이 없는 지니에게는 이런 근본적인 요소들이 갖춰지지 않았다. 이는 이런 행동들이 우리의 유전자에 본능적으로 새겨져 있는 것이 아니라 반드시 훈련과 경험을 통해 학습돼야 함을 시사한다.

다행히도 뇌는 높은 수준의 가소성plasticity을 지니고 있어서 시간에 따라 변화하고 적응할 수 있다. 여기서 가소성은 뇌에서 새로운 부위가 자라나거나 무언가를 배울 때 뇌의 모양이 변한다는 뜻이 아니라 시냅스synapse에서 일어나는 미세한 변화를 가리킨다. 시냅스란 두 개의 뇌세포가 신경전달물질을 주고받으며 상호작용하는 미세한 접합부다. 우리 뇌에는 약 860억 개의 뉴런이 있으며, 각 뉴런은 수천 개의 시냅스를 가지고 있다. 이는 우리 뇌에 수조 개의 시냅스가 존재한다는 뜻이다. 신경과학자 데이비드 이글먼David Eagleman은 "1세제곱센티미터의 뇌 안에는 우리은하에 있는 모든 별보다 많은 연결 부분이 존재한다"라고 말했다.

더 놀라운 사실은 이 모든 시냅스가 변화할 수 있다는 것이다. 상호작용을 자주 할수록 뇌세포들 사이의 시냅스는 강해진다. 반대로, 사용되지 않는 시냅스는 약해지거나 완전히 사라진다. 시냅스는 많은 면에서 작은 근육과 비슷하다. 반복해서 쓰면 강화되고, 방치하면 위축된다. 매일 이두근 강화 운동을 하면 팔 근육이 커지듯, 매일 시를 암송하면 언어 기능을 담당하는 뇌 시스템이 강화돼 해당 시냅스가 더 튼튼해지고 그 결과 시 암송 실력이 향상된다. 근육이 강화돼 역기를 더 쉽게 드는 것과 똑같은 이치다. 바로 이 가소성 덕분에 우리는 배우고, 성장하고, 변화하는 환경에 적응할 수 있다.

물론 이런 변화는 값비싼 대가를 요구한다. 뇌가 이 모든 변화를 유지하는 데는 엄청난 에너지가 필요하다. 마치 대도시의 모든 도로에 늘 공사 인력을 파견하는 것과 같다. 어린아이의 뇌가 놀라울 정도로 가소성이 큰 이유는 스펀지가 물을 빨아들이듯 아이들이 정보를 손쉽게 흡수할 수 있어야 하기 때문이다. 그러나 이 학습 능력과 적응 능력은 나이가 들수록 감소한다. 주된 이유는 비용이 크기 때문이다. 70~80세에 이르면 뇌 가소성이 크게 줄어든다. 수십 년간의 경험을 쌓은 뇌는 잘 훈련된 예측 기계가 돼 무언가를 새로 배우는 데 그만큼 민첩할 필요가 없다. 게다가 신체는 제한된 에너지를 노쇠한 근육 같은 곳에 쓰는 편이 더 낫다. 그렇다고 손주를 볼 나이가 되면 가소성이 완전히 사라진다는 얘기는 아니다. 뇌는 여전히 학습하고 적응할 수 있다. 단지 예전만큼 민첩하지 않을 뿐이다. 노년에 습관을 바꾸는 것이 무의미하다고 생각하는 것은 잘못이다. 뇌는 여전히 변화를 받아들이며, 노인들도 새로운 습관에 강하게 반응할 수 있다.

우리가 어린 시절에 경험하는 극단적인 뇌 가소성은 우리 주변 세상을 이해하도록 돕기 위한 것이다. 발달 초기의 몇 년 동안 뇌는 특정 기술을 매우 쉽게 습득할 수 있는 민감기 sensitive periods를 거친다. 민감기에는 특정한 뇌 회로가 짧은 기간에 특히 유연해져 경험의 영향을 크게 받는다. 아이들이 언어를 얼마나 쉽게 배우는지 눈여겨본 적이 있는가? 언어 습득을 위한 민감기가 존재하기 때문이다. 이 시기에 언어를 관장하는 뇌 영역의 가소성이 극도로 높기 때문에 새로운 언어 정보를 흡수하는 능력이 크게 확장된다.

민감기는 언어 학습에만 국한되지 않는다. 뇌는 *사회적 민감기*도 겪는다. 대략 생후 5년에서 10년 사이에 해당하며, 이 시기에 아이들은 상호작용을 통해 사회적 기술을 배우는 데 특히 민감하다. 만약 지니처럼 이 시기에 고립된다면 평생 사회적 기술을 습득하기가 힘들어진다. 캘리포니아대학교 로스앤젤레스 캠퍼스의 언어학 교수로 지니를 오랫동안 연구했던 수전 커티스Susan Curtiss 박사는 이렇게 회상했다. "그 아이는 똑똑했어요. 여러 측면에서 지적 능력의 징후가 관찰됐어요." 하지만 지니는 사회적 교류를 너무나 힘들어했다. 그녀가 구조됐을 때는 사회적 가소성이 절정에 달하는 시기가 이미 지난 상태였기 때문이다.

지니는 사회적 접촉이 전혀 없는 상태에서 뇌가 어떻게 형성되는지 보여주는 매우 드물고 독특한 사례다. 하지만 어린 시절의 사회적 경험이 얼마나 중요한지 보여주는 증거는 그 외에도 수없이 많다. 예를 들어 최소한의 사회적 접촉만 이뤄지는 보육원에서 자란 아이들은 발달 장애를 보였다. 코로나19 팬데믹 기간에 태어나 첫해를 격리 상태에서 보낸 아기들은 이전 세대 아기들에 비해 의사소통 능력이 떨어졌으며, 언어·인지·운동 능력 역시 감소했다. 동물 연구도 같은 사실을 시사한다. 원숭이는 생후 6개월 이상 고립되면 사회적 상호작용에서 되돌릴 수 없는 손상을 입어 제대로 된 놀이 행동을 발달시키지 못한다. 개에게도 사회적 민감기가 존재한다. 강아지가 생후 14주 동안 인간과 접촉하지 못하면, 이후 인간과 정상적인 관계를 맺는 데 어려움을 겪는다. 심지어 쥐도 마찬가지다. 유년기에 고립됐던 쥐는 성체가 됐을 때 다른 쥐를 알아보는 데 어려움을 겪는다. 생후 몇 주 동안 고립되면 사회적 결핍을 보였으나, 같은 기간의 고립을 성체가 되어 경험했을 때는 이런 영향이 나타나지 않았다. 이 모든 연구는 초기 삶에서의 사회적 상호작용이 뇌 발달에 얼마나 중요한지를 보여준다.

그렇다면 이런 사회적 기능의 발달은 뇌의 어떤 영역에서 일어날까? 사회적 경험에 더 크게 의존해야만 제대로 형성되고 성숙할 수 있는 특정 뇌 영역이 따로 있는 걸까? 관련 연구는 뇌의 사회적 발달에 핵심적인 역할을 하는 영역이 내측 전전두피질$_{medial\ prefrontal\ cortex,\ mPFC}$임을 밝혀냈다. 이 부위는 이마 한가운데 바로 뒤쪽에 위치하며, 사회적 정보를 처리하고 해석하는 사회적 인지에 핵심적 역할을 한다. 특히 타인의 관점을 보는 정신화$_{mentalizing}$(자신과 타인의 행동 이면에 있는 욕구, 바람, 감정, 신념, 의도 등 정신 상태를 이해하고 해석하는 능력 – 옮긴이) 같은 고차원적이고 사회적인 사고 능력을 담당한다.

예를 들어보겠다. 얼마 전 정원용품을 사러 한 매장에 들어갔는데, 한 직원의 이름표가 눈에 들어왔다. "안녕하세요, 샌디. 모종삽은 어디 있나요?"라고 묻자, 그녀는 의아한 표정을 지었다. 속으로 '도대체 이 사람이 누구지? 내가 아는 사람인가?'라고 생각하는 듯했다. 나는 그녀가 혼란스러워하는 것을 알아차리고 "이름표를 보고 말씀드린 거예요"라고 설명했다. 그제야 그녀는 이해한 듯 미소 지으며 이렇게 대답했다. "아, 그렇군요. 전 우리가 서로 아는 사이인가 싶었어요." 이름표를 보고 그녀를 '샌디'라고 부르기까지 나의 뇌는 정신화 기능을 작동해 그녀의 관점에서 상황을 바라본 것이다. 만약 그 순간에 나의 뇌를 스캔했다면 내측 전전두피질의 활동이 증가했다는 사실이 포착됐을 것이다.

내측 전전두피질은 또한 타인에 대한 인상을 형성하는 과정인 대인 지각*person perception*에도 관여한다. 샌디가 나를 30번 통로로 안내하는 동안, 그녀의 뇌는 나를 몇 가지 범주로 분류하고 있었을 것이다. '이 사람은 다가와서 말을 걸 만큼 외향적이야. 혼자 찾지 않고 도움을 청한 점을 보면 시간을 효율적으로 쓰는 사람이네. 그래도 느닷없이 나타나 이름을 부르는 걸 보면 약간 이상한 사람 같아.' 나를 이런 범주로 분류하는 동안 그녀의 내측 전전두피질이 활성화됐을 것이다.

내측 전전두피질의 또 다른 특징은 여느 뇌 부위보다 훨씬 늦게 발달한다는 점이다. 대부분의 뇌 영역은 아동기에 안정화되지만, 내측 전전두피질은 성인기까지 유연성을 유지하며 반복해서 구조화된다. 따라서 이 영역은 우리의 경험에 민감하며 주어진 환경에 따라 변화할 수 있다. 내측 전전두피질의 역할을 고려할 때 매우 합리적인 현상이라고 할 수 있다. 모든 사람이 똑같은 사회적 환경에서 태어나는 것이 아니므로, 각자의 뇌는 자기가 속한 사회문화에 맞춰 배우고 적응할 수 있도록 유연해야 한다.

서서히 자라 세상으로 나아갈 때 우리는 사회적 경험을 통해 학습하는 과정을 거친다. 예를 들어 같이 놀던 친구를 넘어뜨려 울리면 벌을 받는다는 것을 학습하게 된다. 도시락을 깜박 잊고 가져오지 않은 친구에게 도시락을 나누어주면 친구들의 칭찬을 받는다는 것도 배운다. 누군가가 말하는 도중 끼어들면 경멸의 눈초리를 받는다는 사실도 깨닫는다. 이런 실제 경험을 통해 우리는 사회적 모델을 구축한다. 내측 전전두피질은 이 모델들을 담고 있으며, 이를 사용해 무엇이 허용되는 행동이고 무엇이 허용되지 않는 행동인지를 우리가 결정하도록 이끈다. 이와 관련해 한 연구는 생후 16개월 이내에 전전두피질이 손상된 두 성인의 사례를 보고했다. 성인이 된 뒤 두 사람 모두 사회적 기술이 '심각하게 손상된' 상태였으며, 공감 능력이 거의 없었고 거짓말을 하거나 남의 물건을 훔치기를 예사로 했다. 사회적 규범을 제대로 배우지 못해 이런 행동이 타인의 권리를 침해한다는 사실을 깨닫지 못했기 때문으로 보인다. 반면 성인이 된 후에 전전두피질이 손상된 사람들에게서는 이런 파괴적이고 배려 없는 행동이 훨씬 덜 나타났다.

이런 연구 결과들은 초기 아동기의 사회화가 얼마나 중요한지를 보여주며, 어린 시절 전전두피질의 발달이 우리가 도덕적 규칙을 배우는 데 도움을 줄 수 있음을 시사한다. 실제로, 우리가 처음으로 하는 대인 경험 중 일부는 사회적 상호작용의 규범을 가르쳐주며 미래 행동을 위한 뇌의 템플릿이 되는 규칙을 확립한다. 오늘 당신(그리고 당신의 내측 전전두피질)이 보이는 행동은 당신이 기억조차 하지 못하는 생애 초기 상호작용의 산물일 수 있다.

그렇다면 이런 사회적 조형 과정을 거치지 못한 뇌는 어떻게 될까? 안타깝게도, 여러 연구 결과에 따르면 어린 시절에 고립된 아이들의 전전두피질은 비정상적으로 작았다. 사회적 경험을 통해 전전두피질을 단련하고 형성할 기회를 갖지 못했기 때문에 시냅스가 성장하고 성숙할 시기를 놓쳐 제대로 발달하지 못한 것이다. 쥐 역시 유년기에 고립되면 성체가 됐을 때 내측 전전두피질의 시냅스가 덜 발달한 모습을 보였다. 그런 쥐의 시냅스는 정상적인 쥐에 비해 확실히 작았으며, 연구진이 절편 전기생리학 기법*slice electrophysiology*(뇌를 잘라낸 조각으로 뉴런의 전기적 활동을 직접 측정하는 기법 – 옮긴이)으로 기능을 측정했을 때도 매우 낮은 활동성을 보였다. 지니를 다시 떠올리면, 그녀의 내측 전전두피질은 사회적 경험의 흔적이 새겨지지 않은 채 영원히 빈 칠판처럼 남아 있었던 것일지도 모른다. 점토가 도공의 손길을 받아야만 항아리로 빚어지듯, 내측 전전두피질 역시 초기 삶에서의 사회적 경험이라는 손길을 받아야만 학습하고 성장할 수 있다. 물레 위에서 혼자 빙빙 도는 점토는 어떤 형태도 갖추지 못한다.

오늘날의 세상은 휴대전화, TV, 비디오게임, 책으로 가득하다. 하지만 이런 세상일수록 아이들이 다양한 사회적 환경에 자주 노출되게 도와야 한다. 지금 생각해보니, 초등학교 점심시간에 내가 결국 대화가 더 활발한 테이블로 옮겨갈 수 있었던 것이 너무나 다행으로 느껴진다. 한편으로는, 조용한 테이블에 남아 있던 친구들이 중요한 사회적 경험을 놓쳤다고 생각하면 안타까운 마음이 든다. 그 아이들이 집에서라도 사회적 자극을 얻었기를 바랄 뿐이다. 이런 생애 초기의 상호작용은 매우 값지며, 다른 어떤 경험으로도 대체할 수 없는 방식으로 뇌 발달을 촉진한다. 그러나 그 가소성의 창은 영원히 열려 있지 않다. 우리는 아이들을 사회적 활동에 참여시켜 이 기회를 최대한 활용하게 도와야 한다. 점토를 물레 위에 홀로 두지 말자.

할머니, 할아버지를 찾아뵈러 가자

누구와 시간을 보내는지 생각하는 것만으로도 우리는 다가올 삶의 궤적을 예측할 수 있다. 관련 연구에 따르면, 우리는 나이가 들수록 일정한 사회적 흐름을 따라가지만 그 과정에서 함께 시간을 보내는 사람은 달라진다.

어린 시절에 우리는 늘 부모, 형제자매와 함께 지낸다. 이 시기만큼 가족과 많은 시간을 보낼 기회는 인생에서 다시 오지 않는다. 청소년기에 이르면 친구들과 보내는 시간이 정점에 달한다. 10대 후반과 20대 초반을 지나면서 우리는 가족이나 친구들과의 시간이 급격히 줄어드는 사회적 대전환을 겪는다. 그리고 나면 직장 동료나 배우자와 보내는 시간이 급격히 늘어나며, 새로운 성인 생활이 시작된다. 이어서 아이들이 태어나고, 30대에는 아이들과 보내는 시간이 정점에 달한다. 또 다른 황금기다. 배우자 및 아이들과 자주 함께하기에 삶이 즐거워진다.

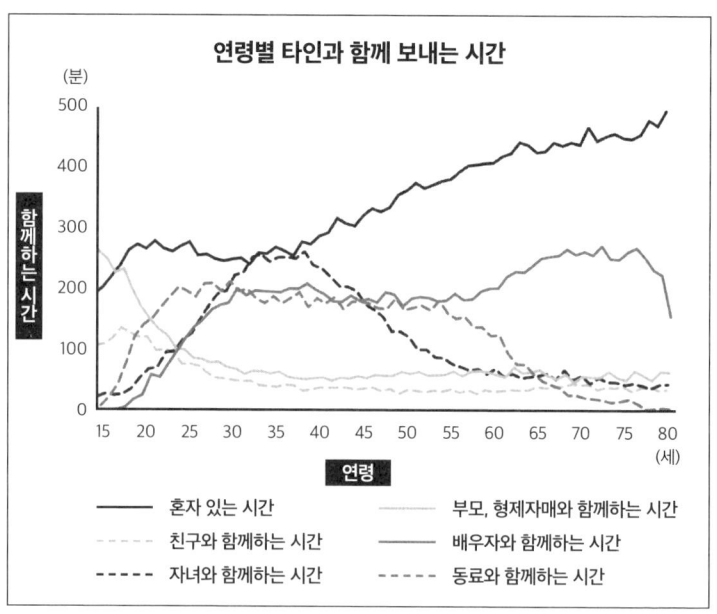

40~50대에 접어들면 상황이 또 달라진다. 아이들이 성장해 집을 떠나면서 혼자 있는 시간이 늘어난다. 60대 중반 은퇴 시점에는 다시 한번 고립으로 급격히 전환되며, 직장 동료와 함께하는 시간은 바닥을 친다. 그 공백을 메우듯 혼자 보내는 시간이 계속 증가한다. 70대에 이르면, 평균적인 사람은 하루에 *7시간 이상*을 혼자 보낸다. 부모님과 몇몇 친구는 이미 곁에 없을 수도 있다. 직장 동료들은 오래전 추억 속으로 사라졌다. 심지어 자녀들조차 예전만큼 많은 시간을 나에게 내줄 수 없다. 데이터를 살펴보면, 고립은 점진적으로 다가온다. 40대에 시작돼 80대에 위험한 정점에 이른다.

이는 매우 심각한 문제다. 사실 나는 이 문제야말로 우리 시대의 가장 심각하지만 거의 논의되지 않는 건강 위기를 초래할 수 있다고 본다. 가장 위협적이고 치명적인 고립의 정점이 노년기와 맞물린다는 것은 비극이다. 이 시기에는 치매, 당뇨병, 만성 폐쇄성 폐 질환 같은 건강 문제에 이미 취약하기 때문이다. 알츠하이머 연구자인 조슈아 크랩서 박사는 "노년기에 고립이 더해지면 다른 모든 건강 문제가 증폭된다"라고 말한다. 외로운 사람들이 뇌졸중이나 심장마비 등 다양한 건강 문제에 더 심하게 노출돼 있다는 점을 고려하면, 노년기는 고립이 닥치기에 가장 위험하고 가장 취약한 시기임이 분명하다. 연구에 따르면 65세 이상의 사람 중 사회적으로 고립된 남성은 고립되지 않은 남성에 비해 사망 위험이 무려 78퍼센트, 여성은 57퍼센트 증가한다. 데이터는 거짓말을 하지 않는다.

고립은 치매와 알츠하이머병 예방에도 부정적인 영향을 미친다. 관련 연구에 따르면 고립된 노인은 치매에 걸릴 위험이 크고, 사회적으로 잘 연결된 노인보다 기억력이 두 배 빠르게 쇠퇴한다. 노년기의 고립은 뇌의 바깥층인 대뇌피질이 얇아지고, 기억의 핵심 중추인 해마가 위축되는 현상과도 연결된다. 그렇다면 고립이 뇌를 수축시켜 치매 위험을 높이는 과정은 실제로 어떻게 이뤄질까?

핵심은 앞에서 다룬 HPA 축의 조절 장애에 있다. 만성적 고립이 코르티솔 수치를 높여 염증 같은 해로운 반응을 촉진할 수 있다는 사실을 다시 떠올려보자. 실제로, 코르티솔 수치가 높은 치매 환자는 시간이 지날수록 증상이 더 빠르게 악화한다. 높은 코르티솔 수치는 알츠하이머병의 초기 단계인 경도 인지장애 환자에게서 나타나는 해마의 급속한 퇴행과도 관련이 있다. 이 모든 것은 무엇을 말할까? 노년기의 고립이 코르티솔 수치와 염증 발생 빈도를 높여, 노화 과정에서 전형적으로 나타나는 건강 악화를 앞당길 수 있다는 것이다.

이 사실은 결코 외면할 수 없다. 명확하고 강력한 근거로 뒷받침되는 이 사실은 사회적 연결을 다른 어떤 것으로도 대체할 수 없다는 점을 확실하게 드러낸다. 또한 이 사실은 노인들에게는 연결이 반드시 필요하며, 더 나아가 인생의 어느 시점에 있든 모든 사람이 지금 당장 사회적 교류를 삶의 우선순위로 삼아야 한다는 점을 웅변한다. 일상에서 사회적 교류를 우선시하는 습관을 들이면 장기적으로 막대한 이득을 얻을 수 있을 것이다. 무엇보다 뇌 가소성이 나이가 들수록 제약된다는 사실을 고려할 때, 사회적 교류를 하는 습관을 가능한 한 일찍 들일수록 좋다.

사회적 상호작용을 우선시하는 것은 또 다른 이유에서도 이롭다. 연구에 따르면 사회적 교류는 인지 예비력*cognitive reserve*이라는 능력을 강화해 노년기의 인지 능력 쇠퇴 속도를 늦출 수 있다. 그 원리는 다음과 같다.

다른 사람과 마주 앉아 대화에 몰두하는 순간을 떠올려보라. 당신의 눈은 상대방의 자세, 표정, 피부와 머리카락의 상태에 담긴 정보를 찾아내기 위해 바삐 움직인다. 상대방이 말을 할 때 당신은 그가 쓰는 단어와 어조를 조합해 의미를 정확하게 파악하려고 한다. 그의 말이 진심을 담고 있는지, 비꼬는 것인지도 생각한다. 당신은 지나치지도 모자라지도 않은 눈 맞춤을 유지하려 한다. 그의 말에 대답해야 할 때는 그가 말을 완전히 끝낼 수 있도록 기다려준다. 그의 말을 중간에서 끊지 않도록 조심하면서, 당신은 관계의 성격(일과 관련된 관계인지, 개인적인 관계인지)에 따라 적절한 대답을 한다. 대화의 흐름이 끊기면,

어색한 침묵을 피하려고 필사적으로 화젯거리를 찾는다. 이때 또 다른 사람이 대화에 합류하면서 지금까지의 과정이 다시 시작된다. 당신은 새로 끼어든 사람의 말과 행동에도 신경을 써야 하기 때문에 머릿속이 더 복잡해진다. 그 사람이 내가 아는 사람인지, 처음의 대화 상대와 아는 사람인지도 신경 써야 한다. 하던 이야기를 계속해야 할지, 화제를 바꿔야 할지도 고민이 된다. 상상만으로도 벌써 피곤해진다.

모든 사회적 상호작용은 두 개 또는 그 이상의 뇌가 함께 빚어내는 정교하고 아름다운 춤과 노래다. 그런데도 우리는 이런 경험이 뇌에 큰 부담이 되는 일이라고는 전혀 생각하지 않는다. 사회적 상호작용은 뇌가 수십 갈래의 정보 흐름에 대해 판단을 내려야 하는 복잡한 과정으로, 뇌는 엄청난 정보 처리 능력을 동원해야 한다.

이렇듯 사회적 상호작용은 뇌가 힘겨운 운동을 하는 것과 비슷하다. 사회적 교류는 다양한 뇌 영역을 자극하고 활성화함으로써 근력 운동이 근육을 단련하듯 신경 회로를 강화하고 확장한다. 사회적 상호작용이 활발한 사람의 뇌가 실제로 크고 회백질이 많은 이유가 여기에 있다. 이 사실은 엄청나게 중요하다. 우리 모두의 뇌에서 시냅스는 나이가 들수록 위축돼 결국 소멸하기 때문이다. 시냅스의 소멸은 피할 수 없는 노화의 일부다. 하지만 평생에 걸친 사회적 교류로 뇌 용량이 늘어난 상태라면, 노화와 신경 퇴행의 속도가 느려질 수 있다. 이 여분의 뇌 조직이 일종의 완충 장치가 돼 인지 능력 저하를 늦추기 때문이다. 앞서 언급했듯이, 신경과학자들은 이 능력을 인지 예비력이라고 부른다. 전쟁에서 100명의 부대원을 잃었을 때 1,000명의 군대보다는 1만 명의 군대가 견뎌내기 더 쉬운 것과 비슷하다. 실제로, 사회적 교류를 통해 용량이 더 커진 뇌는 일부 시냅스가 사라지더라도 여전히 높은 수준의 기능을 유지한다. 6,000명 이상의 노인을 추적한 한 연구에 따르면, 활발한 사회적 교류를 통해 넓은 사회적 네트워크를 유지한 노인들은 그렇지 않았던 노인들에 비해 인지 능력이 좋았으며 인지 능력의 저하도 더 천천히 일어났다.

사회적 교류를 활발하게 유지하는 것은 현명한 선택이며, 지금 당장 시작해도 늦지 않다. 나는 사회적 교류가 뇌를 위한 운동 프로그램이라고 확신한다. 물론 오랫동안 꾸준히 운동해 온 사람들이 대체로 노화를 잘 견디는 것은 사실이다. 그렇다고 여든다섯에 처음 아령을 든 사람에게 운동이 아무 효과를 내지 못한다고 할 수는 없다. 그와 마찬가지로, 노년기에 사회적 교류를 본격적으로 시작해도 효과를 볼 수 있다. 실제로 3~6개월간 사회적 교류 활성화 프로그램에 참여한 노인들은 대조군보다 당뇨 지표인 A1c 수치가 낮아지고, 테스토스테론testosterone과 에스트라디올estradiol 같은 호르몬 수치가 높아지는 등 다양한 측면에서 건강이 증진됐다. 뇌 영상brain imaging(뇌의 구조나 활동을 눈으로 볼 수 있도록 영상으로 나타내는 기술로, 구조적 뇌 영상과 기능적 뇌 영상 분야가 있다 – 옮긴이) 또한 생애 후기의 사회적 교류가 주의력을 조율하는 뇌 영역들의 집합인 배측 주의 네트워크dorsal attention network의 연결을 강화한다는 사실을 보여준다. 사회적 교류가 뇌를 위한 운동 프로그램이라는 점을 잘 보여주는 사례다. 누군가와 대화할 때는 TV를 볼 때보다 훨씬 더 집중하고 몰입해야 한다. 그러니 사회적 교류가 많을수록 주의에 관여하는 뇌 네트워크가 강화되는 것은 지극히 당연하다. 우리는 사회적 교류를 통해 주의라는 뇌의 근육을 단련하는 셈이다.

노년기는 민감하고 중요한 시기다. 이 시기에는 시간을 어떻게 사용할지 신중히 생각해 배분해야 한다. 나는 이 시기에는 홀로 지내는 시간을 최대한 줄여야 한다고 확신한다. 관점을 바꿔 말하면, 노인들과 함께 시간을 보냄으로써 우리는 그들의 생명을 연장할 수 있다. 스페인 연구진이 늙은 쥐들을 하루 15분씩 어린 쥐들과 상호작용하게 했는데, 그 쥐들은 사회적 교류가 없던 쥐들이 평균 90주를 산 것과 달리 무려 120주를 살았다. 하루 단 *15분 교류만으로도 수명이 33퍼센트나 늘어난 것이다!* 인간에게서 이 효과의 단 1퍼센트라도 나타난다면, 노인과 더 많은 시간을 보내는 데 투자할 충분한 이유가 되지 않겠는가? 또 다른 연구에서는 노령 쥐가 어린 쥐와 두 달을 함께 지낸 뒤에 염증과 산화 스트레스가 줄어들었고, 신체 활동이 활발해졌으며, 외줄타기 능력도 향상되고 수명 또한 크게 늘어났다. 실로 놀라운 결과다.

그러니 이제부터라도 할머니, 할아버지, 부모님, 형제자매, 친구와 보내는 시간을 늘려보자. 당신이 그들의 뇌에 보내는 작은 선물이 될 것이다.

◯◯

크랩서 박사는 고립에 대해 나와 대화를 나누면서 두 가지 핵심을 짚었다. 첫째, 그는 "고립은 단순히 있거나 없는 것이 아니라 강도와 정도가 점진적으로 달라지는 연속체다"라고 지적했다. 이는 우리가 어느 순간 갑자기, 건강을 위협하는 수준의 고립에 이르는 것이 아니라는 뜻이다. 고립이 건강에 미치는 부정적인 영향은 고립의 심각성과 지속 기간에 비례해 점진적으로 커진다. 이를테면 한 달에 한 번 만나는 친구가 한 명 있는 경우, 완전히 고립된 것은 아니지만 열두 명의 친구를 매주 만나는 사람에 비하면 객관적으로 더 고립된 상태라고 할 수 있다.

둘째, 크랩서는 객관적으로 혼자 있는 상태인 고립은 자신의 사회적 욕구가 충족되지 못한다고 느끼는 상태인 외로움과 엄청난 차이가 있다고 강조했다. 그러면서 "붐비는 장소에서도 외로움을 느낄 수 있고, 고립 속에서도 충만함을 느낄 수 있다"라고 설명했다. 고립과 외로움을 구분하는 것은 매우 중요하다. 혼자 있는 것이 항상 나쁘다고는 할 수 없는데, 때로는 해방감을 느끼기도 하기 때문이다. 가족 여행을 긴 일정으로 다녀온 적이 있다면 이 말이 무슨 뜻인지 알 것이다. 집에 돌아와 조용히 혼자 앉아 있는 순간만큼 해방감을 주는 순간도 없을 것이다. 이 평화로운 시간 동안 당신은 고립돼 있지만 외롭지 않다. 이 상황에서 고독은 오히려 즐거움을 준다. 반면 친구에게 사정이 생겨 혼자 콘서트에 가야 했다면, 군중 속에 있으면서도 외로움을 느낄 수 있다. 이런 외로움은 건강에 해롭다. 실제로 혼자 보내는 시간이 얼마나 되는지는 별로 중요하지 않다. 중요한 사실은 외로움이 깊을수록 사망 위험이 커진다는 것이다. 이론적으로 생각할 때 이는 매일 밤 콘서트에 간다고 해도 주위에 있는 사람들과 어울리지 않는다면 건강이 나빠질 수 있다는 뜻이다.

이제 잠시 멈춰, 현재 당신이 어떤 사회적 삶을 살고 있는지 생각해보자. 2018년 조사에 따르면, 미국인의 43퍼센트가 자신이 고립돼 있다고 응답했다. 다른 사람들과 매일 의미 있는 상호작용을 한다고 답한 사람은 53퍼센트에 불과했다. 당신의 답변은 무엇인가? 지금의 사회적 교류 수준에 만족하는가, 아니면 고립돼 있다고 느끼는가? 일주일에 며칠이나 의미 있는 만남을 가지는가? 친구들의 초대가 있을 때 얼마나 자주 집에 머물 핑곗거리를 찾는가? 당신은 매일 사무실로 출근해 일하는가, 아니면 부분적으로 또는 전적으로 재택근무를 하는가?

  세상은 우리를 더욱 고립시키는 방향으로 변화하고 있으며, 따라서 우리는 고립에 관한 연구 결과를 바탕으로 이 변화가 어떤 결과를 가져오는지 세밀하게 살펴야 한다고 생각한다. 삶 속에서 사회적 결정을 내릴 때 상호작용을 피하면 어떤 결과가 발생할 수 있는지 예측할 수 있어야 한다. 그러니 휴대전화가 울리거든 거절 버튼을 누르기 전에 깊이 생각해보자.

핵심 정리

1. 고립은 일종의 스트레스이며, 뇌와 몸도 그것을 스트레스로 처리한다. 고립은 우울증, 불안, 자살 성향 등 모든 원인에 따른 사망 위험 증가와 관련돼 있다.

2. 장기간의 고립은 코르티솔 수치를 높여 만성 염증을 발생시킬 수 있다.

3. 뇌는 생애 초기에 매우 가소성이 높기 때문에 아동기의 사회적 교류는 사회적 기술을 훈련하고 사회적 인지에 관여하는 뇌 영역을 형성하는 데 결정적인 역할을 한다. 아이들이 제대

로 성장하려면 충분한 사회적 상호작용이 필요하다.

4. 사람은 나이가 들수록 홀로 지내는 시간이 늘어나는데, 이런 고립은 치명적이다. 치매와 사망 위험을 높이기 때문이다. 반면 사회적으로 잘 통합된 삶은 인지 예비력을 강화해 치매를 늦출 수 있다. 노인들에게 사회적 교류는 매우 중요하다.

5. 사회적 고립은 단순히 있거나 없는 것이 아니라 강도와 정도가 점진적으로 달라지는 연속체다.

6. 외로움과 고립은 다르지만, 어쨌거나 둘 다 건강에 해롭다.

2부

WHY BRAINS
NEED FRIENDS

**상호작용이 사라진 세상에서
서로에게 닿는 법**

3

사회적 습관 만들기

뇌의 근본적인 한계를 극복하는 방법

지금까지 우리는 신경과학과 생물학의 시각을 통해 사회적 교류의 장점과 고립의 위험을 이해하는 데 필수적인 토대를 다졌다. 관련 연구는 사회적 습관이 마음, 뇌, 몸 그리고 건강에 지대한 영향을 미친다는 사실을 분명히 보여준다. 1부에서는 **왜 뇌에는 친구가 필요한가**를 차근차근 설명했다.

내가 충분히 설득력 있게 설명했다면, 지금쯤 당신은 자신의 사회적 삶을 새로운 방식으로 바라보게 됐을 것이다. 아마도 그동안의 습관을 되돌아보며, 사회적 관계를 더욱 단단히 다져갈 여지가 있음을 깨달았을지도 모른다. 또한 당신은 **우리가 분**

열된 세상에 살고 있으며, 분열은 뇌 건강의 적이라는 불편한 진실에 기초해 사회적 삶을 확장하고 새로운 습관을 쌓아야겠다고 생각하고 있을지도 모른다.

나는 당신이 실제로 그렇게 하기를 진심으로 바란다. 더 솔직하게 말하자면, 나는 당신이 사회적 교류에 더 많은 시간을 투자해야 한다고 생각한다. 그 대상은 부모, 형제자매, 친구, 동료, 사촌, 이웃, 같은 반 친구, 낯선 사람 등 누구라도 좋다. 이 시점에서 나는 당신에게 하나의 과제를 내고 싶다. 다음번에 버스나 기차, 택시, 대기실, 식당, 그 밖의 어떤 장소에서든 옆에 있는 누군가에게 말을 걸어보라. 그 사람이 누구인지는 중요하지 않다. 즉흥적으로 해보라. 만약 주변에 아무도 없다면, 친구나 가족에게 전화를 걸어라. 그리고 그저 무슨 일이 일어나는지 지켜보라. 1장에서 살펴본 연구 결과를 근거로 추측하건대, 기분이 한층 좋아질 것이다. 이 방법은 우리 모두가 활용할 수 있는 단순한 생물학적 요령이며, 언제나 눈앞에 있으면서도 미처 인식하지 못했던 것이다.

하지만 당신이 앞으로 더 많은 사회적 교류를 시작하고자 한다면 반드시 **불편한 진실 3: 뇌는 사람들을 갈라놓을 수 있는 내적 결함을 지니고 있다**를 기억해야 한다. 우리를 갈라놓을 수 있는 것은 소셜 미디어와 같은 외부 요인만이 아니다. 인간 본성에 내재한 사회적 취약성 또한 우리를 분열시킨다. 많은 사회적 상황에서 뇌는 솔직히 매우 형편없는 성과를 낸다. 뇌는 잘못된 예측을 하고 계산의 오류에 빠져 우리에게 꼭 필요한 연결을 앗아가기도 한다. 하지만 나는 우리가 이런 결함을 인식한다면 훨씬 더 효과적으로 서로 소통할 수 있다고 믿는다. 이번 장에서는 상호작용을 가로막는 몇 가지 한계와 사회적 보상을 극대화할 방법을 살펴볼 것이다. 나는 당신이 이 지식을 통해 가장 효과적인 사회적 습관을 구축함으로써 상호작용이 사라진 세상에서 성공적으로 살아남기를 바란다.

뇌는 잘못된 예측을 한다

방금 당신에게 낯선 사람과 상호작용해보라는 과제를 제시하면서, 그 상호작용으로 당신의 기분이 좋아질 것이라고 대담하게 예측했다. 나는 독심술사는 아니지만, 지금 당신이 어떤 생각을 할지는 짐작할 수 있다. 내가 방금 한 말을 두고 아마 이렇게 생각했을 것이다. '좋은 발상이긴 해. 하지만 나와는 맞지 않아.'

충분히 그럴 수 있다. 나 역시 그런 생각을 한 적이 많다. 어떤 책에서 실천 지침을 읽으며 '정말 멋진 아이디어네!'라고 느끼면서도 실제로는 절대 시도하지 않으리라고 생각한 적이 많다. 하지만 나는 당신이 이번만큼은 다르게 받아들이기를 바란다.

누군가와 대화를 나누는 것만으로 기분이 좋아질 일은 없으리라고 예상하는 것은 지극히 정상이다. 실제로 과학은 당신이 그렇게 느낄 가능성이 통계적으로 높다고 말한다. 이것이 바로 **잘못된 예측 1: 우리는 대화가 얼마나 즐거울지를 과소평가한다**.

1장에서 소개한 에플리 박사의 실험을 기억하는가? 참가자들에게 기차나 버스에서 낯선 사람과 대화하게 했던 실험 말이다. 사실 그때 설명에서 빠뜨린 중요한 부분이 있다. 바로, 탑승하기 전에 참가자들에게 '그 대화가 얼마나 즐거울 것 같은가?'를 미리 물었다는 점이다. 놀랍게도 참가자들은 낯선 이와의 대화를 자신이 얼마나 즐길지를 일관되게 과소평가했다. 그러나 목적지에 도착했을 때 그들은 예상보다 훨씬 기분이 좋아진 상태였다. 단순한 대화가 기분에 영향을 줄 리 없다고 생각했겠지만, 실제 결과를 접하고 놀랐을 것이다.

나는 이 연구 결과를 자주 떠올린다. 특히 주말에 친구들이 만나자고 하는데 게으름이 몰려올 때 그렇다. 머릿속에서는 모임에 나가는 게 수고에 비해 보상이 적을 것 같다는 생각이 든다. 그냥 집에서 소파에 누워 있는 것이 훨씬 나을 것 같다. 그러나 그럴 때면 기차를 기다리던 에플리 연구의 참가자들을 떠올린다. 그들은 의심하며 기차에 올랐지만 예상치 못한 즐거움을 경험했다. 이들을 떠올리면서 대부분의 상호작용이 기대를 뛰어넘는 즐거움을 준다는 사실을 다시 생각하곤 한다. 결국 나는 친구들을 만나러 나가고, 그러기를 잘했다고 생각하게 된다. 만약 잘못된 예측 1에 굴복한다면, 소중한 상호작용을 스스로 차단하는 셈이다. 안타깝게도, 우리를 억누르는 요인은 이것 하나만이 아니다. 이 지점에서 등장하는 것이 바로 **잘못된 예측 2: 우리는 거절당하리라고 예상한다**다.

낯선 사람과 대화를 시작하기가 두려울 수 있다. 에플리 연구의 참가자들처럼, 기차에 앉아 누군가와 대화를 시작한다고 상상해보라. 누구라도 불안감을 느끼지 않을까? 실제로 그들도 그랬다. 그리고 자기가 말을 걸었을 때 승객의 절반 이상이 대화를 거절할 것으로 예상했다. 그러나 결과는 완전히 달랐다. 거절률이 *0퍼센트*였다! 단 한 사람도 대화를 거절하지 않은 것이다. 무엇보다도 주목해야 할 것은 이들이 실제 기차에 앉아 있던 보통 사람들이었다는 사실이다.

생각해보면 이 결과는 당연하다. 누군가가 친근하게 말을 걸어온다면, 당신은 거절하겠는가? 그것이 정상적이고 예의 바른 방식이라면, 나는 절대 거절하지 않을 것이다. 오히려 창밖을 초조하게 바라보거나 무심히 휴대전화를 들여다보는 대신 상대와 함께 대화를 나누는 편이 훨씬 즐거우리라고 생각할 것이다. 거절에 대한 두려움이 우리의 발목을 잡도록 두어서는 안

된다. 대체로 그런 두려움은 지나치게 부풀려진 것이다.

이제, 당신이 잘못된 예측 1과 2를 극복하고 누군가와 상호작용하기로 마음먹었다고 해보자. 축하한다! 그러나 뇌의 계산 착오가 여기서 끝나는 것은 아니다. 대화를 시작하자마자 우리는 또 다른 잘못된 예측에 휘말린다. 그중 하나가 **잘못된 예측 3: 사람들은 대화가 주는 즐거움의 흐름을 잘못 판단한다**. 다시 말해 우리는 대화가 진행될수록 점점 재미없어질 것이라는 잘못된 가정을 한다.

서로 모르는 200명을 짝지어 총 100회의 대화를 하게 한 어느 연구에서 이를 뒷받침하는 결과가 나왔다. 연구진은 참가자들이 짝을 지어 몇 분간 서로를 알아가는 대화를 나누게 한 뒤, 갑자기 대화를 중단시켰다. 이때부터 상황이 흥미진진하게 흘러간다. 연구진은 참가자들의 절반에게 대화가 네 차례 더 이어졌다면 얼마나 즐거웠을지 예측해보라고 요청했다. 예측자 그룹으로 불린 이들의 전망은 비관적이었다. 시간이 지날수록 대화가 점점 덜 즐거워질 것으로 본 것이다. 한편, 나머지 절반의 참가자들은 실제로 네 차례의 대화를 이어갔다. 이들은 경험자 그룹으로 불렸다. 모든 대화는 몇 분간 진행됐고 그 몇 분이 지나면 얼마나 즐거웠는지 평가했는데, 결과는 예측자들의 전망과 정반대였다. 네 번의 대화 내내 즐거웠다고 보고한 것이다.

물론 대화를 무한정 즐겁게 이어갈 수는 없다. 하지만 대화가 주는 즐거움의 흐름을 잘못 판단하면, 잘못된 예측 때문에 대화를 너무 일찍 끝내버릴 수 있다. 그 결과 당신은 상대방과의 소중한 연결을 잃게 될 수도 있다.

이제 마지막으로, **잘못된 예측 4: 사람들은 자신의 대화 능력을 과소평가한다**에 대해 생각해볼 차례다. 2023년에 수행된 한 연구에서 연구진은 참가자들에게 다른 사람들의 능력과 비교할 때 자신이 어느 정도 수준이라고 생각하는지 평가해달라고 요청했다. 참가자들은 대체로 자신의 능력을 매우 높게 평가했다. 독해력, 직무 수행 능력, 위생 관리 능력 등 20개 항목 대부분에서 자신이 다른 사람들보다 더 낫다고 답했다. 그런데 평균 이하(하위 50퍼센트)라고 평가한 영역이 하나 있었다. 바로, 대화를 시작하고 이어가는 능력이었다. 혹시 당신이 사람들과 대화하는 게 서툴다고 느낀다고 해도, 그것은 결코 당신만의 문제가 아니다.

변화를 선택해 사회적 연결을 삶의 우선순위로 삼으려 한다면 이런 본능적인 취약점을 반드시 인식해야 한다. 우리의 연결 능력을 가로막는 외부 요인도 많지만 사실 더 큰 싸움은 내면에서 일어난다. 걸림돌을 알아차리고 그것이 어떻게 우리를 가로막는지 깨닫는 순간, 더 자신 있게 관계 안으로 들어가 엄청난 혜택을 누릴 수 있을 것이다.

아직도 내 말을 믿지 않는 사람들을 위해 마지막으로 덧붙일 사실이 있다. 앞에서 우리는 낯선 사람과 대화를 나누면 기분이 좋아진다는 사실을 확인했다. 하지만 그 효과는 거기서 끝나지 않는다. 낯선 사람과의 대화는 당신뿐만 아니라 상대방의 기분도 좋게 한다. 앞서 언급한 에플리 박사의 연구는 상대가 건넨 말을 받아준 낯선 이들 또한 그 경험을 즐겼다는 사실을 확인해준다. 그들은 자신이 대화를 시작하지 않았음에도 그 대화가 즐겁다고 생각했다. 따라서 우리가 상호작용을 통해 기분을 개선할 때, 그것은 단순히 자신의 행복을 위한 일이 아니라 대화 상대와도 그 행복을 나누는 일이 된다.

버스나 대기실에서 우리는 조용히 시간을 흘려보내곤 한다. 그럴 때 우리는 아무 이유 없이 자신을 억누르고 있는 것일지도 모른다. 인간은 사회적인 성향이 매우 강한 존재임에도 대부분은 잘못된 예측 때문에 그 성향을 억제한다. 당신 맞은편에 앉은 사람 역시 대화를 시작하고 싶어 하는 마음이 당신만큼이나 있을지 모른다. 이를 알아볼 방법은 단 하나다. 실제로 말을 건네보는 것이다.

이기적인 이타심

당신이 버스에 앉아 있을 때 누군가가 다른 승객에게 칭찬을 건네는 장면을 우연히 보게 된다고 상상해보자. "그 스웨터 정말 멋지네요." 그렇다면 그 칭찬을 받은 사람은 어떤 기분이 들까? 기분이 좋아질까, 아니면 짜증스럽거나 불편하다고 느낄까?

이제 조금 다른 상황을 떠올려보자. 이번에는 당신이 직접 칭찬을 건네는 상황이다. 당신도 맞은편 사람에게 몸을 기울여 똑같이 말한다. "그 스웨터 정말 멋지네요." 그렇다면 그 사람은 어떤 기분이 들까?

두 번째 상황은 상상하기가 어려울지도 모른다. 당신만 그런 게 아니다. 연구에 따르면 사람들은 다른 사람이 건네는 칭찬의 효과는 정확하게 예측하지만, 자신이 건네는 칭찬의 효과는 잘못 예측한다. 이상하게도 우리는 자신이 누군가를 칭찬하는 일을 어색하게 여기면서, 다른 사람이 자신에게 하는 칭찬은 자연스럽게 받아들인다. 아, 미안하다. 잘못된 예측 이야기는 이미 끝난 줄 알았겠지만, 이것이 바로 **다섯 번째 잘못된 예측**이다. **우리는 칭찬이 타인에게 얼마나 긍정적으로 작용할지는 과소평가하고, 반대로 부정적으로 작용할 가능성은 과대평가한다.** 이 얼마나 안타까운 심리적 취약점인가!

사실 사람들은 칭찬받는 걸 정말 좋아한다. 조금 어색해하긴 하지만, 대부분 사람은 타인의 칭찬을 싫어하지도 불편해하지도 않는다. 어떤 경우에도 칭찬은 사람들을 기분 좋게 한다.

한번 시도해보자. 게다가 한 번 칭찬을 건넨 사람은 이후 다른 사람을 칭찬할 가능성이 더 커진다. 아마도 우리는 단지 어색함의 문턱만 넘으면 되는지도 모른다. 일단 그 문턱을 넘어서면, 칭찬이 생각만큼 하기 어려운 일이 아니라는 걸 깨닫게 될 것이다.

중요한 이야기를 하나 빠뜨렸다. 칭찬은 단지 좋은 행동이라서 의미 있는 게 아니다. 그것은 실제로 당신 자신에게도 이롭다.

이 말이 직관에 반한다는 생각이 들 수도 있을 것이다. 하지만 사실이다. 친절한 행동은 대체로 타인을 위한 것이지만, 연구에 따르면 그 행동을 한 사람 자신도 행복과 웰빙의 개선을 경험한다. 그리고 친절한 행동을 많이 할수록 더 행복해진다. 친절한 행동의 대상이 낯선 사람이냐 가까운 사람이냐는 별로 중요하지 않다. 두 경우 모두 기분에 긍정적 효과가 발생한다. 이는 뜻밖의 결론을 시사한다. 누군가에게 좋은 일을 함으로써 실제로 당신도 혜택을 얻는다는 것이다. 다시 말해 **이타적인 행동은 이기적인 동기에 의해서도 실행될 수 있다.** 나는 이를 이기적인 이타심*selfish selflessness*이라고 한다.

감사 표현도 마찬가지다. 타인에게 감사를 표현하는 행동도 웰빙에 긍정적인 영향을 미친다. 하지만 안타깝게도 사람들은 감사를 표현하는 행동의 결과 역시 잘못 예측한다. 감사한 마음을 표현했을 때 상대방이 얼마나 기뻐할지를 과소평가하고, 자신이 얼마나 어색해질지를 과대평가한다. 그 결과, 감사 표현을 꺼리게 된다. 우리는 인간 본성에 내재한 취약성에 자신도 모르게 발목이 잡혀 앞으로 나아가지 못하고 있다.

얼마 전, 한동안 소식이 닿지 않았던 옛 친구가 문득 떠올랐다. 나는 한때 일을 앞세워 우리 관계를 멀어지게 했던 결정들을 떠올리며 깊은 아쉬움과 후회를 느꼈다. 비록 우리 관계가 몇 번의 굴곡을 겪었지만, 그와의 우정을 여전히 소중히 여긴다는 사실을 그에게 꼭 전하고 싶었다. 그래서 망설임과 두려움에도 불구하고 3분 남짓한 동영상을 찍어 마음을 솔직히 털어놓았다. 함께 나눈 우정과 그가 내 곁을 지켜준 순간들에 대한 깊은 감사의 마음을 담았다. 영상을 보낸 지 오래지 않아 동영상이 첨부된 답장이 도착했다. "벤, 네가 보낸 동영상 덕분에 이번 주 내내 정말 기분이 좋았어. 동영상에서 네 마음을 그대로 느낄 수 있었어." 너무나 기뻤다. 모든 사람에게 꼭 권하고 싶은 소중한 경험이다.

그러니 꼭 기억하자. 누군가를 칭찬하거나 감사를 표현하는 것은 관계를 깊게 하고 기분을 북돋는 훌륭한 방법이다. 때로 누군가에게 해줄 수 있는 최고의 일은 그냥 친절하게 대하는 것이다. 게다가 친절은 상대에게만큼이나 당신 자신에게도 건설적인 효과를 준다. 정말이다. 한번 시도해보라. 내일은 작은 목표를 세워보라. 누군가에게 칭찬을 건네거나 감사의 마음을 표현해보고, 그것이 당신에게 어떤 감정을 불러일으키는지 지켜보라. 분명 후회 없는 경험이 될 것이다.

내향인과 외향인

나는 사람들의 마음을 읽으려고 하는 (생뚱맞은) 습관이 있다. 그래서 이번에도 예측을 한번 해보려 한다. 1장에서 사회적 교류가 주는 혜택에 대해 읽었을 때, 혹시 눈살을 찌푸리며 이렇게 생각하지는 않았는가? '그렇다면 내향적인 사람들은 어떡하지?'

내향인은 사회적 교류에서 즐거움을 얻을 가능성이 거의 없어 보인다. 내향인이라는 말이 원래 그런 뜻 아니던가? 내향적인 사람들은 혼자 있을 때 행복한 사람들이다. 파티나 모임에서 쉽게 지치고 과도하게 자극받는 듯한 느낌을 받는다. 반대로 외향인은 이런 활동을 즐긴다. 외향인은 사회적 모임을 가질 때 활력이 솟고 기운이 난다. 내향인은 대체로 조용하고 신중한 반면, 외향인은 말이 많고 활달하며 대인관계에서 주도적인 역할을 한다. 그렇다면 내향인들은 사회적 교류에서 전혀 즐거움을 느끼지 못하는 사람들일까? 절대 그렇지 않다.

1장에서 소개한, 이른바 '도청 장치'를 착용하고 캠퍼스를 돌아다니면서 다른 사람과의 대화를 녹음하게 한 실험을 다시 떠올려보자. 이 실험은 대화가 기분에 어떤 영향을 미치는지 추적하기 위한 것이었다. 예상과 달리, 이 실험의 결과는 대화 후에 내향적인 학생과 외향적인 학생들의 행복감이 같은 정도로 높아졌음을 보여줬다. 특정한 상황에서는 내향적인 학생들이 오히려 더 큰 효과를 경험했다. 예를 들어 내향적인 학생들은 깊은 대화를 나눈 뒤 자신이 한층 더 사회적으로 연결돼 있다는 느낌을 받았다고 보고했다. 이 결과는 자연스럽게 이뤄지는 대화가 내향인과 외향인 모두에게 유익하다는 점을 시사하며, 내게는 이 결과가 매우 당연하게 느껴진다. 내향인도 자신의 의지에 따라 선택한 사회적 교류는 즐겁다고 느낀다. 즐겁지 않다면 애초에 그 사회적 교류에 참여하지 않았을 것이다. 그렇다면 기차 안에서 낯선 이에게 말을 걸게 한 에플리 박사의 실험에서처럼, 자연스러운 상호작용이 아닌 인위적인 상호작용 상황을 내향인은 어떻게 받아들일까?

흥미롭게도, 내향인과 외향인 모두 낯선 사람과 대화했을 때 더 즐거운 통근 시간을 보냈다. 내향인도 인위적인 상호작용을 즐길 수 있었다! 중요한 차이점이 발견되긴 했다. 그 효과가 외향적인 사람들에게서 더 컸다는 점, 다시 말해 낯선 사람과의 대화는 본래 외향적이고 수다스러운 성향을 지닌 사람들에게 더 많은 혜택을 제공했다. 하지만 이런 차이에도 불구하고, 전체적으로 볼 때 외향인과 내향인 모두 한 번의 *대화만으로도* 기분이 좋아졌다고 답했다. 또 다른 연구는 극도로 내향적인 사람들이 10분간의 그룹 토론에서 외향적으로 행동했을 때, 예상과 달리 기분이 크게 좋아지는 *긍정적 변화를* 경험한다는 사실을 보여주었다. 이런 결과들을 바탕으로 단 한 번의 대화가 지니는 효과를 이렇게 정리할 수 있다.

	내향인	외향인
자연스러운 대화	☺	☺
인위적인 대화	☺	☺

그렇다면 시간을 길게 잡아보면 어떨까? 예를 들어 내향인에게 일주일 내내 외향인처럼 행동하게 한다면 어떨까? 이런 상황도 내향인에게 도움이 될까, 아니면 고문을 당하는 듯한 느낌을 받을까?

그것은 사실상 고문에 가깝다. 수줍고 조용한 사람들이 일주일 내내 외향적인 척을 하면 기분이 실제로 *가라앉는다*. 극도로 내향적인 사람들은 일주일 동안 외향적으로 행동하면 지쳐버릴 뿐 아니라 본모습에서 벗어난 듯한 이질감까지 느끼게 된다. 본래부터 사교적인 성향을 지닌 외향인들이 일주일 내내 활발하게 상호작용을 했을 때 더 행복하고 덜 피곤하다고 느끼는 것과 반대의 결과다.

정리하면 이렇다. 짧은 시간의 사교 활동은 내향인에게도 기분을 고양하는 효과가 있다. 그러나 시간이 길어지면 그 과정이 감정을 소진시켜 오히려 더 나쁜 상태로 만든다. 외향적으로 행동하는 것은 한 번 복용했을 때는 모든 사람에게 효과가 있지만, 내향인이 장기간 복용하면 부작용을 발생시키는 약과 같다고 할 수 있다.

따라서 이렇게 생각할 수 있다. 내향인과 외향인이 함께 점심을 먹는다면 둘 다 기분이 좋아질 것이다. 하지만 외향인과

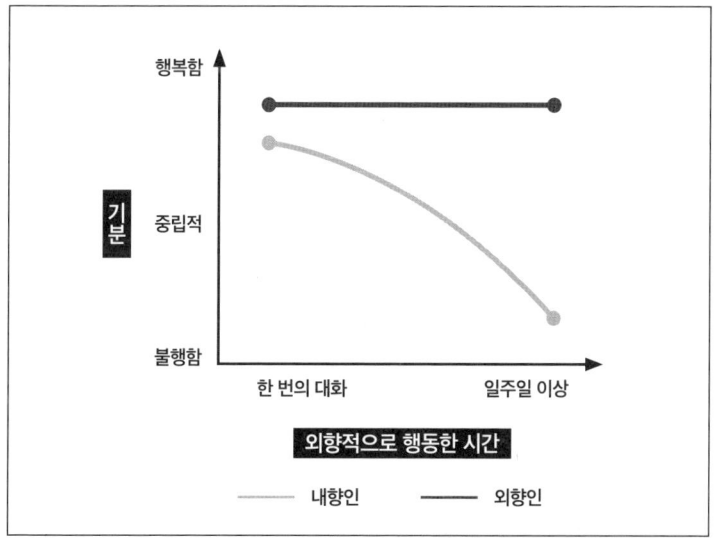

내향인이 함께 휴가를 떠나 일주일 내내 같은 호텔방에서 붙어 지낸다면, 휴가가 끝난 뒤 외향인은 상쾌하고 재충전된 상태가 되지만 내향인은 지치고 짜증이 날 것이다. 다시 말해 *외향성 특성trait extroversion*(개인의 사교성을 안정적으로 보여주는 지표)은 사회적 활동을 통해 얼마나 많은 이득을 얻을 수 있는지를 가늠하는 핵심 기준이 된다. 더 외향적일수록 장기간의 사회적 교류에서 더 큰 혜택을 얻을 가능성이 크다. 따라서 새로운 사회적 습관을 형성하기에 앞서 어떤 수준의 사교가 자신에게 즐거움을 주는지, 또 어디가 상한선인지를 아는 것이 중요하다.

여러 측면에서 외향성은 내가 초등학교 시절에 상상했던 사교성 연속체와 비슷하다. 인간은 극단적으로 내향적인 사람부터 극단적으로 외향적인 사람에 이르기까지 이 연속체상 어디든 위치할 수 있다. 우리는 각각 그 스펙트럼의 한 지점에 위치한다. 당신의 위치는 어디일까? 기분 향상 효과를 극대화하는 데 어느 정도의 사회적 교류가 자신에게 적합한지를 알아보자. 다음은 성격 평가 도구인 '빅 파이브 측면 척도Big Five Aspects Scale'에서 일부를 조정한 것이다. 너무 깊이 고민하지 말고 직관적으로, 떠오르는 대로 선택하라.

아래 질문에 1~5의 점수를 매겨보자.
각각의 점수는 다음과 같은 의미를 지닌다.

전혀 그렇지 않다.	1
그렇지 않은 편이다.	2
그런 것도 아니고 아닌 것도 아니다.	3
그런 편이다.	4
매우 그렇다.	5

1. 나는 쉽게 친구를 사귄다. _____
2. 나는 다른 사람들과 빨리 친해진다. _____
3. 나는 기쁠 때 감정을 잘 드러낸다. _____
4. 나는 즐거울 때가 많다. _____
5. 나는 자주 웃는다. _____
6. 나는 주도권을 쥐는 편이다. _____
7. 나는 개성이 강하다. _____
8. 나는 사람들을 사로잡는 법을 안다. _____
9. 나는 자신을 좋은 리더라고 생각한다. _____
10. 나는 다른 사람들을 설득해 무언가를 하게 할 수 있다. _____
11. 나는 먼저 행동하는 편이다. _____
12. 나는 다른 사람들이 쉽게 다가올 수 있는 사람이다. _____
13. 나는 다른 사람들과 거리를 두지 않는다. _____

14. 나는 자신을 많이 드러낸다. _____
15. 나는 신날 때가 많다. _____
16. 나는 매우 열정적인 사람이다. _____
17. 나는 사람들에게 영향을 주는 재능이 있다. _____
18 나는 다른 사람이 먼저 주도하기를 기다리지 않는다. _____
19. 나는 내 의견을 숨기지 않는다. _____
20. 나는 자기주장이 강한 성격이다. _____

총점: _____

점수를 모두 합하라. 최고 점수는 100점으로, 가장 높은 수준의 외향성(사교성 연속체의 가장 오른쪽)을 의미한다. 최저 점수는 20점으로, 가장 낮은 수준의 외향성(사교성 연속체의 가장 왼쪽)을 의미한다. 평균에 대한 명확한 과학적 기준은 없지만, 모든 문항에서 3번(중립적)을 선택했다면 최종 점수가 60점이 되며 이를 사회적 연속선의 중심으로 간주할 수 있다. 이를 기준으로 분류하면 다음과 같다.

- 20~40점: 강한 내향성
- 41~60점: 중간 정도의 내향성
- 61~70점: 약한 외향성
- 71~80점: 중간 정도의 외향성

- 81점 이상: 강한 외향성

총점이 높은 사람일수록 정기적으로 사회적 습관을 쌓는 것이 더 큰 효과를 가져올 가능성이 크다. 점수가 낮은 사람은 자신이 편안하다고 느끼는 속도에 맞춰 가끔 사회적 교류를 하는 편이 더 적합할 것이다. 다만 기억해두자. 내향적인 사람이라도 단 한 번의 대화만으로 기분이 고양될 수 있다. 중요한 것은 자신에게 맞는 리듬과 균형을 찾는 것이다. 또 기억해야 할 점은 다양한 사람들과 교류할 때 웰빙감 상승효과가 가장 크게 나타난다는 것이다. 단 한 사람과 모든 시간을 보내는 것보다 여러 사람과 두루 어울릴 때 더 큰 기분 상승효과를 얻을 수 있다는 뜻이다.

다음 장으로 넘어가기 전에, 이 주제에 숨어 있는 중요한 질문 하나를 짚고 넘어가려 한다. 사실 내가 이 분야를 연구하게 된 것은 바로 이 질문 때문이다. 어린 시절 내내 답을 찾고 싶어 했던 질문이자, 내 인생을 바꾼 악몽에서 깨어난 순간에도 붙들고 있던 질문이기도 하다. **왜 우리는 모두 이 연속체의 서로 다른 지점에 자리 잡게 될까?**

왜 내 점수는 당신의 점수와 다를까? 무엇이 나의 뇌를 당신의 것과 다르게 할까? 다양한 연구 결과에 따르면, 사회적 특성의 개인 간 차이는 실제로 뇌의 차이와 연결된다. 내향인과 외향인은 사회적 보상 처리에 관여하는 뇌 영역인 조가비핵 *putamen*에서 차이를 보인다. 외향인은 보상을 처리하는 뇌 반응이 내향인과 다르며, 일부 연구에 따르면 외향인과 내향인은 도파민 시스템도 다르게 작동한다(예를 들어 외향인은 도파민 관련 유전자가 내향인과 다를 수 있다).

결론은 이렇다. 외향인의 뇌와 내향인의 뇌는 실제로 모양과 작동 방식이 다르다. 이는 각 개인의 유전적 배경과 삶의 경험이 결합한 결과다. 지금의 우리 모습은 태어난 배경과 걸어온 여정이 어우러져 형성된 것이다. 타인과 함께할 때 뇌가 얼마나 큰 즐거움을 경험하는지를 결정하는 것은 본성과 양육이 결합해 형성된 우리 각자의 고유한 특성이다. 그러나 모든 사람이 사회적 연결을 필요로 한다는 사실에는 변함이 없다.

저마다의 사회적 식단이 필요하다

모든 사람이 사회적 연속체 위에서 각각 다른 지점에 존재한다면, 사회적 욕구와 선호 역시 사람에 따라 크게 다를 것이다. 나는 '고립이라는 전염병'에 관한 논의에서 이 부분이 간과되고 있다고 생각한다. 모든 사람에게 사회적 활동을 권장하는 일률적인 처방은 그다지 효과적이지 않다. 이 문제에는 생물학적 차원에서 더 섬세한 뉘앙스들이 존재한다. 연속체의 오른쪽 끝, 즉 점수가 100에 가까운 사람들은 더 자주 사회적 접촉을 해야 할 수 있고, 반대로 왼쪽 끝에 있는 사람들은 사회적 접촉을 덜 하는 것이 편할 수 있다. 외향적인 사람이 선호하는 사회적 교류의 양이나 빈도는 내향적인 사람에게 과도한 자극이 돼 쉽게 지치게 할 수 있으며, 반대로 내향적인 사람이 유지하는 낮은 수준의 사회적 교류는 외향적인 사람에게 정서적 결핍이나 우울감을 안길 수 있다.

사회적 교류는 음식에 비교할 수 있다. 특정 음식에 대해 당신이 어떻게 반응하는지 생각해보자. 극단적인 비유이긴 하지만 어떤 음식을 먹고 심하게 아픈 적이 있다면 뇌는 그 경험을 절대 잊지 않는다. 예를 들어 특정한 술을 생각만 해도 속이 울렁거려서 마시지 못하는 사람들이 꽤 있다. 만약 당신에게도 그런 술이 있다면 아마도 그 술을 마시고 크게 아팠던 적이 있을 것이다. 이처럼 어떤 물질로 피해를 입으면 뇌는 그 물질이 몸에 들어오지 못하게 차단하면서 '이 물질은 해로우니 다시는 건드리지도 말라'라는 내부 기록을 남긴다. 그 결과, 그 술의 냄새를 맡거나 살짝 맛보는 것만으로도 구역질 반응이 나타날 수 있다. 이런 식으로 뇌는 위험하다고 판단한 것을 먹지 못하게 함으로써 당신을 보호한다.

오랜 시간의 경험을 통해 우리는 자기 몸에 맞는 맞춤형 식단을 만들어왔다. 하지만 사회적 상호작용에 대해서는 그러지 못했다. 사회적 상호작용이야말로 뇌의 영양 공급원인데 말이다. 우리가 먹는 음식처럼, 사회적 교류 역시 우리의 건강과 웰빙을 지탱해준다. 그렇다면 뇌에 해로운 사회적 관계를 의도적으로 선택할 필요는 없을 것이다.

하지만 안타깝게도 뇌는 우리의 *사회적 식단*(즉 우리가 선택해 참여하는 다양한 상호작용)을 맞춤화하는 데 그다지 능숙하지 않다. 음식을 먹을 때와 달리, 우리가 싫어하는 사람과 상호작용한다고 해서 구역질을 하거나 방귀가 나오는 식의 즉각적인 신체 반응이 나타나는 것은 아니다. 따라서 이상적인 사회적 식단을 만드는 과정은 능동적인 사고와 주의를 요구한다. 어떤 상호작용이 당신을 기분 나쁘게 하는 데는 분명한 이유가 있으며, 그 이유를 파악하는 것은 상호작용을 당신에게 유리하게 활용하는 데 도움이 된다. 사회적 식단을 만든다는 것은 무작정 행동하는 대신, 당신에게 무엇이 즐거운 사회적 경험이고 무엇이 불쾌한 경험인지를 구분하는 법을 배우는 것이다. 이는 어떤 음식이 당신에게 방귀를 유발하는지 알아내는 과정과 비슷하다. 단지 그것을 사회생활에 적용하는 것일 뿐이다.

이를 위해 나는 소셜 저널링*social journaling*이라는 간단한 실천 방법을 제안한다(부록 참조). 상호작용이 자신에게 어떤 영향을 미쳤는지를 기록하며 자신의 내면을 성찰하기 위해서다. 이 방법은 당신이 경험을 적절히 소화하며 이상적인 사회적 식단을 만들어가도록 돕기 위해 고안됐다. 사회적 상호작용 이후에 소셜 저널링을 하면, 상호작용의 다양한 특성이 당신의 경험에 어떤 영향을 주는지 파악할 수 있다. 소셜 저널링의 목적은 사회적 삶을 세밀하게 조율함으로써 사회적 상황에서 최대한의 즐거움을 느끼는 것이다. 예를 들어 당신은 사람들로 붐비는 술집에서 시끄러운 음악을 들으며 큰 소리로 대화하는 게 싫을 수도 있고, 일대일 상황에서 불편함을 느낄 수도 있을 것이다. 일주일 또는 한 달 동안 당신이 참여한 상호작용에 대해 기록하다 보면 일정한 패턴이 드러날 것이다. 부정적 상호작용에서 반복적으로 나타나는 요소들과 긍정적 상호작용에서 되풀이되는 요소들을 파악하기 위해 노력해보자. 물론 이 저널링 연습은 필요에 따라 자유롭게 맞춤화할 수 있으며, 원하는 대로 질문을 추가하거나 제거해도 좋다.

서로 연결돼 더 행복해지기 위해 노력하는 과정에서 우리는 자신에게 꼭 필요한 약을 복용하는 일, 다시 말해 다른 사람들과 함께 시간을 보내는 일이 왜 그토록 어렵게 느껴지는지를 이해해야 한다. 우리 뇌는 많은 능력을 갖추고 있지만 자신이 행복해지는 데 도움이 되지 않는 사회적 성향도 지니고 있다. 실제로 뇌는 사회적 상호작용의 가치를 과소평가하거나 우리가 가진 사회적 기술이나 욕구를 잘못 판단할 때가 많다. 왜 우리가 때로 연결을 우선순위에 두기 어려워하는지 이해하면, 어떻게 더 많이(그리고 각자의 고유한 선호에 맞는 방식으로) 사회적 관계에 참여할 수 있는지 더 잘 알 수 있다. 이 책의 나머지 부분에서는 이 왜와 어떻게에 답하면서 가상 상호작용과 대면 상호작용의 차이, 약물이 우리의 사회적 뇌에 미치는 영향, 상호작용을 더 잘하는 방법, 반려견과의 유대가 뇌 건강에 미치는 영향 등의 핵심적인 주제들을 탐구할 것이다.

하지만 그에 앞서 유대를 형성하는 사회적 상호작용의 핵심 요소를 깊이 살펴볼 필요가 있다. 그것은 바로 공감이다.

핵심 정리

1. 인간은 의미 있는 관계를 형성하는 과정에서 사회적 판단 착오를 저지르기 쉽다. 우리는 상호작용의 긍정적 효과를 과소평가하고, 거절을 과도하게 예측하며, 대화를 어느 정도 지속하는 것이 적절한지 계산하지 못하고, 자신의 대화 능력을 과소평가하며, 칭찬이나 감사의 표현이 미치는 영향을 정확히 판단하지 못한다.
2. 친절과 관대함은 타인을 위한 행동인 동시에 자신에게도 긍정적인 효과를 가져온다. 이런 이기적 이타심은 타인과 자신

모두에게 유익하다.

3. 외향인과 내향인 모두 사회적 상호작용에서 이득을 얻을 수 있다. 다만 내향인은 장시간의 사회적 활동 이후 피로감이나 부작용을 더 크게 경험할 수 있다.
4. 외향성 특성의 수준은 사회적 습관을 형성함으로써 얼마나 많은 이득을 얻을 수 있을지를 가늠하는 중요한 지표가 된다.
5. 소셜 저널링은 저마다의 사회적 식단을 보다 정교하게 구성된 사회적 경험의 목록으로 발전시켜 전반적인 웰빙 수준을 높이는 데 도움을 줄 수 있다.

4

공감과 거리두기
타인의 관점을 이해한다는 것의 의미

웨스트버지니아대학교 캠퍼스에 첫발을 내디뎠을 때 나는 열일곱 살에 불과했다. 불안했지만 야망으로 가득 차 있었고, 세상 물정을 잘 모르는 순진한 신입생이었다. 그때도 나는 어린 시절부터 품어온 사회적 연속체에 대한 관심을 놓지 않고 캠퍼스 안 어느 연구실에서든 일할 기회를 찾아 헤매고 있었다. 연구실에서의 일이 구체적으로 어떤 것인지는 전혀 알지 못했고, 아마 당신도 잘 모를 것이다. 당신이 이 이야기가 어디로 흘러갈지 예상한다면, 아마도 빗나갈 것이다. 내가 치과용 드릴을 들고 죄 없는 사람들을 겁주는 장면으로 끝날 것이라고 예상하지 않는 한 말이다.

첫 학기에 나는 심리학 교수인 대니얼 맥닐Daniel McNeil 박사를 만났고, 그는 내게 중요한 멘토가 됐다. 은발에 둥근 테 안경, 파란색 옥스퍼드 셔츠에 노란 넥타이를 매고 한 손엔 커피 얼룩이 묻은 머그잔을, 다른 손엔 서류로 가득 찬 파일 뭉치를 들고 연구실로 바삐 향하는 맥닐 교수는 전형적인 옛날식 학자의 모습이었다. 그는 치과 공포증, 즉 치과에 대한 두려움을 연구했다. 처음 그를 만났을 때 나는 그의 연구실에서 자원봉사를 하며 연구 경험을 쌓을 수 있다는 사실을 알게 됐고 다행히도 그는 나를 멘티로 흔쾌히 받아주었다.

솔직히 말하면 치과 공포증은 내가 특별히 관심을 둔 주제는 아니었다(죄송합니다, 맥닐 교수님). 하지만 배울 의지는 있었다. 사실 내가 그의 연구실에 들어간 건 과학자가 내게 맞는 직업인지 알고 싶었기 때문이다. 그때 나는 내가 공감이라는 생소한 주제를 연구하면서 인생을 바꿔놓을 정도의 깨달음을 얻게 되리라고는 꿈에도 생각하지 못했다.

맥닐 교수의 연구실은 노출 치료exposure therapy를 통해 치과 공포증을 치료하는 새로운 방법을 실험 중이었다. 연구진은 치과 치료를 두려워하는 사람들이 매일 11분 동안 일상적인 치과 진료를 촬영한 영상을 시청하게 했다. 공포증이 심한 사람에게는 안전한 환경에서 반복적으로 두려움에 노출되는 것이 공포를 극복하는 데 도움이 될 수 있다. 곰곰이 생각해보자. 현실에서 두려운 대상을 피한다고 해도 그 대상은 당신의 머릿속에서 끔찍한 장면들을 계속 만들어낼 것이다. 하지만 그 공포와 관련된 현실의 경험을 조심스럽게 재구성한다면, 다시 말해 그 경험을 즐거운 경험이나 중립적인 경험으로 만든다면, 공포의 대상이 그렇게 끔찍하지 않다는 사실을 뇌가 학습하게 할 수 있다. 맥닐 교수는 위협감을 주지 않는 치과 진료 영상을 보여줌으로써 참가자들의 치과 공포증을 줄일 수 있으리라고 기대했다.

그는 치과 공포증의 정도를 정교하게 측정했다. 우선 연구실의 방 하나를 실제 치과 진료실과 매우 비슷한 환경으로 꾸몄다. 그 방은 실제로는 낡은 대학 건물의 카펫 깔린 방이었지만, 진료용 의자를 비롯해 온갖 치과 치료 도구를 갖추고 있었다. 치과 공포증이 있는 사람에게는 정말 끔찍한 환경이었다. 연구 참가자들은 이 가짜 진료실에서 심박수나 피부 전도도(피부의 땀 분비 수준) 등을 측정해 공포 반응을 감지하는 센서에 연결됐다.

그러던 어느 날, 잊지 못할 일이 벌어졌다. 한 참가자가 가짜 치과 검진을 위해 도착했고, 연구실에서는 누군가가 가짜 치과의사 역할을 해야 했다. 그 자리에 있던 사람 중 누가 선택됐을까? 바로 나였다.

지금 생각해보면 정말 웃긴 일이었다. 상상해보라. 헐렁한 흰 가운을 입은 긴장한 10대 소년이 치과 도구 몇 개를 대충 챙겨 들고, 자신이 당신의 치과의사라고 당당히 말하는 모습을. 나는 정말 긴장했다. 실제 치과 진료가 아니라는 것은 '환자'도 잘 알고 있었다. 하지만 내게는 그 상황이 매우 중요했다. 맥닐 교수의 연구를 망치고 싶지 않았기 때문이다.

나는 방 안으로 들어가 치과의사라고 소개한 뒤, 차트를 읽으며 구강 건강에 관한 몇 가지 질문을 던졌다. 스스로도 우스꽝스럽다고 느꼈고 대사 몇 줄은 더듬거렸지만, 다행히도 참가자는 진지하게 받아들이는 것 같았다. 이어 나는 흰 종이에 싸여 있던 나무 설압자를 꺼내 들고, "아~ 해보세요"라고 말했다. 그러고는 참가자의 혀를 설압자로 가볍게 누르면서 머릿속으로 열까지 셌다. 참가자의 침이 치아 표면의 오목한 홈에 고여 있는 것이 보였다. 나는 참가자가 얼마나 불편해할지 생각하지 않으려고 했지만 방 안에서 긴장감이 고조되는 것은 분명하게 느낄 수 있었다. 참가자의 불편함이 커지는 순간 그의 심박수와 피부 전도도를 나타내는 신호가 옆방으로 송출됐고, 연구팀은 그 데이터를 실시간으로 관찰했다.

참가자의 입에서 설압자를 빼내 발밑의 작은 휴지통에 던져 넣으면서 나는 정말 긴장했다. 참가자의 두려움이 곧 극도로 치솟으리라는 걸 알고 있었기 때문이다. 내 왼쪽의 작은 탁자 위에는 치과용 드릴이 놓여 있었다. 나는 조심스럽게 드릴을 집어 든 채 몇 초 동안 머뭇거리다가 마침내 전원 버튼을 눌렀다. 드릴은 요란하게 윙윙거리며 끔찍한 기계음으로 작은 방을 가득 채웠다. 환자의 심박수가 급격히 올라가고 피부에는 땀이 번들거리기 시작했고, 옆방의 컴퓨터 화면에서도 수치가 치솟았다. 그것만으로도 환자를 거의 공황 상태로 몰아넣기에 충분했다. 나는 울부짖는 드릴을 손에 든 채 실험 참가자의 눈에 가득 차오르는 경악과 절망을 지켜봤다. 그 순간, 갑자기 나 자신에게도 날카로운 공포가 밀려들었다. 차가운 전율이 위장 깊은 곳에서 가슴으로 치솟아 올랐다. 나는 치과를 두려워하는 사람이 아니었고, 내가 실험 참가자도 아니었다. 그런데도 이게 단순한 연구실 실험이라는 사실을 잊어버린 채, 내가 실험자가 아니라 실험 대상이 된 듯한 느낌을 받았다. 내 심박수도 참가자처럼 치솟고 있었다. 참가자의 공포가 파도처럼 내게 덮쳐왔다. 정말로 그 감정이 전염될 수 있기라도 한 것처럼.

    공포 속에 나는 전원 버튼에서 손을 떼었고, 드릴은 서서히 속도를 늦추며 멈췄다. 손이 떨리는 채로 드릴을 내려놓고 조용히 방을 빠져나왔다. 내가 역할을 잘했는지 생각할 여유도 없었다. 낯선 공포감이 내 머릿속을 가득 채우고 있었기 때문이다. 마치 바이러스에 감염된 것 같았다. 나는 책을 챙겨 들고 다음 수업으로 향했다. 불안감은 쉽게 사라지지 않았다. 1시간 가까이 그랬던 것 같다. 그 후 다시는 치과의사 역할을 맡지 않았다.

감정도 전염될까?

그때는 몰랐지만, 그날 겪은 일은 감정 전염 emotional contagion(정서 전염)이라는 현상이었다. 맞다, 감정은 전염될 수 있다. 감정은 사람과 사람 사이를 빠르게 오가며 퍼져 나간다. 그 순간 나는 실험 참가자의 공포를 '내 것으로 가지게 된' 셈이었다. 의식하지 못하는 사이 내 뇌는 경고 신호를 감지했고, 그 결과 실험 참가자가 느낀 공포와 동일한 강도의 극심한 공포를 내가 느끼게 된 것이다.

이런 일이 도대체 어떤 과정을 통해 일어나는 걸까? 어떤 마법에 의해 감정이 한 사람에서 다른 사람으로 마법처럼 옮겨 가는 것일까? 그런 마법이 있을 리 없다. 답은 마법이 아니라 과학에 있다.

인간의 몸에서는 때때로 마법 같은 일이 일어나는 것처럼 보이지만, 실제로 인간의 몸에서 일어나는 모든 일은 마법이 아니라 과학으로 설명할 수 있다. 다시 말해, 감정 전염은 마법이 아니다. 관련 연구에 따르면 감정 전염은 다양한 방식으로 이뤄질 수 있으며, 그중 하나가 표정 모방 facial mimicry이다. 말 그대로, 다른 사람의 표정을 보면서 그 사람의 표정을 무의식적으로 따라 하는 것이다. 관련 연구에 따르면, 사람은 누군가의 행복한 표정을 바라볼 때 큰광대근 zygomatic major(입꼬리를 위로 올리는 근육)이 미세하게 활성화돼 미소를 짓는 듯한 근육 움직임을 따라 하게 된다. 반면, 분노 같은 부정적인 감정이 담긴 표정을 보면 눈썹 위쪽의 눈썹주름근$^{corrugator\ supercilii\ muscle}$(추미근)이 작동해 눈썹을 찌푸리게 된다. 표정 모방은 대부분 의식하지 못한 채 자동으로 일어난다. 또한 표정 모방은 우리가 상호작용하는 방식의 근본을 이루는 요소이기도 하다.

어떻게 지금까지 이런 사실을 눈치채지 못했을까 싶을 것이다. 하지만 당신도 이미 이런 현상을 경험했을 가능성이 매우 크다. 예를 들어 다른 사람이 하품을 할 때 따라서 하품을 한 적이 있다면 표정을 모방한 것이다. 공감 연구자들은 우리가 다른 사람의 하품을 따라 하게 되는 이유가 턱을 넓게 벌리는 다른 사람의 얼굴 근육 동작을 자동으로 모방하기 때문이라고 본다.

왜 이런 일이 일어나는 걸까? 우리는 다른 사람의 표정을 모방함으로써 무엇을 얻는 걸까?

연구 결과에 따르면, 누군가의 표정을 모방하는 행동은 그 사람이 느끼는 정서를 이해하는 데 도움을 준다. 우리는 흔히 정보가 뇌에서 얼굴로 흐른다고만 생각한다. 뇌가 행복을 느끼기 때문에 얼굴이 미소 짓는다고 말이다. 하지만 실제로는 그 반대 방향의 흐름도 존재한다. 다시 말해 얼굴 신경에서 뇌로 전달되는 피드백 신호로 뇌가 우리의 기분을 추정한다. 즉, 얼굴이 웃고 있기 때문에 뇌가 행복하다고 인식하는 것이다.

잘 알려진 실험 하나가 있다. 참가자들에게 만화를 보게 하면서 억지로 웃는 표정을 짓도록 이 사이에 펜을 물게 한 연구다. 놀랍게도 이들은 만화를 더 재미있다고 평가했는데, 얼굴에 지어진 미소가 뇌를 설득해 만화를 더 즐기고 있다고 착각하게 한 것이다. 또 다른 연구에서도 사람의 얼굴을 억지로 웃거나 찡그리게 하면 정서가 실제로 그 방향으로 움직인다는 사실이 확인됐다.

이것이 표정 모방이 감정 전염을 일으키는 방식이다. 당신은 친구의 표정을 무의식적으로 따라 하면서 그가 느끼는 것을 함께 느끼기 시작한다. 얼굴에서 피드백되는 신호를 바탕으로 같은 기분을 경험하고 있다고 뇌가 믿게 하고, 그 결과 어느새 당신도 그의 정서를 흡수하게 된다. 감정 전염은 이렇게 모방, 피드백, 전염의 세 단계로 이뤄진다.

놀랍게도 이 과정은 타인의 감정을 감지하는 데 필수적인 역할을 한다. 우리는 상대의 표정을 따라 하지 못할 때 그 사람을 이해하기가 훨씬 어렵다. 예를 들어 공감 능력이 높은 사람들에게 입에 젓가락을 물게 해 얼굴 근육의 움직임을 제한하자(손가락이나 연필로도 쉽게 따라 해볼 수 있다), 타인이 어떤 감정을 드러내는지 알아차리는 데 더 많은 시간이 필요했다. 또한 얼굴 근육을 마비시키는 보톡스 주사를 맞은 사람들은 표정만으로 다른 사람의 감정을 인식하는 데 어려움을 겪는다.

표정 모방을 하지 못하면 사람들이 서로를 이해할 수 없다는 사실은 공감 과정에서 표정 모방이 얼마나 중요한지 확실하게 드러낸다. 거울 뉴런mirror neurons(우는 사람을 보면 슬퍼지고 웃는 모습을 보면 웃음이 나는 식으로 다른 사람의 행동을 보거나 들을 때 활성화되는 뉴런 - 옮긴이)이 이 과정에서 역할을 할 가능성이 있다는 주장도 있긴 하다. 하지만 거울 뉴런이 정확히 어떻게 표정 모방에 관여하는지는 아직 밝혀지지 않았다.

이 모든 연구 결과는 우리에게 무엇을 말해줄까?

첫째, 우리 몸에는 우리가 의식하지 못하는 사이에 감정을 불러일으키는 강력하고 은밀한 체계가 장착돼 있다는 점이다. 얼굴 근육은 단순히 감정을 표현하는 역할만 하는 것이 아니다. 타인의 정서를 이해하고 받아들이는 데도 도움을 준다. 대화에서 표정이 중요한 이유가 바로 여기에 있다. 얼굴 근육은 다른 사람들의 감정을 우리 몸에 스며들게 함으로써 우리가 그들의 이야기를 몸으로 느끼게 해준다.

둘째, 이 모든 연구 결과는 인간 경험의 본질과 관련해 중요한 진실을 드러낸다(나는 가짜 치과의사 역할을 했을 때 확실하게 그 진실을 마주했다). 자신도 의식하지 못하는 사이 주변 사람들이 내 기분에 강력한 영향을 미칠 수 있다는 것이다. 옆 사람의 뇌에서 어떤 감정이 일어날 때, 그 감정은 당신도 모르는 사이에 당신의 마음속으로 스며들어 당신이 느끼는 방식을 바꿔놓을 수 있다. 또한 자신의 내면을 성찰하며 현재의 기분이 어디서 비롯됐는지 깊이 생각해보면, 그 기분을 유발하는 감정이 본래 당신의 것이 아니었음을 깨닫게 될 수도 있다.

셋째, 이 모든 연구 결과는 보톡스 주사를 맞기 전에 다시 한번 생각해보라는 뜻이다.

돌이켜보면, 내가 치과의사 역할을 한 경험에서도 표정 모방이 큰 작용을 했음이 분명하다. 나는 실험 참가자의 두려움을 받아들이며 얼굴을 비슷하게 일그러뜨렸을 것이고, 그 순간 내게도 공포의 씨앗이 뿌려졌을 것이다. 얼굴에서 뇌로 신호가 전달되자 내 감정 또한 그에 따라 요동쳤을 것이다. 되짚어보면, 치과의사 역할은 애초에 내게 맞지 않았다.

하지만 감정 전염은 표정 모방만으로 이뤄지는 것이 아니다. 우리 몸은 다른 사람의 자세나 목소리 톤 같은 것도 무의식적으로 모방한다. 소파에 편안히 앉아 느릿느릿하고 조용하게 말하는 사람하고 대화할 때와 몸을 뻣뻣이 세우고 비명을 지르듯 말하는 사람하고 대화할 때의 느낌은 확실히 다를 것이다. 신체 반응의 이런 차이는 결국 모방 때문일 수 있다. 우리는 상대의 자세와 목소리 톤 같은 표현을 무의식적으로 받아들이며, 어느새 그와 비슷한 방식으로 느끼게 된다.

누군가가 위험한 일을 하는 장면을 지켜볼 때도 이런 일이 일어날 수 있다. 예를 들어 한 연구에서는 불길 위를 걷는 의식

firewalking ritual의 관중을 관찰하며 감정 전염이 일어나는지를 살펴봤는데, 실제로 그런 현상이 확인됐다. 매년 하지가 되면 스페인의 한 작은 마을 주민들은 맨발로 뜨거운 숯불 위를 건너는 의식을 치른다. 이때 그들을 둘러싼 군중은 환호하고 음악을 연주하며 분위기를 고조시킨다. 불길 위를 걷는 사람들에게 심박계를 부착했을 때, 숯불을 밟으며 건너는 순간 심박수가 급상승하는 것은 당연한 결과였다. 그런데 관중은 어땠을까? 놀랍게도 가까운 가족들의 심박수 역시 불길 위를 걷는 사람들과 함께 상승하며 일종의 동기화synchrony를 보였다. 단지 곁에서 지켜볼 뿐인데(자신은 뜨거운 숯불 위를 걷는 것과는 전혀 다른 행동을 하고 있는데) 심장이 빠르게 뛰기 시작한 것이다. 감정 전염이 실제로 일어난다는 사실이 다시 한번 입증된 사례다.

잠깐 앞으로 돌아가 보자. 맥닐 교수의 치과 노출 치료는 효과가 있었을까? 그렇다. 매일 11분짜리 치과 치료 영상을 시청한 사람들은 가짜 치과 진료에서 불안을 덜 느꼈고, 심박수도 더 낮게 나타났다. 맥닐 교수의 연구실에서 나는 많은 것을 배웠다. 우선 연구를 수행하고 실험을 설계하는 법을 익혔고, 동시에 내가 치과의사가 되고 싶어 하지 않는다는 사실도 깨달았다. 하지만 무엇보다 중요한 사실은 그 경험을 통해 타인의 감정이 어떤 방식으로 내게 영향을 미칠 수 있는지 알게 됐다는 것이다. 긴장한 채 다음 수업을 들으러 강의실로 걸어가면서 나는 감정이 전염된다는 사실을 확신했다. 그때 내 마음속에는 이미 하나의 의문이 싹트고 있었다. 그 순간만큼은 심리학이 아니라 신경과학을 전공했더라면 좋았을 텐데 하는 아쉬움이 스쳤다. 나는 경외감에 사로잡혔고, 뇌에서 무슨 일이 벌어지고 있는지 무척 알고 싶었다. 내 진로를 신경과학으로 확실히 바꾸게 한 악몽을 꾼 것은 그로부터 얼마 지나지 않아서였다.

공감의 두 가지 유형

요즘 들어 공감이라는 말은 일종의 유행어가 된 듯하다. 나는 이 현상이 매우 바람직하다고 본다. 사람들이 서로에게 그만큼 관심을 기울인다는 뜻이니 말이다. 공감은 사람들 사이의 관계에서 핵심적인 역할을 한다. 공감이 없었다면 인류는 지금까지 살아남지 못했을 것이다(그 이유는 곧 알게 될 것이다). 그렇다면 공감은 정확하게 무엇을 뜻할까?

공감은 '자신의 상황보다 타인의 상황에 더 어울리는 마음의 상태를 받아들이는 것'이라고 정의할 수 있다. 다시 말해 공감은 다른 사람의 감정을 이해하거나 그 감정을 함께 느끼는 것이다. 이 정의만 본다면 공감은 감정 전염과 비슷하다는 생각이 들 것이다. 하지만 두 개념은 본질적으로 다르다. 감정 전염은 무의식적으로 일어나지만, 공감은 의식적으로 이뤄진다. 실제로 일부 연구자는 공감을 정의하는 핵심 요소 중 하나가 바로 이 차이점이라고 본다. 대학 시절 연구실에서 치과의사 역할을 하며 극도의 긴장감을 느꼈을 때, 나는 그 긴장감이 어디에서 비롯된 것인지 알지 못했다. 바로 그 점 때문에 내가 그때 느꼈던 긴장감은 감정 전염의 결과라고 할 수 있다. 만약 치과용 의자에 앉아 있던 실험 참가자의 감정이 내 감정을 변화시킨다는 사실을 내가 자각했다면, 그 경험은 공감의 사례가 됐을 것이다.

얼마 전 누군가가 온라인에 올린 질문을 봤다. '공감은 강점인가, 약점인가?' 답은 명확하다. 공감은 엄청난 강점이다.

앞서 공감이 없었다면 인류는 지금까지 살아남지 못했을 거라고 언급했다. 나는 진심으로 그렇게 믿는다. 공감은 타인과 말을 나누지 않고도 그 사람의 감정을 이해하고 함께 느낄 수 있게 해준다. 공감은 우리가 어떤 상황에 직접 뛰어들지 않아도 타인의 경험을 통해 배울 수 있게 해준다. 공감한다는 것은 실제로 마음을 읽는다는 것이며, 이 능력은 대부분의 인간 두뇌에 기본적으로 내장돼 있다. 따라서 공감 능력은 인간이 집단 속에서 더 잘 살아남을 수 있는 핵심 이유 중 하나라고 할 수 있다. 공감과 관련해 가장 중요한 사실은 다른 사람의 고통을 똑같이 느낄 때 돕고 싶은 마음이 더 강해진다는 사실이다. 그 상황에서 자기 자신도 불편함을 느끼기 때문이다.

맞다. 공감은 우리를 괴롭게 할 수 있다. 하지만 공감이 없다면 우리는 어떻게 될까? 만약 우리가 서로에 대해 아무런 감정을 느끼지 않도록 진화했다면, 인류는 비극에 빠졌을 것이다.

집단을 이뤄 살아가면 수많은 이점이 있기 때문에 공감은 인류의 진화 과정에서 선호되는 능력이 됐다. 우리는 의식적으로 생각하지 않아도 즉각적으로 타인의 상황을 이해할 수 있다. 심지어 공감 능력 덕분에 다른 사람의 생명을 구할 수도 있다. 당신이 친구 몇 명과 정글을 걷고 있는 네안데르탈인이라고 상상해보자. 앞서 가던 한 친구가 갑자기 비명을 지른다. 얼굴이 고통으로 일그러지고, 발을 움켜쥐면서 쓰러진다. 당신은 그에게 무슨 일이 일어났는지 순식간에 파악한다. 그가 날카로운 무언가를 밟은 것이다. 곧바로 당신은 땅바닥을 살피며 쓰러진 친구에게 조심스레 다가가 발바닥에 찔린 거대한 가시를 빼준다.

이것이 바로 공감의 가치다. 당신은 동료의 불운을 자동으로 감지함으로써 자신의 생존 가능성을 높였다. 만약 친구가 고통스러워한다는 사실을 알아차리지 못했다면, 무심코 그에게 다가가다가 당신도 가시에 찔렸을지 모른다. 공감은 또한 당신이 그를 돕도록 이끌었다. 이 또한 공감이 주는 중요한 혜택이다. 무엇보다 놀라운 점은 이 모든 정보가 불과 몇 밀리초 만에 처리됐으며, 단 한마디의 말도 오가지 않았다는 사실이다.

공감에는 두 가지 유형이 있다. 인지적 공감 cognitive empathy과 감정적 공감emotional empathy이다. 대체로 이 두 유형의 공감은 마치 맛있는 초콜릿과 바닐라가 꽈배기 모양으로 섞인 소프트아이스크림처럼 소용돌이치듯 섞인다. 우리가 경험하는 공감은 보통 이 두 가지 구성 요소로 이뤄져 있으며, 이를 따로 분리해 각각의 감정으로 느낄 수 있다. 마치 한 컵에 담긴 초콜릿 아이스크림과 바닐라 아이스크림의 맛을 각각 골라 먹을 수 있는 것처럼 말이다.

인지적 공감은 타인의 생각과 감정을 이해하는 능력을 말한다. 상대의 사회적 단서(표정, 목소리 톤, 몸짓, 자세, 시선 처리, 행동 반응 등)를 바탕으로, 그 사람이 무엇을 경험하고 어떤 감정을 느끼고 있는지를 머릿속으로 파악하는 과정이다. 앞에서 언급한 정글 상황을 다시 떠올려보자. 이 상황에서 인지적 공감은 친구가 발에 통증을 느끼고 있다는 사실을 당신이 이해하게 한다. 당신은 그가 비명을 지르고, 고통스러운 표정을 짓고, 발을 움켜잡는 행동을 보면서 그의 마음속에서 무슨 일이 일어나고 있는지를 파악한다. 당신은 "아야, 발이 너무 아파!"라는 그의 내면 반응을 머릿속에서 재구성한다. 이는 소리·표정·동작과 같은 사회적 단서를 종합해 타인의 심리 상태를 논리적으로 추론하는 과정이며, 바로 그 지점에서 인지적 공감이 작동한다.

그에 비해 감정적 공감은 타인의 감정을 실제로 함께 느끼는 과정이다. 친구가 고통으로 신음하며 괴로워하는 모습을 마주하면, 당신도 어느 정도 불편하고 무거운 감정을 경험하게 된다. 실제로 당신이 신체적 통증을 느끼는 것은 아니지만 피가 줄줄 흐르는 발을 움켜쥐며 비명을 지르는 모습을 봤을 때, 그 광경만으로도 당신의 내면에서는 불쾌하고 불안한 반응이 일어난다.

이 두 유형의 공감은 명확히 구분된다. 인지적 공감은 타인의 생각을 이해하는 것이고(감정과는 관련이 없다), 정서적 공감은 타인의 감정을 느끼는 것이다(생각과는 관련이 없다). 하지만 일반적으로 두 유형이 공존한다. 그래서 나는 이 두 유형의 공감을 소용돌이치듯 섞인 소프트아이스크림에 비유하곤 한다. 각각 따로 먹어도 좋지만, 섞였을 때 더 맛있기 때문이다. 대부분의 경우 이 두 유형의 공감은 하나가 다른 하나로 자연스럽게 이어진다. 먼저 누군가의 감정을 느끼면(감정적 공감), 그 사람이 무슨 생각을 하고 있는지 즉시 이해하게 된다(인지적 공감). 반대도 마찬가지다. 먼저 누군가의 사고방식을 이해하면(인지적 공감), 그의 감정에 감정적으로 이입하게 된다(감정적 공감).

공감에 대한 흔한 오해 중 하나는 공감이 고통, 슬픔, 창피함 같은 부정적인 감정에만 적용된다는 생각이다. 그러나 공감은 긍정적인 감정에도 똑같이 작용한다. 예를 들어 당신이 한 초등학교의 졸업식 현장에 앉아 있다고 상상해보자. 교장이 상장 수여를 앞두고 한 학생의 이야기를 들려준다. 작년에는 전

과목을 낙제했지만, 올해는 전교 상위 5퍼센트 안에 들 정도로 성적이 오른 리암이라는 학생이다. 교장은 열정적인 목소리로 리암이 올해의 학생상을 받게 됐다고 발표한다. 리암은 무대로 뛰어올라 상패를 받고 자랑스러운 표정으로 활짝 웃는다. 그의 순수한 흥분과 기쁨을 바라보는 순간, 당신도 벅찬 행복감을 느낀다. 입꼬리가 저절로 올라가고 심박수가 크게 증가하며 심지어 눈시울이 붉어지기도 한다. 바로 그 순간, 당신은 리암의 경험 속으로 들어가 그의 긍정적인 감정 일부를 함께 느끼는 것이다. 이 역시 공감이다.

인지적 공감과 감정적 공감의 차이를 인식하는 것은 매우 유용하다. 이 원리를 이해하고 나면 사회적 상호작용에서 그동안 보지 못했던 미묘한 차이를 포착하게 될 것이다. 다시 말해 어떤 순간에는 두 공감 중 하나만 작동하고, 또 어떤 순간에는 둘이 함께 작동한다는 사실을 알게 될 것이다. 당신은 이전에도 늘 존재했지만 의식하지 못했던 미묘한 감정 흐름을 알아차리게 될 것이다. 여기에 감정 전염까지 이해하면, 사회적 상황에서 자신의 감정을 대부분 사람보다 훨씬 더 잘 파악할 힘을 갖추게 된다. 내 생각에 이건 정말 멋진 초능력이다. 이 능력을 잘 활용하길 바란다.

공감의 생애주기

공감은 생존에 필수적이지만, 놀랍게도 타고나는 것이 아니라 학습을 통해 길러지는 능력이다. 그 학습은 유아기부터 시작된다. 연구에 따르면, 부모가 아기의 표정을 따라 하는 *감정 미러링emotional mirroring*은 공감 발달의 초기 단계에서 매우 중요한 역할을 한다. 실제로, 우울증을 앓는 어머니 밑에서 자란 아기들은 이런 감정 미러링을 덜 받게 되고 그 결과 공감 능력이 낮은 것으로 나타난다. 어린 시절을 거치며 우리는 다른 사람들이 어떻게 감정을 표현하는지를 직접 체험함으로써 공감 능력을 점차 확장해나간다. 이것이 바로 유년기의 사회화가 중요한 또 하나의 이유다. 부모가 자녀의 감정을 잘 감지하고 적절히 반응해주는 환경에서 자란 아이는 그 경험을 통해 공감의 가치를 배우게 된다. 부모가 자녀의 감정 신호에 민감하게 반응하는 것을 동기화라고 하는데, 관련 연구에 따르면 초기 양육 환경에서 동기화 수준이 높을수록 청소년기에 공감 능력이 더 잘 발달한다. 이는 아이의 감정을 세심하게 살피고 반응해주는 양육이 왜 중요한지 잘 보여준다.

그렇다면 어른이 된 이후에는 공감 능력이 고정돼버리는 걸까? 어린 시절에 길러진 공감 수준이 전부라면, 그 이후에는 공감 능력을 더 발달시킬 수 없는 걸까? 다행히도, 그렇지 않다.

공감 능력은 성인이 돼서도 계속해서 유연하게 변화할 수 있다. 실제로 여러 연구는 공감 능력을 키우는 특정 훈련이 뇌 구조에까지 영향을 미친다는 사실을 보여주었다. 9개월간 명상과 다양한 훈련을 통해 공감 능력, 관점 전환perspective-taking 능력, 연민compassion을 기르는 프로그램을 이수한 참가자들은 연민과 관점 전환 능력 모두에서 뚜렷한 향상을 보였다. 더 놀라운 점은 이 훈련이 공감과 관련된 뇌 영역에 시냅스 가소성을 유도했고, 뇌섬엽insula 같은 영역뿐 아니라 전두엽과 측두엽의 일부 부위에서도 피질의 두께가 증가했다는 것이다. 사람들이 더 많이 공감하는 세상을 바라는 나에게 이는 매우 고무적인 소식이다.

하지만 성인기 이후의 경험이 오히려 공감 능력을 감소시키는 방향으로 작용할 수도 있다. 예를 들어 PTSD(외상 후 스트레스 장애)는 공감 능력 감소와 관련돼 있고, 안타깝게도 의사가 되는 것도 마찬가지다. 의대생들은 학년이 올라갈수록 점점 더 공감 능력이 낮아지는 경향을 보이며, 이는 아마도 정신적 탈진을 막기 위한 적응 반응일 것이다. 지속적으로 고통과 트라우마에 노출되면 뇌는 의도적으로 타인의 고통에 둔감해지고, 타인의 감정을 지나치게 흡수하지 않도록 자신을 제한한다. 이런 변화 없이는 의사로서의 직업을 감정적으로 감당하기 어려울 수 있다.

인지적 공감과 감정적 공감은 나이가 들면서 서로 다른 방식으로 변화해간다. 대부분 사람에게 감정적 공감은 나이를 먹을수록 점점 더 강해지는 경향을 보인다. 이는 삶의 경험이 늘어날수록 타인의 입장을 더 깊이 이해하고, 그 감정을 더 잘 받아들일 수 있게 된다는 점에서 일종의 지혜라고 할 수 있다. 반면, 인지적 공감은 전혀 다른 경로를 따른다. 전형적인 패턴은 엎어놓은 'U' 자 형이다. 즉, 인지적 공감 과제(예컨대 눈빛만 보고 감정을 유추하는 '눈으로 마음 읽기 테스트' 같은 과제)에서의 수행 능력은 20대 초반까지 증가하다가 35~40세에 정점을 찍고 이후 점차 감소한다. 흥미롭게도, 대학 교육을 받은 사람은 인지적 공감 점수가 더 높고 고령에도 공감 능력이 덜 감소하는 경향을 보인다.

이렇게 보면 공감은 전적으로 후천적 경험을 통해 형성되는 것처럼 생각될 수도 있다. 하지만 선천적인 요소, 즉 유전도 분

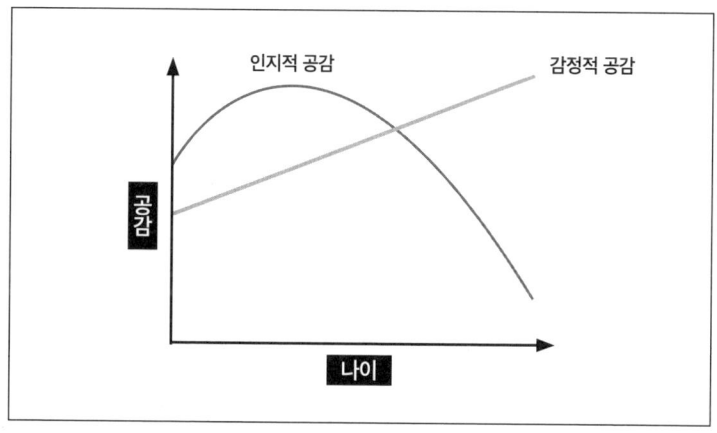

명히 영향을 미친다. 옥시토신 수용체 유전자나 세로토닌 운반체 유전자의 특정 변이를 가진 사람들은 그렇지 않은 사람보다 더 높은 공감 능력을 보인다. 반면 특정한 유전자가 공감 능력을 떨어뜨릴 수도 있다. 예를 들어 MAOA 유전자는 세로토닌이나 도파민 같은 신경전달물질을 분해하는 역할을 하는데, 이 유전자의 특정 변이를 가진 사람은 공감 능력이 낮아지고, 그 결과 반사회적 성향과 공감 결핍이 특징인 정신병질psychopathy의 위험이 커질 수 있다. 이처럼 다양한 유전적 변이는 뇌의 공감 관련 시스템을 강화하거나 약화하는 방식으로 작용한다.

나는 초등학생 때 점심을 먹는 친구들을 관찰하며 모든 사람은 사회성 연속체상 어딘가에 존재한다는 사실을 처음 실감했다. 그리고 이 분야에서 연구를 지속해오면서 사람들의 모든 성향이 이 연속체상에 있다는 사실을 깨닫게 됐다. 50명, 100명 정도의 사람을 모아놓고 보면 지능이나 운동 능력 등 다양한 특성에서 엄청난 개인차가 나타난다. 우리는 모두 각 성향에서 '극도로 낮음'부터 '극도로 높음'까지 이어지는 슬라이더 어딘가에 위치하고, 그 위치는 유전적 배경과 삶의 경험이 결정한다. 나는 공감도 마찬가지라고 생각한다. 누군가는 공감을 전혀 하지 못하고, 또 어떤 이는 공감을 너무 많이 해서 감당이 안 될 정도까지 이르기도 한다. 그리고 이 연속체 안에도 수많은 하위 연속체가 존재한다. 부모에게 느끼는 공감, 절친에게 느끼는 공감, 인종이 다른 사람에게 느끼는 공감, 종교가 다른 사람이나 연령대가 다른 사람에게 느끼는 공감 등 모든 공감은 각각의 연속체상 어딘가에 자리한다. 이 모든 것은 당신 뇌의 공감 시스템이 유전과 경험을 통해 어떻게 형성돼왔는가에 달려 있다. 결국 우리는 어디서 태어났고 어떻게 살아왔느냐로 만들어진 존재이기 때문이다.

공감을 일으키는 뇌의 시스템에 대한 이야기를 읽다 보면, 문득 이런 의문이 들지도 모른다. '공감은 도대체 어떻게 작동하는 걸까? 내가 다른 사람의 감정을 느낄 때, 내 뇌에서는 무슨 일이 벌어지는 거지?' 내 생각에 이 질문은 과학 전체를 통틀어 가장 흥미로운 주제다. 더 중요한 건 이 질문을 따라가다 보면 뇌의 또 다른 선천적·사회적 함정(공감의 발현을 가로막는 핵심 장벽이 뇌의 신경화학 시스템 깊숙한 곳에 존재한다는 사실)을 발견하게 된다는 점이다. 이제 이 질문을 본격적으로 다뤄보자.

고통의 공감

네안데르탈인 친구들과 함께 정글을 걷던 장면을 다시 한번 떠올려보자. 이번에는 진짜로 그 안에 들어가 있는 듯이 상상해보길 바란다. 그곳은 열대 우림이다. 덥고 습하며, 공기 속 수

분이 피부로도 느껴진다. 머리 위로는 키 큰 나무들이 울창하게 뻗어 있고, 발 밑으로는 길이라고 할 만한 것도 없다. 당신은 덤불이 우거진 숲길을 맨발로 걷고 있다. 조금 전, 당신은 두툼한 잎이 무성한 알록달록한 덤불을 지나쳤다. 그 덤불에는 당신이 평생 본 것 중 가장 크고 날카로운 가시가 달려 있었다. 손가락만 한 길이에 선인장 가시처럼 뾰족한 끝을 지닌 가시였다.

지금 당신 곁에는 누가 함께 있는가? 일행을 구성해보자. 가족 몇 명이 떠오를 수도 있고, 가까운 친구들이 떠오를 수도 있다. 서너 명 정도면 좋겠다. 그 사람들과 함께 정글 안에 있다고 상상해보자. 이제 그중 한 사람을 골라보자.

당신이 고른 사람이 가시에 발을 디딘다. 끔찍한 비명이 숲속에 울려 퍼지고, 그 사람의 얼굴이 고통으로 일그러진다. 그가 땅에서 발을 번쩍 들어 올리자 가시가 발바닥에서 뚫고 올라가 발등으로 튀어나온 것이 보인다. 상처 가장자리에는 붉은 피가 고이고, 바닥으로 핏방울이 튀어 떨어진다. 그 사람은 바닥에 주저앉아 울음을 터뜨리면서 조심스레 가시에 손을 뻗는다. 불편하더라도, 지금 이 장면을 있는 그대로 머릿속에 그려보자. 실제처럼 생생하게 상상해보길 바란다.

지금 당신의 기분은 어떤가?

아마 이 단락을 읽는 것이 꽤 괴로웠을 것이다. 어떤 이는 혐오감이나 역겨움을 느끼며 이 장면에서 멀어지고 싶었을지 모른다. 나처럼 민감한 사람이라면, 실제로 한쪽 발이나 양발에서 묘한 통증이 느껴졌을 수도 있다. 만약 당신이 이런 불쾌한 감각을 경험했다면 정말 미안하다. 일부러 그랬다. 사실 바로 그 감각이 내가 말하고자 하는 핵심이다. 그 감각이 바로 공감이다.

공감은 타인의 입장이 돼 그 감정을 느끼게 한다. 그리고 지금 당신이 느낀 그 감정은 매우 고통스럽다. 동료가 겪은 고통이 불쾌감이라는 형태로 당신에게 전이된 것이다. 왜일까? 다시 말하지만, 공감은 진화의 산물이다. 이 불쾌한 감정은 당신에게 두 가지 중요한 깨달음을 준다. 첫째는 가시를 밟으면 극도로 고통스럽기 때문에 절대 밟지 말아야 한다는 것이다. 둘째는 그 순간에 이 사람에게 도움이 절실하다는 것이다. 이 두 가지 깨달음은 모두 당신과 집단의 생존에 유리하게 작용한다.

수십 년간의 연구를 통해 과학자들은 이 현상의 신경과학적 기반을 밝혀냈고, 그 결과는 매우 놀랍다. 누군가가 고통을 당하는 모습을 볼 때, 우리 뇌는 마치 자기 자신이 그 고통을 느낄 때처럼 활성화된다. 그렇기에 앞선 단락을 읽으며 그렇게 불편했던 것이다. 당신 뇌의 일부 영역이 실제 고통을 처리할 때와 비슷하게 작동했기 때문이다.

이 연구 결과는 공감 연구의 선구자인 클라우스 람Claus Lamm 박사, 장 드세티Jean Decety 박사, 타니아 싱어Tania Singer 박사가 공동으로 발표한 논문에서 확인할 수 있다. 이들은 바늘에 찔린 손, 가위에 낀 손가락처럼 고통스러운 장면이 담긴 사진을 본 사람의 뇌에서 어떤 일이 벌어지는지를 분석했다. 이미지 자체는 유혈이 낭자하거나 잔인한 것이 아니라 단지 고통을 상징적으로 표현한 것이었다. 이들은 여러 연구를 종합한 결과, 공통으로 두 개의 뇌 영역이 활성화된다는 사실을 발견했다. 바로 전대상피질$_{anterior\ cingulate\ cortex}$과 섬엽피질$_{insular\ cortex}$이다.

이는 매우 의미 있는 결과였다. 두 영역 모두 공감과 사회적 행동에 관여한다고 여겨지는 신경세포인 폰 에코노모 뉴런$_{von\ Economo\ neuron}$을 포함하고 있기 때문이다. 폰 에코노모 뉴런이 퇴행하는 질환을 앓는 사람은 타인의 감정과 반응을 파악하는 능력과 공감 능력이 낮은 경우가 많다. 이 결과에 기초해 람, 드세티, 싱어는 전대상피질과 섬엽피질이 고통에 대한 공감을 이끄는 뇌의 핵심 장치일 수 있다고 봤다. 그러나 곧 이 안에서 훨씬 더 근본적인 작용이 일어나고 있음을 깨달았다. 두 영역은 단순한 뇌 조직의 일부가 아니라 고통으로 직접 활성화되는 핵심 시스템이었던 것이다. 놀랍게도, 타인의 고통을 지켜보는 것만으로도 고통을 처리하는 뇌 영역이 활성화된다는 사실이 밝혀졌다! 이는 고통에 대한 공감이 실제로 타인의 경험을 부분적으로 공유하는 과정임을 보여주며, '지금 당장 이 상황에서 벗어나고 싶다'는 느낌이 드는 이유를 설명해준다.

물론 실제 고통으로 인한 뇌 활동과 타인의 고통에 대한 공감으로 인한 뇌 활동이 완전히 같지는 않다. 실제로 고통을 느낄 때는, 공감으로 고통을 느낄 때 활성화되지 않는 몇몇 뇌 영역이 활성화된다. 이는 매우 다행스러운 일이다. 만약 우리가 타인의 고통을 온전히 똑같이 느낀다면, 그건 비효율적일 뿐 아니라 오히려 해가 될 수 있다. 누군가가 고통받는 상황에서 그 고통이 너무 크게 느껴지면, 우리는 도와주기보다 피하고 싶어질 것이다. 아무도 의사나 간호사가 되려 하지 않을 것이고 미식축구나 아이스하키 같은 격렬한 스포츠는 관람객이 없어질 것이다. 복싱이나 UFC 경기를 유료로 시청하는 일은 마치 자학 행위처럼 여겨질 것이며 분만실에 남아 있고자 하는 남편을 찾아보기 어려울 것이다. 인간 사회의 구조 자체가 무너질 수도 있다. 그러니 나는 이렇게 말하고 싶다. 공감이 전혀 없는 세상도, 과도한 공감만 있는 세상도 결국은 무너질 것이다. 우리는 지금 공감의 골디락스 존Goldilocks zone, 그러니까 너무 뜨겁지도 너무 차갑지도 않는 딱 적당한 온도에 있는 셈이다.

실제로 뇌는 고통 전체를 표상하는 것이 아니라 그중 불쾌한 감정적 부분만 표상한다. 곰곰이 생각해보면 신체적 고통은 단순한 감각이 아니라 '고통스럽다', '불쾌하다', '제발 멈췄으면'과 같은 감정을 동반한다는 점을 알 수 있을 것이다. 이런 고통 경험의 감정적 부분은 전대상피질과 섬엽피질이라는 뇌 영역과 연관돼 있다. 흥미롭게도, 타인의 고통을 관찰할 때 활성화되는 영역도 바로 이들이다. 다시 말해 당신이 앞의 끔찍한 경험을 묘사한 단락을 읽으며 느낀 불편함은 전대상피질과 섬엽피질이 활성화됐다는 신호였을 가능성이 크다.

누군가가 다치는 모습을 보는 것이 실제로 뇌의 고통 처리 시스템 일부를 활성화한다면, 진통제를 복용했을 때 그 공감도 차단되는 걸까? 이 흥미로운 질문은 2016년 한 연구에서 실제로 제기됐다. 연구진은 참가자들에게 아세트아미노펜 Acetaminophen 1,000밀리그램(진통 목적의 일반적인 용량) 또는 위약을 복용하게 한 뒤, 손가락이 차 문에 끼이는 것처럼 고통스러운 경험을 묘사한 글을 읽게 했다. 놀랍게도, 진통제를 복용한 사람들은 그 글을 읽는 동안 괴로움을 덜 느꼈다고 응답했다. 이는 타인의 고통에 공감할 때 실제로 뇌의 고통 시스템이 작동하고, 그 시스템이 차단되면 공감 반응도 제한된다는 점을 시사한다. 하지만 흥미로운 사실은 따로 있었다. 이야기 속 인물이 얼마나 아팠을지를 추정하라는 질문에 대해서는 진통제를 복용한 집단과 위약 집단이 비슷한 수준으로 평가했다는 것이다. 이는 진통제가 인지적 공감은 차단하지 않고, 감정적 반응만 줄여준다는 뜻이다. 다시 말해 당신이 이 장을 읽기 전에 아세트아미노펜을 복용했다면, 정글에서 친구가 가시에 찔리는 장면에서 불편함을 덜 느꼈겠지만 그가 얼마나 아팠을지는 여전히 잘 이해했을 것이다.

흥미롭게도, 진통제는 *사회적 고통*도 줄이는 것으로 보인다(누군가가 당신의 험담을 했다는 사실을 알게 되거나 체육 시간에 팀을 나눌 때 마지막으로 지목된 경험이 있다면, 그 순간 느낀 감정이 바로 사회적 고통이다). 이 연구 결과는 사이버볼Cyberball이라는 컴퓨터 게임을 활용한 실험에서 도출됐다. 뇌 스캐너를 착용하고 누운 채로 가상 공간에서 공을 주고받는 방식으로 진행되는 이 게임은 사회적 상호작용을 하는 동안 뇌에서 어떤 일이 벌어지는지 연구할 수 있게 해준다(좁은 MRI 장치 안에서 실제로 캐치볼을 하는 건 당연히 불가능하다).

어쨌든 사람들이 가상의 공놀이를 하는 동안, 어느 순간부터 특정인에게 공이 점점 오지 않았다. 다른 이들은 계속 공을 주고받았지만 놀이에서 배제된 그 사람은 끝내 오지 않는 패스를 기다리며 가상 세계에서 계속 서 있어야 했다. 아마 당신도 경험해본 적이 있겠지만 사회적으로 배제되는 일은 고통스럽고 굴욕적일 수 있다. 이후 실험 참가자들에게 이 장면을 지켜본 느낌을 묻자, 대부분은 매우 불편했다고 답했다. 하지만 아세트아미노펜을 복용한 사람들은 불편함의 수준을 낮게 보고했다.

사회적 고통과 신체적 고통이 활성화하는 뇌 영역이 상당 부분 겹친다는 사실을 떠올려보면, 이는 지극히 타당한 결과다

(이에 대해서는 뒤에서 더 자세히 살펴보겠다). 한마디로, 공감의 신경과학은 우리가 느끼는 공감이 단순한 기분이 아니라 뇌에서 실제로 일어나는 과정과 맞닿아 있음을 보여준다. 우리는 타인의 감정을 단순히 이해하는 데 그치지 않고, 뇌가 상대와 비슷한 방식으로 작동하면서 그 감정을 일부 함께 경험하는 것이다.

그러나 한 가지 문제가 있다. 뇌가 이 능력을 항상 활용하는 것은 아니라는 점이다. 우리는 어떤 상황에서는 더 강하게 공감하고, 어떤 상황에서는 덜 공감한다. 때로는 전혀 공감하지 못할 때도 있다. 왜 그럴까? 이 지점에서 우리는 **불편한 진실 3: 뇌는 사람들을 갈라놓을 수 있는 내적 결함을 지니고 있다**를 다시 떠올려야 한다. 이제 곧 알게 되겠지만 뇌는 매우 선택적으로 공감 반응을 보이며, 특정한 사람들을 향해서만 그 능력을 발휘한다. 우리가 서로를 돌보는 문명사회를 지향한다면 뇌의 공감 시스템을 강화하거나 꺼버리는 요인이 무엇인지 반드시 이해해야 한다. 아마 당신은 많은 상황에서, 공감을 얼마나 그리고 누구에게 느낄지를 자신이 생각했던 것만큼 통제하지 못한다는 사실에 놀라게 될 것이다.

공감할 때와 공감하지 못할 때

알고 보면 뇌는 꽤 쩨쩨한 기관이어서 뇌가 만들어내는 공감은 우리가 기대하는 것만큼 안정적이거나 믿을 만하지 않다. 공감은 상황의 맥락에 크게 좌우되며, 누군가에 대한 우리의 감정도 상황에 따라 달라진다. 실제로 공감에 영향을 미치는 요인은 수없이 많다.

이런 요인 중 어떤 것들은 직접적인 영향을 미친다. 예를 들어 상대방이 특정한 감정을 얼마나 강하게 느끼는지가 그렇다. 누군가가 그저 얼굴을 찌푸리는 것보다 흐느끼며 울음을 터뜨릴 때 당신은 더 강하게 공감할 것이다. 상대의 경험이 강렬할수록 당신의 공감도 강해진다. 또한 사람들은 타인이 겪고 있는 상황과 비슷한 상황을 과거에 자신이 경험한 적이 있을 때 더 잘 공감한다. 예를 들어 손가락이 차 문에 끼인 경험이 있다면, 다른 사람이 그런 일을 당하는 상상을 할 때 더 크게 움찔할 것이다. 이와는 반대로, 남성은 출산을 직접 경험한 적이 없기 때문에 그 고통을 이해하는 데 어려움을 겪는다. 극단적인 예로, 선천성 무통각증*congenital insensitivity to pain*이라는 매우 희귀한 질환을 앓는 사람들은 타인의 고통을 제대로 판단하지 못하고 그 심각성을 과소평가하는 경향이 있다.

복잡한 방식으로 공감에 영향을 미치는 요인들도 있다. 예를 들어 상황의 맥락이 그런 요인 중 하나다. 만약 어떤 친구가 오늘 아침에 바늘에 100번 찔렸다고 말한다면, 당신은 깊이 공감할 것이다. 하지만 그 말을 한 뒤 그가 한의원에서 침을 맞았으며 그러고 나서 몸이 좋아졌다고 말한다면, 공감은 바로 사라질 것이다. 맥락이 중요하다.

또한 사람들은 자신을 부당하게 대했던 사람에게 덜 공감할 수 있다. 람·드세티·싱어 박사가 진행한 금융 게임 실험(참가자들이 금전적 보상을 주고받거나 나누는 상황을 설정해 공정성, 신뢰, 협력, 배신 같은 사회적 변수를 조작하고 그에 따른 뇌 반응과 행동 변화를 관찰하는 경제적 게임 실험 – 옮긴이)을 보자. 실험에서 참가자들은 어떤 사람과 게임을 하라는 요청을 받았다. 그 사람은 실제로는 배우였지만, 참가자들은 그 사실을 몰랐다. 게임을 하면서 그 배우는 일부 참가자에게는 협조적으로 행동했지만, 일부 참가자에게는 속임수를 써서 돈을 모두 빼앗았다. 그 후 참가자들은 뇌 스캐너를 착용한 상태에서 그 참가자(사실은 배우)가 손에 고통스러운 전기 충격을 받는 장면을 지켜봤다(꽤 극적인 상황이다). 뇌 스캔 결과는 놀라웠다. 배우에게 속은 참가자들은 그렇지 않았던 참가자들에 비해 공감과 관련된 뇌 영역의 활성화 정도가 낮았다. 한편, 이 상황에서 남성 참가자들은 보상과 관련된 뇌 영역 활동이 증가했다(여성 참가자들은 그렇지 않았다). 이는 자신을 속인 배우가 고통을 당하는 것을 일종의 복수라고 생각해, 어느 정도 즐거움을 느꼈음을 시사한다. 이 이야기에서 얻을 수 있는 교훈은 이렇다. 당신의 뇌는 타인이 자신을 어떻게 대했는지 기록하고, 그 기록에 따라 공감을 조절한다(그리고 남성은 여성보다 조금 더 뒤틀려 있을지도 모른다).

이제 뇌가 공감 대상을 매우 심하게 가린다는 사실을 알게 됐을 것이다. 당신은 어떤 이에게는 깊이 공감하면서도 또 어떤 이에게는 거의 공감하지 못할 수 있다. 앞에서 내가 정글 속에서 친한 친구 또는 가족과 같이 있는 상황을 상상해보라고 한 것을 기억하는가? 미안하지만, 그때도 의도적으로 그런 것이었다. 그들의 고통을 당신이 그대로 느껴보기를 정말로 바랐기 때문이다.

사람들은 자신과 가까운 이들에게 더 크게 공감한다. 연구에 따르면, 이런 차이는 공감의 대상에 따라 뇌 활동이 달라지기 때문에 생겨난다. 사이버볼 게임에서 가장 친한 친구가 공놀이에서 배제되는 장면을 볼 때, 참가자의 뇌는 앞서 설명한 고통의 감정적 부분을 담당하는 전대상피질과 섬엽피질이 활성화됐다. 반면, 낯선 사람이 배제되는 장면을 볼 때는 전전두피질 같은 인지적 공감 관련 뇌 영역이 더 활성화됐다. 이는 친구가 고통을 당하면 우리는 그 고통을 실제로 느끼려 하지만, 낯선 사람이 배제당하는 경우에는 그의 감정을 느끼기보다는 그 상황을 이해하는 데 더 집중한다는 뜻이다.

여러 면에서 이는 매우 당연해 보인다. 당연히 당신은 낯선 이보다 친한 친구의 감정에 더 신경을 쓸 것이다. 하지만 이렇게 자명해 보이는 결론 뒤에는 또 다른 중요한 사실이 숨어 있다. 우리 뇌의 공감 시스템은 *자기와 비슷한 사람들을 선호한다*는 사실이다. 우리가 어떤 친구를 자신과 더 닮았다고 여기고 자기-타자 중첩*self-other overlap* 수준이 높다고 인식할수록 뇌는 더 강한 공감 반응을 보인다.

자기-타자 중첩은 당신과 다른 사람을 겹쳐놓은 벤다이어그램과 같다. 당신의 삶에 함께하는 누군가, 이를테면 부모나 형제를 떠올려보라. 자신을 하나의 원으로, 그들을 다른 하나의 원으로 그렸을 때 두 원이 얼마나 겹치는지 생각해보라. 성격, 교육 배경, 관심사, 인종, 직업, 정치적 이념, 유머 감각, 종교, 성적 지향까지 모든 요소를 고려하라. 만약 모든 면에서 같다면 두 원은 완전히 겹칠 것이다. 반대로 모든 것이 정반대라면 두 원은 겹치는 부분이 아주 적거나 없을 것이다. 자기-타자 중첩 수준은 당신이 누군가에게 공감할 가능성을 가늠하는 간단한 척도가 될 수 있다. 겹치는 부분이 많을수록 당신의 뇌는 그 사람을 위해 공감 회로를 더 활발히 작동시킨다. 자기-타자 중첩 이론은 난폭하게 운전하는 낯선 사람, 길에서 동전을 구걸하는 사람, TV 드라마 속 인물 등 모든 사람에게 적용될 수 있다. 잠시만 시간을 내서 이 벤다이어그램을 떠올려보면 뇌의 공감 시

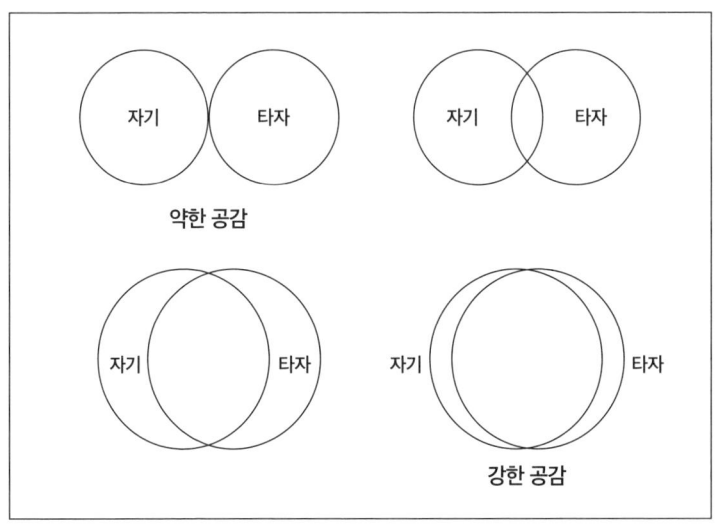

스템을 더 잘 이해할 수 있을 것이다.

그렇다면 왜 자기-타자 중첩이 공감에 이토록 강력한 영향을 미칠까? 고대 사회를 떠올려보자. 같은 부족 사람에게 더 강하게 공감하고 다른 부족 사람에게는 덜 공감하는 편이 생존에 유리했을 것이다. 전장에서 동료가 맹수와 사투를 벌이고 있다면, 그들의 고통과 절망을 함께 느끼며 개입하도록 동기가 부여되는 것이 집단의 생존에 도움이 된다. 반면 적대적인 부족의 사람이 같은 상황에 있다면, 그들이 죽어가는 모습을 감정 없이 지켜보는 편이 이득이다. 그들에게 공감해 목숨을 걸고 그들을 돕는 것은 결국 적을 살리는 결과로 이어질 수 있기 때문이다. 뇌가 우리와 그들을 명확히 구분하고, 우리에 포함되는 사람들에게 더 강하게 공감하도록 정교하게 진화해온 이유가 바로 여기에 있다.

이 시스템은 우리의 조상들에게는 유익했을 것이다. 하지만 오늘날의 세상에서는 그렇게 유용하지 않다. 현대인은 모든 면에서 다양하고 문화적으로 뒤섞여 있으며, 사람들에 둘러싸여 살아간다. 이런 세상에서 뇌의 구식 공감 소프트웨어는 심각한 문제를 일으킨다. 누군가가 우리와 달라 보일 때 뇌는 그들의 감정이 우리의 내부로 스며드는 것을 원하지 않는다. 불행하게도 우리는 오늘날 주변의 많은 사람에게 관심을 두지 않도록 배선돼 있다.

여전히 떨쳐버리지 못하는 부족주의 성향

사실 이 우울한 이야기의 복선은 이 장의 서두에 깔려 있었다. 불길 위를 걷는 사람과 공감에 관한 연구를 기억하는가? 친족이 뜨거운 숯불 위를 걸을 때, 군중 속 가족들은 심박수가 동기화되는 반응을 보였다. 그러나 이 동기화는 불길을 걷는 사람의 친척이 아닌 이들에게서는 나타나지 않았다. 이들은 열광하며 그 장면을 구경했고, 심박수도 동기화되지 않았다. 불길을 걷는 사람과의 자기-타자 중첩이 작았기에 감정이 동원되지 않은 것이다.

우리 뇌는 가족과 친구를 같은 '부족'으로 인식하며, 가족과 친구는 인그룹in-group에 속한다. 내가 앞에서 당신의 정글 속 동행자로 가족과 친구를 설정했던 것도 바로 그 때문이다. 한편, 특정한 사람들이 아웃그룹out-group으로 분류되는 이유는 다양하다. 인종도 그중 하나다. 흑인과 백인 참가자들에게 누군가의 손이 바늘에 찔리는 영상을 보여주면 자신과 같은 인종의 손을 볼 때 섬엽피질이 더 활발하게 반응한다. 벤다이어그램에서 두 원의 겹침이 적을수록 타인에게 느끼는 공감도 줄어든다는 사실을 상기하라.

종교적 정체성 역시 자기-타자 중첩 수준을 좌우하며 공감에 영향을 준다. 신경과학자 데이비드 이글먼 박사는 실험 참가자들에게 종교(힌두교, 기독교, 유대교 등)가 표기된 손 사진을 보여주고 그 손이 바늘로 찔리는 장면을 관찰하게 했다. 전대상피질과 섬엽피질(고통의 정서적 경험을 대표하는 뇌 영역)의 활동은 자신과 같은 종교를 가진 사람들의 손을 볼 때 가장 높게 나타났다. 뇌의 공감 시스템은 실제로 같은 종교 집단에 속한 사람에게 더 강하게 작동하고, 다른 신앙을 가진 사람에게는 덜 강하게 작동한다.

사람을 다르게 보이게 하는 요인에는 또 무엇이 있을까? 안타깝게도, 떠올릴 수 있는 것이 많다. 이는 현대 사회의 문제이기도 하다. 최근 우리는 아웃그룹을 식별하는 데 점점 더 능숙해진 듯하다. 누군가의 정체성이 자신의 정체성과 맞지 않을 때 (예를 들어 투표 성향, 옷차림, 종교, 식습관 등이 다를 때) 그들을 다른 집단으로 분류한다. 사람들은 성적 지향이나 정치적 이념을 공유하는 사람에게 더 공감한다는 연구 결과가 있으며, 심지어 무의미한 정체성조차 공감 시스템에 영향을 줄 수 있다. 이글먼은 참가자들을 무작위로 '유스티니안Justinian'과 '어거스티니안Augustinian'이라는 두 집단으로 나눠 실험을 진행했다. 여기서도 뇌는 부족주의 패턴을 보였으며, 같은 집단 구성원에게 더 강하게 공감 회로를 가동했다.

    오늘날 세계는 점점 더 다양하고 이질적으로 변하고 있으며, 사람들 사이의 정서적 차이도 점점 더 커지고 있다. 이런 상황에서 우리는 공감을 잃어가거나 적어도 공감의 범위를 좁히고 있는지도 모른다. 배제할 이유가 많아질수록 우리는 서로를 덜 지지하게 되고, 이는 결국 사회 기능의 와해로 이어질 위험이 있다.

    인적이 드문 도로를 운전하고 가는데 차가 고장 나서 발을 동동 구르는 사람을 보게 됐다고 상상해보라. 1에서 10까지의 척도로, 당신이 차를 세우고 도움을 줄 가능성은 어느 정도인가? 이제 그 사람의 피부색이 당신과 다르고, 당신이 싫어하는 정치인을 지지하는 스티커를 차에 붙였으며, 당신과 다른 종교

상징을 목에 걸고 있다고 상상해보라. 다시 1에서 10까지의 척도로, 이번에는 도움을 줄 가능성이 어느 정도인가?

당신이 솔직하게 답한다면, 두 번째 수치는 첫 번째보다 낮을 것이다. 그렇다고 해서 당신이 괴물이거나 인종차별주의자, 배타주의자, 혐오자라는 뜻은 아니다. 단지 정상적으로 기능하는 인간 뇌를 가진 사람이라는 의미일 뿐이다. 두 번째 수치가 낮은 것은 가까운 이들을 보호하려는 뇌의 진화적 충동을 반영한 것일 뿐이지만, 오늘날에는 의미를 잃은 오래된 본능이다. 이는 우리를 갈라놓는 사회적 함정의 또 다른 예다. 그러나 아웃그룹에 덜 공감하는 경향이 자동적이라고 하더라도, 그다음에 무엇을 하느냐가 당신을 규정한다. 당신은 이 본능적 충동을 인식하고 마음속에 기록해둔 뒤에도 여전히 차를 세워 도움을 줄 수 있다. 공동체를 더 강하게 하고, 진정한 인간다움이 무엇인지 보여주는 것이 바로 이런 선택이다.

나는 우리가 의도적인 생각과 행동을 통해 공감을 키워갈 수 있다고 믿는다. 실제로 그 방법은 매우 단순하다. 누군가가 어려운 상황에 처한 것을 볼 때, 잠시 시간을 들여 그들의 경험을 이해하고자 노력하라. 인지적 공감을 작동시켜 그들이 무엇을 생각하고 있을지 떠올리고, 그 마음속에 어떤 정서가 뒤따를지 상상하라. 그 정서에 대한 인지적 이해가 충분히 단단해졌다면, 이제 그 안으로 직접 들어가 보라. 그 상황에서 당신은 어떻게 느낄까? 그들의 입장이 되어보자.

만약 잘 안된다면 자기-타자 중첩을 떠올려보라. 당신의 원과 그들의 원이 얼마나 겹치는가? 겹침이 거의 없다면, 두 원을 조금이라도 더 가깝게 할 수 있는 연결점을 찾아라. 그들 역시 당신처럼 아이를 키우는 부모일 수 있고, 같은 드라마를 즐기거나 같은 종의 반려견을 키울 수도 있다. 그것마저 통하지 않는다면, 그들을 당신과 가까운 사람(친구, 형제, 자녀)으로 바꿔 상상해보라. 이제는 그들의 정서를 더 잘 느낄 수 있지 않은가?

나에게 중요한 것은 공감하는 세상이다. 공감은 자리에서 일어나 타인을 돕게 하는 불꽃과 같다. 정말로 우리는 뇌의 진화적으로 각인된 경향을 핑계 삼아 타인을 덜 인간적으로 대해야 할까? 나는 그렇지 않다고 본다.

상호작용이 사라진 세상에서 뇌의 원시적 부족 본능이 우리를 더 갈라놓도록 내버려두어서는 안 된다. 서로 손을 내밀 때 세상은 분명 더 나아진다. 그러나 현대 문화의 변화 속도는 진화가 따라갈 수 없을 만큼 빠르며, 우리는 뒤처진 시스템을 안고 복잡한 세상을 살아가고 있다. 당신에게 묻고 싶다. 오래전 세계의 낡은 관습에 이끌려 고립으로 향하는 인간이 될 것인가, 아니면 진화를 앞지르고 주어진 신경 회로를 넘어서는 인간이 될 것인가? 사회적 연결을 통해 삶을 더 나은 방향으로 이끌고 싶다면 당신이 어떤 선택을 해야 할지는 분명하다.

핵심 정리

1. 감정은 관찰과 사회적 단서의 모방을 통해 사람들 사이를 오가면서 '전염된다.'
2. 인지적 공감은 타인의 정서와 내면 상태를 *이해하는* 것이고, 정서적 공감은 그들의 감정을 함께 느끼는 것이다.
3. 공감은 엄청난 강점이다. 공감은 타인의 생각과 감정을 즉각적으로 파악할 수 있게 해주기에 진화가 그것을 선택했다.
4. 공감은 주로 생애 초기의 경험을 통해 형성되지만 유전적 요인의 영향도 받는다. 공감 능력은 성인이 됐다고 해서 고정되는 것은 아니며 경험에 따라 변화할 수 있다.
5. 공감은 타인의 뇌 상태를 모델링하는 과정이다. 고통에 대한 공감이 그 예다.
6. 우리가 느끼는 공감의 정도는 다양한 사회적·환경적 요인에 좌우된다. 사람들은 자신과 비슷한 이들에게 더 많이 공감한다.

5

동물에게서 배우는 상호작용
인간은 더 잘할 수 있어

생쥐가 공감을 한다고?

박사 학위를 목표로 연구를 진행하던 신경과학자 모니크 스미스Monique Smith는 이후 자신의 진로를 완전히 바꿔놓을 놀라운 발견을 마주했다. 쥐를 대상으로 알코올 금단 증상을 연구하고 있었는데, 그 과정에서 예상치 못한 실험 결과를 얻은 것이다.

알코올 금단 증상은 과도한 음주를 이어가다가 갑자기 중단했을 때 나타난다. 이 증상을 겪는 일은 절대 유쾌하지 않다. 이 과정은 통각 과민hyperalgesia이라는 현상을 수반하기 때문에 오히려 매우 고통스럽다. 통각 과민은 통증에 대한 민감성이 증가하는 현상으로, 때로는 극적으로 심해지기도 한다. 그 결과 평소에는 통증을 유발하지 않던 자극에 불편함을 느끼고 스트레스를 받게 된다. 스미스는 알코올 금단 증상을 겪고 있는 쥐의 뇌를 관찰해 금단 증상의 원인을 생물학적으로 밝혀내려고 했다. 그러려면 먼저 쥐가 알코올에 의존하도록 만들어야 했다.

다행히 그 과정은 전혀 어렵지 않게 진행됐다. 스미스가 알코올 농도 3~10퍼센트(맥주와 비슷한 도수)의 음료를 용기에 담아 사육장에 넣어주자, 쥐들은 곧바로 술판을 벌였다. 이 쥐들이 각각 하루 동안 마신 음료의 양은 엄청났다. 인간 기준으로 환산하면, 체중 68킬로그램인 사람이 하루에 46잔을 들이켠 셈이었다. 이 쥐들이 알코올음료를 즐겼음은 의심의 여지가 없다. 이후 스미스는 그 쥐들이 그렇게 좋아하던 음료를 치워 금단 증상을 유도했고, 그렇게 쥐들을 통각 과민이라는 극도로 예민한 상태로 몰아넣었다.

쥐의 통증 민감도는 '폰 프라이 기계적 민감도 검사Von Frey mechanical sensitivity test'라는 방법으로 쉽게 측정할 수 있다. 이 검사는 다음과 같은 방식으로 진행된다. 철망 격자 위에 쥐를 올려놓는다. 연구자는 이 철망 격자 아래에서 쥐를 관찰할 수 있고, 건드릴 수도 있다. 연구자의 손에는 칫솔처럼 생겼지만 끝부분에 억센 털이 한 개만 달린 막대가 들려 있다. 이 막대는 양치질을 하는 데 사용하긴 힘들지만, 민감도 검사를 하는 데는 가장 적합한 도구다. 연구자가 막대의 털 부분을 쥐의 왼쪽 뒷발에 살짝 대면 쥐는 움찔하거나 발을 들어 올리거나 흔들거나 핥는 반응을 보인다. 이 반응은 '방금 자극을 느꼈고 썩 유쾌하지 않다'라는 신호다. 반응이 없으면 막대에 달린 털을 더 굵고 억센 털로 교체한다. 이런 식으로 쥐가 반응하는 시점을 확인하면 발의 민감도를 정밀하게 측정할 수 있다. 스미스는 금단 증상을 겪고 있는 쥐들이 가장 가늘고 부드러운 털에도 민감하게 반응하는 모습을 보고, 그 쥐들이 통각 과민 증상에 시달리고 있음을 확인했다.

하지만 이 시점에 그녀는 결정적인 문제에 직면했다. 알코올음료를 한 방울도 마시지 않은 대조군 쥐들 역시 과민한 반응을 보였기 때문이다. 도대체 왜 이런 일이 일어났을까? 어떻게 그 쥐들에게서도 통각 과민 증상이 나타나게 된 걸까?

스미스는 당시 상황에 대해 내게 이렇게 말했다. "처음엔 제가 실수한 줄 알았어요. 어쩌면 제가 그 쥐들에게 알코올음료를 주었을지도 모른다는 생각이 들었어요." 하지만 곧 이 혼란스러운 결과가 단순한 실수나 기술적 오류에 의한 것이 아니라는 판단을 내렸고, 오히려 이 결과에 더 집중하기 시작했다. 그녀는 이 결과가 혹시 실제 현상을 반영하는 건 아닐까 하는 의문을 품었다. 대조군 쥐들이 보인 과민 반응이 감정 전염 때문이라면? 옆에 있던 쥐들의 과민성을 대조군 쥐들이 함께 떠안은 건 아닐까? 마치 내가 가짜 치과 진료 실험에서 환자의 공포를 그대로 흡수했던 것처럼 말이다.

이 발상은 기존의 틀에서 벗어난 것이었다. 터무니없어 보이기도 했다. 하지만 실제로 이보다 더 터무니없어 보이는 생각이 옳은 것으로 판명되는 일도 드물지 않다. 대조군 쥐들은 알코올 금단 증상을 겪는 쥐들과 같은 방에서 케이지만 달리한 채로 지냈다. 게다가 이 두 그룹의 쥐들이 지내던 케이지는 격자 형태였기 때문에 냄새와 소리가 서로의 케이지로 자유롭게 퍼져 나갈 수 있었다. 어쩌면 대조군 쥐들은 옆 케이지에서 금단 증상을 겪고 있던 쥐들의 고통 신호를 감지하고, 그 불편함을 함께 짊어지고 있었던 것일지도 모른다.

스미스는 이 생각을 실험을 통해 확인하기로 했다. 이번에는 대조군 쥐들을 별도의 방에 배치해 냄새나 소리, 사회적 단서가 전달되지 않도록 했다. 그러자 놀랍게도 문제가 풀렸다. 대조군 쥐들이 더는 과민성을 보이지 않았다. 엉뚱해 보였던 가설이 옳다는 쪽으로 기울었다. 대조군 쥐들은 옆에서 지내던 쥐들의 불편한 경험을 함께 떠안고 있었던 것이다. 그녀는 실험으로 문제를 해결했지만, 다시 알코올 금단 증상 연구로 돌아갈 수는 없었다. 이 발견은 무시하기에는 너무도 매력적이었기 때문이다.

쥐들이 실제로 서로의 상태를 받아들였다면 이는 공감에 가까운 현상으로 볼 수 있다. 정글에서 당신과 함께 걷던 친구가 가시를 밟았을 때 당신이 불편감을 느낀 상황과 비슷하다. 그렇다면 정말 쥐들에게도 이런 일이 일어난 걸까? 쥐들은 서로의 고통을 일부 공유한 걸까?

스미스는 이를 확인하기 위해 다시 한번 실험을 진행했다. 이번에는 알코올 금단 증상을 겪고 있는 쥐들이 아니라 실제 통증을 겪고 있는 쥐들을 대상으로 했다. 한쪽 발에 생긴 관절염 때문에 심한 고통을 겪고 있는 쥐들이었다. 이 쥐들과 건강한 대조군 쥐들을 같은 방에 두었는데, 그 결과는 명확했다. 며칠이 지나자 건강한 쥐들 역시 관절염을 앓는 듯한 행동을 보이기 시작했다. 가느다란 솔로 발을 살짝 건드리기만 해도 발을 털거나 핥는 반응을 보였다. 너무나 경이로운 일이 벌어졌다.

스미스 박사의 이 발견은 우리에게 매우 중요한 사실을 알려준다. 사람들 대부분이 징그럽고 불결한 동물, 우리와는 근본적으로 다르다고 여기는 이 작고 단순한 생명체가 서로의 감정을 느끼로 공유할 수 있다는 점이다.

그녀는 이 현상을 통증의 *사회적 전이*social transfer of pain라고 명명하고, 연구의 초점을 이 현상으로 옮겼다. 박사 과정을 마친 뒤에는 스탠퍼드대학교로 자리를 옮겨 공감하는 쥐의 뇌에서 무슨 일이 일어나는지 연구했다. 그 연구를 통해 그녀는 통증의 사회적 전이가 일어나기 위해서는 인간의 공감 연구에서 확인된 것과 같은 뇌 회로가 작동할 수밖에 없다는 자신의 가설을 확인했다. 건강한 쥐가 관절염에 걸린 쥐와 상호작용할 때, 다른 건강한 쥐와 상호작용할 때보다 전대상피질(인간의 공감 연구에서도 동일하게 드러난 그 뇌 영역 맞다)의 활동이 두 배 이상 증가했다. 또한 광유전학$_{optogenetics}$('빛'과 '유전자'를 결합한 신경과학 기술로, 빛을 활용해 뉴런을 활성화하거나 억제하는 방식을 말한다 - 옮긴이) 도구를 사용해 전대상피질의 활동을 억제하자, 쥐들은 더 이상 서로의 고통을 받아들이지 않았다. 이 결과는 전대상피질이 쥐들의 공감 유사 행동을 가능하게 하는 데 필수적인 역할을 한다는 사실을 보여준다.

그 후 스미스는 공감이 전대상피질만으로는 생성되지 않는다는 사실도 밝혀냈다. 공감을 만들어낼 때 전대상피질은 동기와 보상에 관여하는 측좌핵(앞서 설명했듯이, M&M 초콜릿처럼 보이는 뇌 영역)에 중요한 신호를 보낸다. 스미스 박사는 이 두 영역의 중요한 연관 관계, 즉 이들 영역이 협력해 공감을 만들어낸다는 사실을 발견했다고 할 수 있다. 게다가 그녀가 쥐에서 실제로 공감의 한 형태를 발견했다는 증거가 차곡차곡 쌓여가면서 공감은 인간만의 고유한 힘이라는 오래된 통념이 근본적으로 흔들리기 시작했다.

그때 나는 스탠퍼드에서 거의 5,000킬로미터 떨어진 뉴욕주 버펄로 캠퍼스의 연구실 책상 앞에 앉아 그녀의 논문을 읽으며 놀라움을 금치 못했다. 그 논문은 내가 읽은 모든 논문 중에서 손꼽을 정도로 멋지면서도 믿기 힘든 것이었다. 당시 나는 내가 얼마 뒤에 스탠퍼드대학교에서 롭 말렌카Rob Malenka 박사와 함께 연구하게 될 줄은 꿈에도 생각하지 못했다. 말렌카 박사의 연구실이 바로 스미스 박사가 연구하던 곳이었다. 그곳에서 나는 그녀를 만났고, 너무나 운 좋게도 공감에 관한 새로운 연구를 함께 개척하게 됐다(이 이야기는 9장에서 다룬다).

동정에서 연민까지, 네 단계의 고차원적 감정

물론 인간의 공감은 스미스 박사가 쥐 실험에서 발견한 것보다 훨씬 더 깊고 복잡하다. 우리는 단순히 다른 사람의 관점에서 세상을 바라보며 그들의 감정을 짐작하는 데 그치지 않고, 실제로 행동에 나선다. 우리는 고통받는 동료를 돕거나 위로하려는 욕구에 자주 이끌린다. 이는 공감을 넘어서는 단계다.

연구자들은 이를 연민compassion이라는 말로 설명한다. 연민은 공감보다 한 단계 높은 곳에 자리하는 감정이다. 타인을 돕고자 하는 욕구를 포함하기 때문이다. 타인에게 마음을 쓰는 과정을 계단에 비유한다면 연민은 그중 가장 높은 칸에 해당한다.

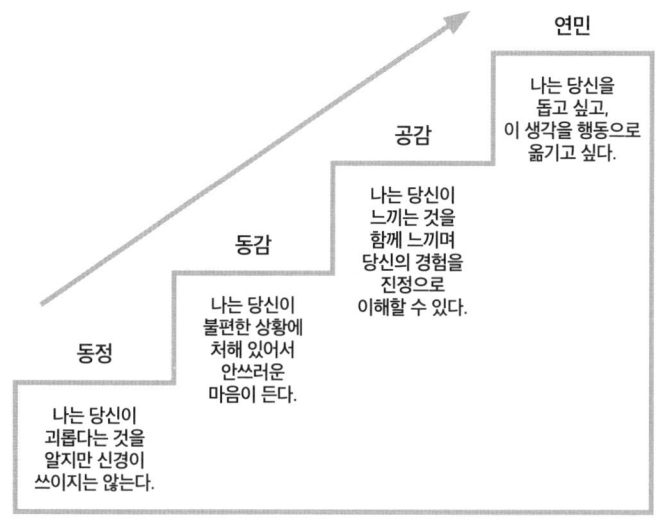

계단의 맨 아래 칸에는 동정$_{pity}$이 자리한다. 동정은 타인의 불행을 알아차리긴 하지만 정서적으로는 타인과 분리돼 있는 상태다. 이를테면 집 안에 들어온 말벌이 창문에 부딪히며 윙윙거리는 모습을 보면 그 곤충이 좋지 않은 상황에 처해 있다는 것을 알 수 있다. 하지만 우리는 그 말벌이 불쌍하다고 생각하지는 않는다. 이 상황에서 우리는 그 결과가 어떻든, 즉 말벌이 탈출하든 갇힌 채 죽든 별로 마음이 쓰이지 않는다. 이게 바로 동정이다.

동정의 바로 위 칸에는 동감$_{sympathy}$이 자리한다. 동감이란 누군가가 처해 있는 상황을 이해하면서 진심으로 안쓰러움을 느끼는 것이다. 바로 이 안쓰러운 마음이 동감과 동정을 구분 짓는 특징이다. 그러나 동감에는 공감처럼 상대방의 감정을 그대로 공유하는 과정은 포함되지 않는다.

공감은, 지금까지 살펴봤듯이, 타인의 경험을 실제로 함께 나누는 것이다. 또한 타인의 감정을 이해하고 그 감정을 그대로 받아들이는 것이다.

이 계단의 마지막 단계가 바로 연민이다. 연민은 타인의 고통에 행동으로 반응하고자 하는 욕구가 포함된 유일한 단계다. 다시 말해 연민은 타인의 고통을 덜어주고자 하는 의지를 특징으로 한다. 인간은 바로 이 점에 큰 자부심을 느낀다. 우리는 병든 동물을 구조해 건강을 회복하도록 돌보고, 도움이 필요한 이들에게 따뜻한 음식을 제공하며, 심지어 이웃을 구하려고 불타는 집에 뛰어들기도 한다. 연민을 행동으로 옮기면서 인간이라는 사실을 자랑스럽게 생각하곤 한다.

그렇다면 쥐들은 이런 감정을 느낄 수 없는 걸까? 연민은 진정으로 인간만의 특성일까, 아니면 동물도 연민을 느낄 수 있을까? 스미스 박사의 실험에서 쥐들이 공감을 넘어 연민에까지 이르렀던 건 아닐까? 아니면 쥐들의 사회적 능력의 한계는 딱 거기까지였던 걸까?

우리는 인간만이 연민을 느낀다고 생각하고 싶어 한다. 하지만 지구상에는 인간 외에도 이 능력을 지닌 종이 많다. 동물이 연민을 보이는 사례는 이미 수없이 보고됐다. 제브라피시, 영장류, 코끼리 등 다양한 종에서 연민적 행동이 관찰됐다는 사실이 여러 학술 논문을 통해 발표된 바 있다.

내가 방금 제브라피시와 연민이라는 단어를 같은 문장에 넣은 것에 당신은 놀랐을지도 모르겠다. 제대로 쓴 문장 맞다. 제브라피시는 잉엇과에 속하는 아주 작은 물고기이지만, 실제로 연민과 비슷한 행동을 보인다. 제브라피시 한 마리가 두려움에 사로잡히면 주변 개체들이 그 곁에 더 가까이 머무는 경향이 있다. 이는 제브라피시 나름의 위로 방식으로 보인다. 우리가 다른 사람에게 하는 그 위로 말이다. 예를 들어 누군가가 당신 앞에서 울음을 터뜨리면 당신은 그를 안아주거나 손을 잡아주면서 위로한다. 이런 신체적 접촉은 정서적 고통을 완화하는 데 도움을 줄 수 있다. 제브라피시의 경우 곁에서 함께 헤엄치는 것이 이와 비슷한 역할을 할 수 있다. 곰곰이 생각해보면 충분히 이해되는 일이다. 물고기들은 본래 무리를 지어 다니며 안전을 확보하기 때문이다. 따라서 불안에 빠진 개체 주위로 모여드는 행동은 그 개체에게 안전하고 보호받는다고 느끼게 함으로써 그 개체가 느끼는 불편감을 줄여줄 수 있다.

지금도 내 말이 믿기지 않는다는 사람들을 위해 결정적인 증거를 제시해보겠다. 연구진이 제브라피시에게서 옥시토신 또는 옥시토신 수용체 유전자를 제거하자, 이 물고기들은 두려움에 사로잡힌 동료 곁에 머무는 행동을 그만뒀다. **제브라피시처럼 단순한 유기체조차 연민을 보일 수 있으며, 그 원동력은 인간의 뇌가 사회적 연결을 위해 활용하는 바로 그 분자인 옥시토신이라는 사실이 드러난 것이다.**

제브라피시조차 이런 행동을 한다면, 설치류가 서로를 위로하는 모습이 관찰됐다는 사실은 전혀 놀랍지 않을 것이다. 프레리들쥐는 평생토록 단 한 개체하고만 짝을 이룬다. 암컷과 수컷이 한번 짝을 이루면 평생을 함께하고, 단순히 교미하는 차원을 넘어 서로를 돌보고 협력해서 양육하며 깊은 사회적·정서적 유대를 유지한다. 심지어 암컷이 죽더라도 수컷은 새로운 짝을 찾지 않는다는 보고도 있다. 눈물 나지 않는가?

이처럼 다정하고 온순한 생물답게, 프레리들쥐는 스트레스를 겪은 짝을 위로하는 행동을 보이는 것으로 밝혀졌다. 예를 들어 프레리들쥐는 짝이 힘든 경험을 하고 나면, 그 곁에 다가가 부드럽게 핥아주며 불안을 달래준다. 흥미로운 사실은 이 동물이 형제자매에게도 이런 행동을 하지만 낯선 개체에게는 그러지 않는다는 것이다. 인간과 마찬가지로, 프레리들쥐도 자신과 가장 가까운 개체들에게만 공감과 연민을 느끼는 것으로 보인다. 게다가 옥시토신 신호를 차단하면 프레리들쥐도 서로를 위로하지 않았고, 공감과 관련된 뇌 영역인 전대상피질에서만 옥시토신을 차단해도 연민 행동을 더는 하지 않았다.

어쩌면 스미스 박사의 실험용 쥐에게서 연민을 기대하는 것이 잘못된 일은 아니었을지도 모른다. 실제로 쥐들에게서 놀라울 만큼 친절하고 이타적인 행동이 관찰된 적이 있다. 예를 들어 한 실험에서 쥐에게 하네스를 채워 공중에 불편하게 떠 있게 하자, 주변에 있던 쥐들이 레버를 눌러 그 쥐를 안전하게 내려주는 모습이 관찰됐다. 다른 연구에서는 쥐들에게 어려운 선택을 제시했다. 1번 우리를 열어 갇혀 있는 쥐를 풀어주거나, 2번 우리를 열어 초콜릿을 얻는 것이었다. 당신이라면 어떻게 했을까?

쥐들은 할 수 있는 가장 다정한 행동을 했다. 두 개의 우리를 모두 열어 갇힌 쥐를 풀어주고 초콜릿을 함께 나눠 먹은 것이다. 정말 믿기 어려운 일 아닌가? 도대체 이 쥐들은 어디서 그런 예절을 배운 걸까?

솔직히 말해서, 이는 인간이 본받아야 할 훌륭한 행동이다. 만약 같은 상황에서 유치원생인 내 아이가 반 친구를 풀어주고 초콜릿을 나누어주었다면, 나는 너무나 자랑스러워했을 것이다. 하지만 지금 우리가 이야기하는 건 유치원생이 아니라 쥐다.

동료의 고통을 감지하고 도움을 주는 것과 아무 이유 없이 초콜릿을 나눠주는 건 완전히 다른 차원의 일이다. 이는 연민을 넘어 관대함$_{generosity}$에 근접하는 행동으로 보인다. 믿기 어렵겠지만, 다른 연구에서도 쥐가 관대함을 보인다는 사실이 밝혀졌다. 한 연구에서는 쥐에게 두 가지 선택지를 주었다. 자기만 간식을 먹거나, 자기 간식을 먹으면서 다른 쥐에게도 하나를 주는 것이다. 놀랍게도 대부분의 쥐가 관대한 선택을 했다. 심지어 연구진이 관대해지는 데 더 많은 노력이 들도록 설정했을 때조차 대다수의 쥐가 여전히 나눔을 선택했다.

나는 이 연구가 지구 생명체의 본질이 서로에 대한 공감과 돌봄에 있음을 보여준다고 믿는다. 이는 과학적으로도 비교적 새로운 발견이다. 1900년대까지만 해도, 사람들은 동물 대부분이 고통조차 느끼지 못한다고 흔히 생각했다. 하지만 현재 우리는 동물이 고통을 느낄 뿐 아니라 서로의 고통을 감지할 수도 있음을 알고 있다. 지금은 우리가 당연하게 여기지만 한 세기 뒤에는 비웃음의 대상이 될 통념들이 무엇일지 궁금해진다.

또한 이런 생각도 든다. 만약 서로를 덫에서 구해주고 간식을 나누는 것이 많은 지구 생명체의 표준적인 행동이라면, 왜 우리 인간은 그런 공감과 나눔을 지금처럼 드물게 하게 됐을까? 지적 능력에서는 인간이 동물들보다 앞설지 모르지만, 친절함과 동반자 의식에서는 그들을 능가하지 못하는 게 아닐까? 오히려 우리의 뛰어난 인지 능력이 걸림돌이 된 건 아닐까? 하나의 종으로서 더 많이 건설하고 성장하며 새로운 높이에 도달하려는 여정 속에서 우리는 오히려 가장 기본적인 사회적 속성들을 잃어가고 있는 건 아닐까? **분열은 뇌 건강의 적이라는 점**을 고려할 때, 우리는 도대체 무엇을 하고 있는 걸까? 왜 우리는 이렇게 서로 멀어지려고만 할까? 분열을 선택해서 얻은 게 무엇인가. 나빠진 기분, 망가진 건강, 서로를 더 적게 돌보는 세상…, 그게 전부 아닌가?

연민은 인간 고유의 특성일까?

프랑스 파리에서 북서쪽으로 몇 킬로미터 떨어진 낭테르에서 한 연구팀이 진행한 실험을 살펴보자. 이 실험은 병코돌고래 여섯 마리를 대상으로, 앞서 소개한 쥐 실험처럼 관대함을 측정하기 위한 것이었다. 돌고래는 세 가지 선택을 할 수 있었다. 첫째, 이기적 선택(자기만 보상받음). 둘째, 관대한 선택(자신도 보상받고 다른 돌고래도 보상받음). 셋째, 폭력적 선택(어떤 돌고래도 보상받지 못함). 결과는 쥐 실험과 비슷했다. 돌고래들도 대체로 관대한 선택을 했다. 하지만 이 실험에서 흥미로운 결과가 하나 나왔다. 이 돌고래들은 이성 돌고래와 보상을 나누는 데 훨씬 더 관대했다. 상대가 동성일 때는 약 25퍼센트가 관대한 선택을 했지만, 이성일 때는 그 비율이 거의 70퍼센트에 달했다. 돌고래 사회에서는 아직 기사도가 남아 있는 듯하다. 이런 경향은 인간에게서도 발견되는데, 인간 남성은 여성이 옆에 있을 때 자선 단체에 더 많은 기부를 하려는 경향을 보인다. 돌고래도 우리와 마찬가지로 친절을 통해 잠재적 짝의 호감을 얻을 수 있다고 여기는 듯하다.

더 흥미로운 점은 새끼가 곁에 있을 때 돌고래의 친절함이 극적으로 증가했다는 사실이다. 새끼가 옆에 있으면 돌고래는 90퍼센트가 넘는 확률로 관대한 선택을 했다. 반대로 다른 성체 돌고래가 지켜볼 때는 그 비율이 약 20퍼센트로 급격히 떨어졌다. 동물 연구에서는 언제나 신중해야 하며, 특히 인간적 특성을 동물에게 투사하는 의인화*anthropomorphizing*는 피하는 것이 원칙이다. 그러나 이번 경우에는 의인화를 피하기가 어렵다. 왜 돌고래는 새끼 앞에서 다른 돌고래에게 더 관대해지는 걸까? 내가 보기에 답은 단 하나이며, 그것은 부정할 수 없을 만큼 인간적인 이유다. 바로 좋은 행동을 본보기로 보여주고 가르치기 위해서다.

이 지점에서 다시금 인간을 돌아보게 된다. 우리는 얼마나 자주 아이들에게 좋은 행동을 본보기로 보여줄까? 아이와 함께 계산대 줄에 서 있을 때, 계산할 물건이 몇 개 없는 사람에게 먼저 계산하라고 양보하는가? 버스에서 노인에게 자리를 양보하며 연민을 가르치는가? 돌고래 사회는 인간 사회만큼 구조가 복잡하지 않을 것이다. 그런데도 돌고래는 새끼가 지켜보는 상황에서는 가장 훌륭한 모습을 보여주려 한다. 그들은 인간에게는 없는 어떤 이점을 가진 걸까? 어쩌면 우리가 본래의 생물학적 본능에서 멀어져 현대 사회의 압력이 강요하는 이기적 충동에 지배당한 건 아닐까?

공감의 증거는 코끼리에게서도 확실하게 발견된다. 코끼리는 공감과 연관된 폰 에코노모 뉴런을 뇌에 지닌 몇 안 되는 종 가운데 하나다(인간이 그중 하나다). 케냐 남부에서 2,200마리가 넘는 코끼리 집단을 대상으로 35년에 걸친 연구가 진행됐고, 그 과정에서 수많은 공감 행동이 관찰됐다. 125건이 넘는 사례 보고서에는 어미가 새끼를 신체적 접촉으로 달래는 장면 같은 위로 행동이 기록돼 있다. 코끼리들은 너무 어리거나 상처를 입어 맹수로부터 자신을 방어할 수 없는 개체를 지켜주는 모습도 자주 보였다. 새끼가 넘어지면 성체가 자기 코로 일으켜 세워주었고, 새끼가 강이나 도랑에 빠졌을 때 성체가 상아로 강둑을 파내 새끼가 스스로 기어 나올 수 있는 통로를 만들어준 것도 열다섯 차례나 목격됐다.

이런 행동들은 모두 공감을 전제로 한다. 어미가 새끼를 위로하려면, 먼저 새끼의 감정 상태를 파악해 그가 위로를 필요로 한다는 사실을 인식해야 한다. 한 개체가 다른 개체를 위험으로부터 보호하려면 상대가 스스로 방어할 수 없다는 사실을 이해해야 한다. 새끼가 빠져나올 수 있도록 성체가 통로를 만들어준 경우에는 작은 개체의 관점에서 세계를 바라봐야 했다. 이는 곧 마음 이론theory of mind, 즉 타인이 자신과는 다른 고유한 생각을 지니고 있다는 사실을 이해하는 능력을 필요로 한다. 앞에서 정원용품 매장에서 내가 한 직원의 이름을 부르자, 내가 자신의 이름표를 본 것을 모르는 그 직원이 당황스러워했다는 얘기를 한 적이 있다. 그 상황에서 내가 그녀의 관점으로 상황을 바라볼 수 있었던 것도 마음 이론 덕분이다. 코끼리의 경우에도 성체는 새끼의 시각으로 세상을 바라보며 지형을 어떻게 바꿔야 탈출할 수 있는지를 이해해야 했다. 언뜻 단순해 보이지만, 상당히 고차원적인 능력이다. 실제로 인간은 유치원 시기에 이르러서야 마음 이론을 발달시키기 시작하며, 6~8세 무렵까지 발달이 이어진다. 인간 아이조차 아직 터득하지 못한 능력을 코끼리가 보여줄 수 있다니, 경이롭지 않은가?

∞

마지막으로 동물계의 최상위 단계인 영장류를 살펴보자. 원숭이와 유인원은 인간과 가장 가까운 종이므로, 그들이 인간과 비슷한 사회적 행동을 보인다는 사실은 놀랍지 않다. 침팬지는 다툰 후 서로 입을 맞추거나 껴안으며 화해하고, 붉은털원숭이는 다른 개체가 전기 충격을 받게 될 상황이라면 자신이 간식을 받는 일을 포기하기도 한다.

침팬지들은 마음 이론도 보여주는데, 이를 입증한 기발한 연구가 있다. 연구진은 두 마리의 침팬지를 인접한 두 방에 각각 두었는데, 방 사이에는 투명한 유리 칸막이가 있고 칸막이 가운데에는 침팬지들이 서로에게 손을 뻗을 수 있는 구멍이 있었다. 한 방에 있는 침팬지에게는 주스를 주었지만 빨대는 주지 않았다. 옆방에 있는 침팬지에게는 도구 일곱 개가 들어 있는 상자를 주었는데, 그 안에는 빨대도 있었다. 놀랍게도 이 침팬지는 정확하게 빨대를 골라 옆방 침팬지에게 건네주었고, 옆방 침팬지는 그 빨대를 꽂아 주스를 맛있게 마셨다. 이는 마음 이론을 명확히 보여주는 사례. 상대방이 겪는 문제를 이해하고 그에 적합한 도구를 선택해 해결해준 것이다. 당신이 아이를 키우고 있다면 집에서 같은 실험을 해보라. 만약 다섯 살 미만이라면 이 과제를 풀기 어려워할 수 있다.

원숭이들의 연민 행동을 확실하게 보여주는 사례도 있다. 브라질 남동부의 한 영장류 자연보호구역에서 연구진은 2003년부터 검은이마티티원숭이의 보호 개체군을 관찰해왔다. 수년간 과학자들은 이 원숭이들이 서로 사이가 좋지 않은 여러 집단으로 나뉘어 살아가는 모습을 관찰해 기록했다. 연구진의 표현에 따르면 이 원숭이들은 "집단 간 관용 수준이 매우 낮아" 마치 라이벌 스포츠팀 팬들처럼 보였다. 2011년, 두 집단 사이에 자원 경쟁이 벌어지면서 갈등이 격화됐다. 싸움이 잦아졌고, 그

와중에 한 수컷이 상대 집단의 암컷을 괴롭히다가 반격을 당했다. 얼마 지나지 않아 연구진은 그 수컷이 이상하게 행동하는 것을 발견했다. 그 수컷은 잘 걷지 못했고, 자주 누워 있었으며, 나무에 오르는 것도 힘들어했다. 싸움 당시의 반격으로 상처를 입은 것이다. 그러던 어느 날, 이 수컷이 경쟁 집단 주변을 어슬렁거렸다. 평소라면 경쟁 집단 원숭이들이 소리를 지르면서 공격적인 행동을 했겠지만, 그날은 달랐다. 경쟁 집단의 원숭이들은 그 수컷이 그냥 그렇게 따라다니도록 놔두었다. 이 수컷은 경쟁 집단이 이동할 때마다 계속 따라다녔는데, 놀랍게도 경쟁 집단의 원숭이들은 그런 수컷을 제지하지 않았다. 부상 때문에 그 수컷은 숲 바닥에 누워 쉬곤 했는데, 그럴 때마다 멈춰 서서 그를 기다려주기까지 했다.

밤이 되자 경쟁 집단의 원숭이들은 누워서 쉬기 시작했다. 그때 절뚝거리는 수컷이 과감하게 그 원숭이들이 자고 있는 곳으로 들어섰고, 놀라운 일이 벌어졌다. 그 수컷은 자신을 다치게 했던 암컷에게 다가가 몸을 기대고 꼬리를 그 암컷의 꼬리와 엮었다. 그러자 암컷이 그 수컷의 털을 골라주기 시작했다. 암컷의 짝인 수컷 원숭이가 옆에서 그 장면을 지켜보고 있었지만 별다른 반응을 보이지 않았다. 곧 두 마리는 떨어졌고 집단은 차츰 잠이 들었다. 그 이후로 부상당한 수컷은 다시는 목격되지 않았다. 아마도 그날 밤 세상을 떠난 것으로 보인다.

이 이야기는 감동적이면서도 비극적이다. 도움이 절실한 순간에 경쟁 집단은 부족 본능을 내려놓고 적에게 도움과 위로를 건넸다. 이 원숭이들의 공감과 연민 덕분에, 상처를 입은 수컷은 삶의 마지막 시간을 한 집단 안에서 보낼 수 있었다. 이 원숭이들은 수컷의 자율성과 경계를 존중하며 그가 원치 않는 접촉이나 간섭을 피했다. 그러면서도 그를 집단의 일원으로 받아들였다. 아마도 이 수컷은 생애 처음으로 그런 소속과 환대를 경험했을 것이다.

이 이야기를 읽고도 동물이 공감과 연민을 경험한다는 것을 믿지 않기는 힘들 것이다. 동물도 인간처럼 복잡한 존재다. 동물도 다른 개체의 감정을 이해하고, 상황 변화에 맞춰 생각을 바꿀 수 있다. 연민은 우리 인간의 전유물이 아님이 확실하다. 오히려 연민은 우리 종이 출현하기 이전부터 존재해온 특성일 가능성이 크다. 다시 말해 연민은 우리보다 훨씬 앞서 다른 동물에게서 진화했고, 우리는 단지 그것을 물려받았을 뿐이다.

종을 불문하고 새끼에 대해서는 모두가 한마음

하지만 모든 동물에게 공감 능력이 있다고 단정하기는 아직 이르다. 그 전에 고려해야 할 가능성이 하나 있다. 공감과 연민은 동물계 전반에 보편적으로 존재하는 특성이 아닐 수 있으며, 아마도 몇몇 예외가 있을 것이다.

닭이 바로 그런 예외로 보인다. 한 연구는 닭들에게 서로가 불쾌한 자극을 받는 장면을 지켜보게 함으로써 공감 능력을 시험했다. 이 실험에서 닭들은 얼굴 쪽으로 공기가 뿜어져 나오는 상황에 노출됐다. 이런 자극을 직접 받으면 닭은 심박수 증가와 같은 뚜렷한 스트레스 반응을 보인다. 그러나 다른 닭이 자극을 받는 모습을 지켜볼 때는 무심하게 발톱으로 흙을 헤치며 별다른 변화를 보이지 않았다. 성체 닭은 다른 성체에 대해 눈에 띄는 공감 반응을 나타내지 않았다. 하지만 병아리에 대해서는 달랐다. 어미 닭은 자신의 새끼가 공기 자극을 받는 것을 봤을 때 심박수 증가와 안구 온도 저하(닭에게 스트레스를 나타내는 신호)를 보이며 공감을 드러냈다.

어미 닭이 다른 성체보다 자기 새끼에게 더 강한 공감 행동을 보이는 이유는 이해하기가 어렵지 않다. 새끼를 돌보는 일은 무엇보다 중요하기 때문이다. 인간 역시 자녀의 상태에 특별히 민감하다. 그러나 인간과 달리 닭은 성체 동료에게는 공감하지 않는 듯하다.

나는 공감이 종마다 다르게 나타날 수 있음을 강조하기 위해 이 이야기를 하고 있다. 본질적으로 공감은 다른 개체를 돌보는 행동을 촉진하기 위해 진화한 특성 가운데 하나다. 그렇다면, 서로 다른 동물은 서로 다른 진화적 압력을 경험하기 때문에 종마다 공감의 양상이 다를 가능성이 있다.

인간은 아마도 공감 능력이 매우 뛰어난 종에 속할 것이다. 공감 능력은 우리가 존중해야 할 소중한 선물이다. 그것은 강점이며, 어쩌면 초능력이라고 해도 될 것이다. 나는 우리 종이 공감이라는 진화적 전통을 이어가고 과거로부터 전해진 이 선물을 온전히 누리기를 바란다. 그러지 않으면 우리 모두 닭처럼 돼버릴지도 모르기 때문이다.

◎

이 장을 읽으면서 내가 인류를 깎아내리거나 당신을 불편하게 하려고 한다고 느꼈을지도 모르겠다. 하지만 절대 그렇지 않다. 내가 진정으로 의미 있다고 여기는 사실을 강조하고 싶었을 뿐이다. 제브라피시든 들쥐든 티티원숭이든, 지구상에서 다양한 생물학적 힘이 서로 얽혀 만들어낸 생명체는 대체로 친절하고 연민을 느낄 줄 알며 심지어 관대하기까지 하다. 지능 수준이 극적으로 다른 이 수많은 종이 모두 공감과 연민을 느낄 수 있다는 사실은 경이롭기까지 하다. 다른 개체와 함께하려는 욕구는 생명의 가장 기본적인 수준, 즉 개별 세포에서도 드러난다고 말할 수 있다. 예를 들어 심장 세포들을 함께 접시에 담아두면, 그 세포들은 서로 모여 군집을 이뤄 같은 박동수로 뛰기 시작한다. 뇌세포도 적절한 환경이 제공되면 무리를 형성하며 뇌처럼 생긴 작은 구조를 만들어낸다. 만약 모든 생명체의 기본 상태가 통합이라면, 우리는 어째서 이토록 분열돼버린 걸까? 우리는 같은 인간에게 제브라피시가 동료에게 보여주는 만큼의 존중조차 보여주지 못할 때가 얼마나 많은가? 우리의 지성이 이런 기본적인 생물학적 본성을 억제하면서 더 높은 차원의 공감과 연민으로 나아가는 길을 가로막고 있는 건 아닐까?

이 시점에서 자신에게 한번 물어보자. 당신은 낯선 사람을 위험에서 구하거나, 정치적인 성향이 반대인 사람이 다쳤을 때 그를 기꺼이 위로할 수 있는가? 자신만을 위해 돈을 쓰거나 음식을 먹는 것이 훨씬 쉬운데도 다른 사람과 나눌 수 있는가? 이 장은 동물도 인간처럼 공감이나 연민에서 비롯된 행동을 할 수 있는지에 대한 질문으로 시작했다. 하지만 이제는 정작 우리가 그런 행동을 하고 있는지를 자문해야 할 것 같다. 과연 우리는 문명사회에 살면서 '인간적'이라고 스스로 자랑스럽게 여기는 이타적이고 친사회적인 성향을 여전히 간직하고 있는가? 우리는 정말로 우리가 이런 성향을 가지고 있다고 주장할 자격이 있을까?

우리가 최고의 모습과 가장 건강한 상태에 이르기 위해서는 우리를 가로막는 장벽을 제대로 인식하고 그것을 극복할 방법을 찾아야 한다. 우리는 놀라울 만큼 강력한 뇌를 가지고 있으며, 그 사실을 자랑스럽게 여겨야 한다. 우리는 인류다. 지구의 개척자이자 건설자다. 그러나 이 놀라운 능력을 자기 발목을 잡는 데 쓰고 있는 듯하다.

우리의 강력한 뇌는 먼 옛날 뇌가 처음 만들어졌을 때의 환경과 전혀 다른 현대의 환경에 내던져져 길을 잃고 있다. 그 결과 본래의 생물학적 기능을 온전히 발휘하지 못하고 있다. 우리는 끊임없이 혁신을 추구하면서 가능한 모든 방향으로 확장하려는 확고한 의지 때문에 오히려 서로를 멀리하고 있다. 하지만 우리는 더 나은 존재가 될 자격이 있으며, 실제로 더 나아질 수 있다.

인간과 동물을 결정적으로 구분 짓는 것은 지적 능력이다. 우리가 자신을 연구할 수 있다는 사실이 놀랍지 않은가? 우리 뇌와 우리가 사는 공동체에서 어떤 일이 일어나는지 연구할 수 있고, 그 연구 결과를 활용해 더 나은 세상을 설계할 수 있다. 제브라피시, 들쥐, 코끼리, 원숭이에게는 없는 우리에게만 있는 뛰어난 지적 능력은 바로 그렇게 활용돼야 한다. 역경 속에서 장애물을 넘어 앞으로 나아가는 것은 인간의 본질적인 능력이다. 우리는 자연이 우리에게 준 이 선물에 경의를 표해야 한다. 그 방법은 우리가 다시 함께함으로써 사회적 연결이 주는 혜택을 누릴 수 있는 시스템을 구축하는 것이다. 그것이야말로 우리가 인간다움을 회복할 수 있는 길이다.

핵심 정리

1. 쥐들도 서로의 고통을 함께 겪는다. 이 과정은 공감과 비슷하며, 공감 관련 뇌 영역이 관여한다.
2. 동정, 동감, 공감, 연민은 뚜렷하게 구별되는 개념이다. 다른 개체의 감정에 대한 관심은 동정에서 가장 적게 개입되며, 연민에서 가장 많이 개입된다.
3. 제브라피시에서 코끼리에 이르기까지 다양한 동물이 공감과 연민의 징후를 보인다.

6

가상 세계
온라인 상호작용에서 우리는 무엇을 얻는가

    기원전 500년 무렵, 페르시아 제국의 아토사 여왕은 역사적으로 중대한 편지를 썼다. 이 편지가 유명해진 이유는 내용 때문이 아니다. 사실, 역사가들조차 그녀가 뭐라고 썼는지는 알지 못한다. 이 편지가 주목받는 이유는 전혀 다른 데 있다. 바로, 인류 역사상 최초의 편지로 추정된다는 것이다.

    아토사 여왕이 펜을 들어 편지를 쓰는 순간, 인류의 역사는 변화의 한 걸음을 내디뎠다. 사람들이 그녀를 본받아 편지를 쓰기 시작했기 때문이다. 역사학자 브리드 맥그래스Bríd McGrath에 따르면 이는 편지 쓰기라는 '장르를 확립한' 사건이었다. 여왕과 그녀의 추종자들은 자신들이 쓴 편지가 인류 역사에서 얼굴을 직접 맞대지 않는 최초의 의사소통 수단이라는 것을 알지 못했고, 편지가 가장 지배적인 의사소통 수단으로 자리 잡으리라고 예상하지도 못했을 것이다. 분명 아토사는 자신이 무슨 일을 했는지 전혀 알지 못했을 것이다. 하지만 최초로 편지를 씀으로써 사람들이 상호작용하는 방식을 근본적으로 바꿔놓았고, 그 결과 이후 수천 년에 걸쳐 사람들은 점점 더 공간의 제약을 받지 않는nonlocal 방식으로 상호작용하게 됐다. 돌이켜보면, 이 모든 변화는 피할 수 없는 것이었다.

그로부터 약 2,400년이 지난 1880년대, 전화기가 발명되면서 사람들은 문자가 아닌 음성으로 원격 상호작용을 할 수 있게 됐다. 이어 1937년에는 워키토키가 발명됐고, 1971년에는 최초의 이메일이 전송됐다. 그리고 2000년대 초 마이스페이스Myspace·페이스북·트위터 같은 소셜 미디어 플랫폼이 등장했고, 뒤이어 인스타그램·틱톡 등이 인기를 끌었다. 현재는 줌이나 페이스타임 같은 화상 기반 소통 도구가 일상 깊숙이 자리 잡고 있다. 이제 우리는 아토사 여왕이 촉발한 변화의 종착점에 도달한 걸까? 아니면 또 다른 변화가 우리를 기다리고 있을까?

돌이켜보면 이런 비약적 발전은 인류에게 예정된 일이었다. 파피루스에 손으로 쓴 편지에서 초고해상도의 울트라와이드 모니터 영상 스트리밍으로 발전하는 게 어찌 보면 당연하지 않은가? 이것이 바로 우리가 해온 일이다. 그러는 동안 인간의 뇌는 이런 변화를 감당할 준비가 돼 있었을까? 적어도 지금은 준비가 됐을까?

유전자에 새겨진 인간의 교류 방식

우리 뇌가 사회성을 가지게 된 이유는 집단 속에서 살아야 생존할 수 있었기 때문이다. 화석 기록에 따르면 현생인류와 유사한 고대의 조상은 최소 200만 년 전부터 존재했지만, 아토사 여왕의 편지가 등장하기 전까지 인간의 대부분 상호작용은 얼굴을 맞대고 이뤄졌다. 이는 인류 역사 전체의 99.9퍼센트에 이르는 기간에 진화가 우리 뇌를 대면 접촉에 맞추어 빚어왔음을 의미한다. 그 결과 우리는 실제 삶에서 서로를 이해하는 데는 탁월해졌다. 하지만 화상 통화나 소셜 미디어 피드에서는 그렇지 못하다.

그 증거는 우리 몸 구석구석에 새겨져 있다. 진화는 우리가 얼굴을 맞대고 상호작용할 수 있도록 온갖 정교한 도구와 체계를 우리에게 제공했다. 믿기지 않는다면 거울을 들여다보라. 당신의 눈동자 대부분이 흰색임을 알 수 있을 것이다. 이 흰 부분을 공막*sclera*이라고 하는데, 공막이 흰색인 종은 인간밖에 없다.

대부분의 동물은 공막이 어두운색이다. 이유가 뭘까?

이는 진화가 빚어낸 결과다. 눈의 이 흰 부분 덕분에 우리는 상대가 어디를 보고 있는지 쉽게 알 수 있고, 상대의 마음을 읽는 데도 비교적 수월하다. 예를 들어 감자칩을 집어 먹느라 손가락에 기름기를 잔뜩 묻힌 동생이 당신의 티셔츠를 흘끗 바라본다면, 당신은 이렇게 말할 것이다. "그 손가락을 내 옷에 문지르려는 건 아니겠지?" 이렇게 단지 눈동자를 보는 것만으로도 우리는 상대방이 무슨 생각을 하는지 짐작할 수 있다. 최근 연구에 따르면, 인간과 침팬지 모두 (공막이 흰색인) 인간의 눈이 바라보는 방향을 (공막이 어두운색인) 침팬지의 눈이 바라보는 방향보다 더 잘 읽어낸다. 연구진이 침팬지의 눈 사진을 편집해 공막을 흰색으로 바꾸자 인간과 침팬지 모두 그 시선의 방향을 더 쉽게 알아차릴 수 있었다.

눈을 읽는 능력은 우리가 집단으로 협력할 때 훨씬 더 효과적으로 움직이게 해준다. 예를 들어 같이 사냥하는 사람들의 눈을 쳐다보는 것만으로도 그들의 다음 행동을 직감할 수 있다면 집단 사냥은 훨씬 쉬워진다. 흥미롭게도 특정한 개들은 이런 이유로 홍채가 엷은 색으로 진화한 것으로 보인다. 실제로, 연구진은 무리를 지어 살며 사냥하는 개들의 눈이 더 밝고 두드러져 집단에서 효율적으로 협력하기가 더 쉽다는 사실을 발견했다. 서로의 시선만으로 소통하는 이런 무시무시한 개들에게 쫓긴다고 상상해보라. 섬뜩하지 않은가?

인간의 뇌와 몸은 사회적 상호작용에 최적화되도록 진화한 것이 확실하다. 우리 뇌는 연결에 보상을 주고(고립에는 벌을 내리고), 우리 몸은 의사소통을 돕는 도구들을 지니고 있다. 다만 이 도구들은 모두 대면 접촉을 위한 것이다. 신경과학자인 나는 이 사실을 자주 떠올리지만, 고립과 연결에 관한 논의에서 이 사실은 거의 다뤄지지 않는다. 우리는 우리가 느끼는 외로움의 원인을 기술이나 소셜 미디어나 화상 통화 탓으로 돌리지만, 정작 그것들이 왜 문제인지는 제대로 알지 못한다. 뇌과학은 이 현상을 볼 수 있는 독특한 안경을 제공한다. 온라인에서 상호작용할 때, 우리의 흰 공막은 서로에게 보이지 않는다. 그렇다면 이런 선사 시대의 도구들은 가상 세계에서 어떤 모습으로 존재하게 될까? 그리고 접촉이 전혀 없는 것보다는 기술적 상호작용이나마 있는 것이 나은 걸까?

당신이 아직도 거울 앞에 있다면 눈 위에 있는 털, 즉 눈썹을 자세히 살펴보자. 현대인은 먼 옛날 조상들이 지녔던 털 대부분을 잃었지만, 이상하게도 눈썹만은 그대로 남아 있다. 그 이유는 눈썹이 빗물을 막거나 햇빛을 가림으로써 눈을 보호하는 역할을 한다는 데서 찾을 수 있을 것이다. 하지만 눈썹에는 의사소통을 돕는 기능도 숨겨져 있다. 눈썹은 정서를 표현하는 데 중요한 역할을 하며, 우리가 눈썹 근육을 정밀하게 움직일 수 있다는 사실 자체가 많은 것을 말해준다. 우리는 양쪽 눈썹을 올리거나 내려 놀라움, 기쁨, 슬픔, 분노 등을 드러낸다. 다음의 단순한 흑백 얼굴 그림만 보더라도, 눈썹이 포함됐을 때 표정이 얼마나 극적으로 달라지는지 알 수 있다. 이 그림들이 각각 표현하는 감정이 느껴지는가?

풍부한 표정을 만드는 우리의 눈썹과 흰 공막은 인류의 역사를 드러내는 단서다. 이 두 특징은 사회적 접촉이 넘치던 먼 옛날, 인류의 뇌와 몸이 대면 정보 전달을 극대화하는 쪽으로 진화해왔음을 또렷이 보여준다. 하지만 수백만 년이 지난 지금, 상황이 달라지고 있다. 우리가 얼굴을 맞대고 보내던 시간의 상당 부분이 이제는 화면을 마주 보는 시간으로 바뀌었다.

2022년에 미국인들은 하루 평균 4시간 30분을 휴대전화에 사용했고, 그 시간의 상당 부분은 가상 상호작용에 쓰였다. 하지만 문자 메시지로는 친구의 목소리 톤을 들을 수 없고, 트위터에서는 다른 사람의 눈썹을 볼 수 없으며, 화상 통화로는 할머니의 향수 냄새를 맡을 수 없다. 우리의 상호작용을 풍부하게 하고 타인을 이해하는 데 도움을 주는 수많은 사회적 단서가 가상 상호작용에서는 완전히 빠져 있다. 나는 이것이 문제라고 본다.

휴대전화나 컴퓨터와 달리 뇌는 소프트웨어 업데이트를 받지 않는다. 현재 우리 뇌는 아토사 여왕의 뇌와 별로 다르지 않다. 다시 말해 현대인의 뇌는 먼 옛날 지금과는 전혀 다른 환경에서 처음 만들어진 장치와 똑같은 장치일 뿐이다. 현재 소셜 미디어들 속에 놓인 우리 뇌는 아우토반 위의 마차와 비슷하다. 새롭게 등장한 빠르고 압도적인 가상 세계 속에서 갈피를 잡지 못하고 헤매는, 현대 세계와는 전혀 어울리지 않는 구식 장치인 셈이다.

사회적 단서를 점차 잃어가는 교류 방식의 진화

1장에서 타인과의 상호작용이 뇌의 보상 신호를 활성화해 기쁨을 준다는 사실을 살펴봤다. 그것이 기차 안 낯선 통근객과의 짧은 대화일지라도 말이다. 2장에서는 고립이 우리의 웰빙에 치명적인 영향을 미친다는 사실과 분열이 뇌 건강의 적이라는 사실을 확인했다. 확실히 우리는 지금 분열된 세상에 살고 있다. 이 분열된 세상에서는 이른바 '상호작용'이라는 것이 수천 킬로미터 떨어진 두 사람 사이에서 전화기나 컴퓨터 화면을 통해 일어난다. 이런 가상적 사회 경험은 상호작용과 고립이 뒤섞여 만들어진 것으로 보인다. 그렇다, 우리는 상호작용하고 있지만… 실제로 함께 있는 것은 아니다.

뇌는 이런 순간을 어떻게 받아들일까? 이런 접촉이 뇌를 풍요롭게 하는 가치 있는 연결일까, 아니면 전화로 떠드는 것이 사실상 고립에 더 가까운 걸까?

우선, 가상적 상호작용이 다양한 방식으로 이뤄지지만 그 모든 가상적 상호작용에는 사회적 단서가 빠져 있다는 사실을 인식해야 한다. 디지털 방식으로 소통할 때는 얼굴을 맞대고 대화할 때 풍부하게 작용하는 여러 신호가 걸러진다. 몸짓 언어, 목소리의 톤, 표정, 페로몬 등 다양한 단서들이 빠져나간다. 그 결과 우리의 상호작용은 입체감과 깊이를 잃고 납작해진다.

실제 상호작용에 가장 가까운 것은 줌이나 페이스타임 같은 화상 통화다(가상현실 속 상호작용은 이보다 더 실제 상호작용과 비슷하지만, 아직은 일반적으로 사용되지 않으므로 여기서는 제외하겠다). 현실의 대면 대화에서 화상 통화로 옮겨갈 때 우리는 몇 가지 중요한 단서를 잃는다. 첫째, 눈 맞춤이 불가능하다. 둘째, 상대가 발산하는 후각 단서를 감지할 수 없다. 셋째, 화면에 몸이 얼마나 잡히는가에 따라 몸짓 언어도 놓칠 수 있다. 게다가 상대의 영상이나 음성 또는 인터넷 연결 상태가 좋지 않으면 표정이나 목소리의 미묘한 뉘앙스조차 제대로 포착하기 힘들다.

화상 통화보다 실제 상호작용에서 한 단계 더 멀어지는 것은 전화 통화다. 전화 통화에서는 표정과 몸짓 언어, 눈 맞춤, 후각 단서가 완전히 걸러진다. 남는 것은 오직 목소리의 톤뿐이다.

마지막으로, 문자 기반 상호작용이 있다. 문자 메시지나 이메일을 통한 의사소통에서는 목소리의 톤마저 사라져 생각과 감정을 전달할 수 있는 수단은 오직 글자밖에 남지 않는다. 따라서 나는 상호작용의 질이 다음과 같다고 본다. **대면 접촉 〉 화상 통화 〉 전화 통화 〉 문자 메시지.**

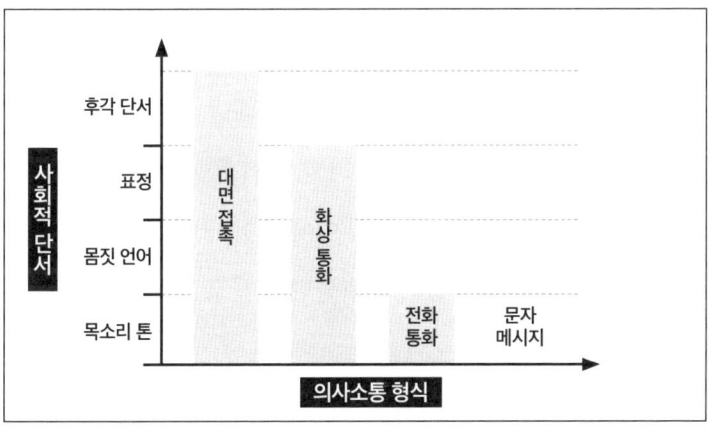

앞의 그래프상 왼쪽에서 오른쪽으로 갈수록 상호작용은 점차 내용과 질감을 잃어가고, 결국 실제 만남을 불완전하게 모사한 형태만 남는다. 그렇다면, 실제 대면 상호작용의 다양한 요소가 하나씩 빠져나간 뒤 간신히 남아 있는 빈약한 조각들은 과연 의미를 지닐 수 있을까? 그것들이 대면 상호작용이 주는 혜택을 조금이라도 줄 수 있을까?

안타깝게도 전망은 그리 밝지 않다.

(문자 메시지 교환이나 전화 통화처럼) 덜 '현실적인' 상호작용을 경험한 뒤 사람들은 대면 상호작용을 했을 때보다 더 외롭고, 더 슬프고, 친근감을 덜 느끼고, 지지를 덜 받고, 덜 행복하다고 느끼는 경향이 있다. 사람들은 대면 대화를 가장 즐겁다고 평가하고, 문자 메시지 교환을 가장 덜 즐겁다고 평가한다. 즉, 그래프의 왼쪽에서 오른쪽으로 갈수록 상호작용은 우리에게 더 적은 보상과 즐거움을 주는 것으로 보인다. 한 연구에서는 대면 상호작용이 가상 상호작용보다 웰빙을 증진하는 효과가 무려 4.5배 더 크다는 사실이 밝혀졌다. 이는 대면 접촉이 옥시토신, 도파민, 세로토닌 시스템 같은 뇌의 사회적 보상 시스템을 더 강력하게 활성화한다는 뜻일까? 이에 대한 구체적인 연구는 아직 수행되지 않았지만, 실제로 그렇다고 해도 전혀 놀랍지 않을 것이다.

다행히 가상 상호작용에도 어느 정도 장점이 있다. 온라인 상호작용이라도 하는 것이 상호작용을 전혀 하지 않는 것보다는 낫기 때문이다. 하지만 나는 이 사실이 한편으로는 좋은 소식이지만 다른 한편으로는 나쁜 소식이라고 본다. 나쁜 소식은 가상 상호작용은 대면 모임만큼 기분을 좋게 하거나 사회적으로 지지받는다는 느낌을 주지 못한다는 사실이다. 좋은 소식은 온라인 상호작용이 완전히 무가치한 것은 아니라는 사실이다. 비록 온라인일지언정 아무와도 대화하지 않는 것보다는 기분이 좋아지기 때문이다. 그럼에도 우리는 상호작용에서 핵심적인 부분을 걷어내면서 그 안에 담긴 보상적 가치를 대부분 잃어버리고 있으며, 동시에 또 다른 문제들을 불러들이고 있는지도 모른다.

앞의 그래프에서 맨 왼쪽과 맨 오른쪽의 막대를 비교해보면 뚜렷한 차이가 드러난다. 대면 접촉과 문자 메시지 교환은 명백히 다르다. 그 사이에 있는 막대들은 화상 통화와 음성 통화를 나타낸다. 연구에 따르면 사람들은 대면 대화와 화상·음성 통화를 비슷한 수준으로 즐기며, 상대와의 친밀감 역시 크게 다르지 않다고 보고한다. 화상으로 만났을 때도 사람들은 상대방의 표정과 말을 따라 한다. 이는 매우 고무적인 결과다. 일반 전화 통화나 화상 통화가 여전히 우리 뇌와 몸을 설득해 실제 대면 상황에서처럼 서로 연결되게 할 수 있음을 시사하기 때문이다.

흥미롭게도, 조건만 적절하다면 문자 기반 소통도 강력할 수 있다는 연구 결과가 있다. 2024년 한 연구는 어머니와 딸이 문자로 대화하는 동안에도 뇌 간 동기화*interbrain synchrony* 현상이 일어날 수 있음을 보여주었다. 이는 두 사람이 상호작용할 때 뇌의 활동이 서로 동기화되는 놀라운 현상으로, 특히 부모-자녀처럼 긴밀한 관계에서 더 쉽게 나타난다. 모녀가 단순한 컴퓨터 메시지를 주고받는 동안에도 뇌 간 동기화가 일어났다는 사실은 문자 기반 교류도 여전히 유의미할 수 있음을 시사한다. 그러나 이들은 대면으로 만났을 때 더 높은 수준의 뇌 간 동기화를 보였는데, 이는 문자 메시지 교환이 실제 상호작용에는 못 미친다는 점을 드러낸다.

이 연구에서 우리는 몇 가지 중요한 교훈을 얻을 수 있다. 첫째, 가상 상호작용을 대면 교류와 동일시할 수는 없다는 점이다. 과학적 증거가 이를 지지하지 않으며, 우리의 직접적 경험 또한 이를 부정한다. 상호작용이 사라진 분열된 세상에서 우리는 웰빙을 극대화하기 위해 반드시 대면 접촉을 우선시해야 한다. 문자 메시지, 이메일, 페이스타임, 전화 통화에는 사람들 사이의 연결을 풍부하게 하는 중요한 사회적 단서가 결여돼 있다. 이런 가상 소통 방식은 불완전하며 실제 상호작용만큼 뇌를 활성화하지 못한다. 다만 어쩔 수 없이 비대면으로 상호작용을 해야 한다면, 문자보다는 전화나 화상 통화가 훨씬 낫다.

나는 가능한 한 대면 상호작용을 우선시하려고 한다. 기회가 있을 때마다 줌 회의 대신 직접 만나서 일을 논의한다. 며칠 전 한 친구가 전화 통화할 시간이 있냐고 묻기에 그를 집으로 초대해 커피를 함께 마셨다. 우리 몸은 애초에 대면 상호작용을 위해 설계돼 있으며, 우리 안에는 놀라운 도구와 능력이 가득하다. 그것들을 쓰지 않을 이유는 없다.

∞

이제는 누구나 주머니 속에 컴퓨터를 하나씩 지니고 사는 세상이다. 그 결과 새로운 형태의 상호작용이 등장했다. 서로 마주 앉아 있으면서도 휴대전화를 사용하는, 일종의 중간 상태에 놓인 것이다.

안타깝게도 누구에게나 이런 경험이 있을 것이다. 저녁 식사 중 대화를 나누다가 문득 상대방의 정수리와 이야기하고 있다는 걸 알게 된다. 상대방이 휴대전화에 시선을 빼앗긴 채 가끔 고개를 끄덕이거나 웅얼거리기 때문이다. 정말 끔찍한 상황 아닌가? 이를 가리키는 말이 '퍼빙*phubbing*'이다. 이 단어는 2012년 호주의 한 광고 회사가 마케팅 캠페인 차원에서 만든 용어로 *phone*(전화)과 *snubbing*(무시하다)의 합성어다. 여러 연구에 따르면 퍼빙은 사회적 상호작용의 가치를 앗아간다.

그중 한 연구를 살펴보자. 연구진은 실험 참가자 300명에게 친구나 가족과 함께 카페에 앉도록 요청했다. 참가자 중 절반은 휴대전화를 다른 곳에 두라는 요청을 받았고, 나머지는 휴대전화를 테이블 위에 놓은 채 상호작용을 했다. 휴대전화를 테이블 위에 올려놓은 사람들은 상호작용을 하는 동안 덜 즐거웠거나 대화에 집중을 덜 했다고 보고했다. 단지 휴대전화를 테이블에 올려놓았을 뿐인데도 말이다. 또 다른 연구도 이를 확인했다. 밀레니얼 세대는 대면 상호작용 중에 휴대전화를 사용한 뒤 기분이 더 나빠지고 상대방과의 연결감이 약해졌다고 느꼈다. 이 이야기의 교훈은 명확하다. 휴대전화를 멀리하라. 이렇게 쉬운 방법으로 우리는 상호작용을 할 때 상대방에게 집중하면서 그 상호작용의 효과를 극대화할 수 있다.

소셜 미디어는 정말 우리를 더 사회적으로 만들까?

지난 몇십 년 동안 소셜 미디어 사용이 폭발적으로 늘어나면서, 그에 따른 해악에 대한 우려가 점점 커지고 있다. 하지만 우리가 정말 그 해악을 진지하게 생각하고 있을까? 아닌 것 같다. 예를 들어 페이스북이 미국 대학들에 도입되자 해당 학교 학생들의 정신 건강이 악화된 사례가 있다. 노르웨이에서는 400개가 넘는 학교가 스마트폰을 금지하자 여학생들의 정신 건강 문제가 29퍼센트 줄었고, 남녀 모두에서 괴롭힘이 43퍼센트 감소했다. 사람들이 단 일주일만 소셜 미디어에서 벗어나도 웰빙 수준이 높아지고, 불안이 줄며, 우울 점수가 낮아진다는 연구 결과도 있다. 또한 소셜 미디어 사용을 하루 30분으로 제한하는 것만으로도 2주 만에 웰빙 수준이 향상되고 불안과 우울함이 줄어드는 효과가 나타났다는 연구 결과도 있다.

좀 혼란스럽지 않은가? 이 책의 핵심은 사회적 교류가 건강에 매우 긍정적인 효과를 미친다는 것인데, 정작 이 연구 결과들은 '소셜' 미디어가 오히려 웰빙에 부정적인 영향을 미치며, 소셜 미디어 사용을 중단한 사람들에게서 외로움이 줄었다고 이야기하니 말이다. '사회적 관계망 서비스'라고 불리는 소셜 미디어에 시간을 쓰면 오히려 외로움이 깊어진다니, 아이러니하지 않은가? 이 연구 결과들은 사회적 교류가 건강에 긍정적인 영향을 미친다는 이 책의 주장과 전혀 반대의 주장을 하는 것 아닌가?

이 시점에서 당신은 당연히 이런 의문이 들 것이다. **소셜 미디어는 정말 우리를 더 사회적으로 만들까?**

나는 전혀 그렇지 않다고 본다. 소셜 미디어가 실제 상호작용과 같은 효과를 낸다면, 소셜 미디어 앱을 사용한 다음에는 기분이 좋아지고 외로움을 덜 느껴야 마땅하다. 또 만약 그렇다면, 소셜 미디어 앱을 사용하지 않을 때 우리는 고립감을 느끼고 코르티솔 수치가 높아지고 기분이 가라앉아야 한다. 그러나 실제로는 그와 정반대의 일이 일어난다. 실제로, 소셜 미디어 사용은 우리를 외롭고 우울하게 한다. 오히려 사용을 중단했을 때 긍정적 효과가 나타난다.

이런 현상은 다양한 요인으로 빚어진다. 관련 연구에 따르면, 소셜 미디어는 사용자가 자신의 몸에 대한 불만을 느끼게 하거나 다른 사람과 비교해 열등감을 느끼게 하는 등 다양한 방식으로 부정적인 영향을 미칠 수 있다. '비교는 기쁨을 훔쳐 가는 도둑이다'라는 말을 들어본 적이 있을 것이다. 소셜 미디어가 실제 삶을 정확히 반영하지 않는다는 사실은 누구나 알고 있다. 소셜 미디어에는 사람들이 가장 빛나 보이는 순간만 담기며, 때로는 더 나아 보이도록 편집된 모습까지 올라온다. 대개 사람들은 자신이 가장 자랑스러워하는 것만 소셜 미디어에 공유한다. 이 때문에 소셜 미디어는 자신의 정체성을 형성하면서 사회적 환경과 관계 속에서 자리를 잡아가는 청소년들에게 특히 위험할 수 있다. 소셜 미디어가 기분에 부정적인 영향을 미치는 데는 이런 요소들이 작용하는 것이 확실하다.

수면의 역할도 간과할 수 없다. 또래와 직접 교류하는 시간이 많은 청소년일수록 수면의 질이 좋아지는 반면, 온라인에서의 교류가 많은 청소년일수록 수면의 질이 떨어진다. 관련 연구에 따르면 수면 부족은 소셜 미디어의 부정적 효과를 매개하는 핵심 요인 중 하나다. 이유가 뭘까? 소셜 미디어를 많이 사용하는 사람일수록 밤늦게까지 휴대전화를 스크롤하며 시간을 보내는 경향이 있기 때문이다. 충분한 수면은 정신 건강의 핵심 기둥이다. 수면이 부족하면 행복감이 떨어지는 것은 거의 확실하다. 밤에 소셜 미디어를 사용하는 것은 어떤 면에서도 도움이 되지 않는다.

밤에 소셜 미디어를 사용하는 것이 해로운 대표적인 이유가 스크린 노출이다. 눈은 신경계의 일부로, 시신경을 통해 뇌와 직접 연결돼 있다. 시신경은 우리 몸 주변에 존재하는 빛의 정보를 전달하고, 뇌는 이를 활용해 일주기 리듬을 조절한다. 따라서 휴대전화를 얼굴 몇 센티미터 앞에 대고 화면을 들여다보면 인공적인 빛이 눈을 통해 들어오기 때문에 뇌에 낮이라고 신호를 보낸다. 이 과정에서 멜라토닌 분비가 억제되고 수면의 질이 떨어진다. 따라서 잠자리에 들기 전에는 휴대전화 사용을 줄이고, 이상적으로는 몇 시간 전부터 아예 치워두는 것이 좋다.

이 건강한 변화를 실천하는 쉬운 방법은 밤에 휴대전화를 침실 밖에 두는 것이다. 그냥 다른 방에 두고 충전하면 된다. 만약 알람 때문에 휴대전화를 사용하는 거라면, 자명종을 사면 된다. 실제로 나도 아마존에서 평점이 좋은 자명종을 9.99달러에 샀다. 확실하게 말하건대, 수면의 질은 9.99달러보다 훨씬 더 큰 가치가 있다. 양질의 수면은 당신의 삶을 바꿔놓을 것이다.

다시 말하지만, 소셜 미디어는 정말 우리를 더 사회적으로 만들까?라는 질문에 대한 내 답은 이것이다. '그렇지 않을 가능성이 매우 크다.' 소셜 미디어에서 다른 사람들과 만나는 것이 현실에서 다른 사람들과 함께 어울리는 것과 매우 다르다는 사실은 의심의 여지가 없다. 웰빙, 수면, 외로움 등의 측면에서 이 두 가지 상호작용 방식은 정반대의 효과를 낸다. 나는 대체로 소셜 미디어가 우리에게 크게 이롭지 않다고 생각한다. 물론 절제하면서 사용한다면 소셜 미디어도 어느 정도는 기쁨을 줄 수 있으며, 나름의 가치도 있다. 조절만 잘한다면 시간을 보내거나 정보를 얻는 괜찮은 수단이 될 수 있다. 하지만 어떤 경우에도 현실의 사회적 교류를 대체하기 위해 소셜 미디어를 사용해서는 안 된다.

온라인 회의는 왜 효율이 떨어질까?

현재와 10년 전을 비교할 때 가장 두드러지는 차이는 원격 근무와 가상 회의가 널리 퍼져 있다는 점이다. 코로나19에 따른 봉쇄는 결국 풀렸지만 우리는 몇 가지 변화를 여전히 이어갔다. 굳이 달라질 이유가 없었기 때문이다. 출근 준비를 마치고 차를 몰고 나가 주차 문제를 해결한 뒤 따분한 회의 자리에 붙잡혀 있는 대신 침대에서 일어나 집에서 내린 커피를 마시면서 파자마 차림으로 업무 통화를 할 수 있다면, 그렇게 하지 않을 이유가 없을 것이다. 이런 업무 형태는 우리 생활에 자연스럽게 자리를 잡아가고 있다. 하지만 정말 이게 우리에게 좋은 일일까?

가상 회의에 대한 과학적 연구는 이제 막 시작된 단계다. 연구할 시간이 충분치 않았기 때문인데, 그간 발표된 초기 연구 결과는 별로 긍정적이지 않다. 몇 가지 측면에서 실제 대면 회의에 미치지 못한다는 사실이 드러났다.

첫째, 사람들은 가상 회의 후에 피로감을 더 많이 느끼는 경향이 있다. 가상 회의를 하는 도중에는 몇 분마다 발언 순서를 어색하게 조율하고, 음소거와 해제를 반복하며, 뒤에서 고양이가 토한다든지 아이가 벌거벗고 돌아다닌다든지 하는 돌발 상황이 생기지 않도록 신경을 곤두세워야 하기 때문일 것이다.

둘째, 가상 회의는 창의성을 억제할 위험이 있다. 이를 입증하는 연구가 있다. 참가자들을 온라인에서 짝지어 한 제품의 창의적 활용 방안을 브레인스토밍하게 했더니, 실제로 만나 브레인스토밍한 참가자들보다 적은 수의 아이디어를 냈다. 이 연구 결과가 실제 현장에서도 적용되는지 확인하기 위해 연구진은 약 1,500명의 엔지니어를 대상으로 동일한 실험을 진행했다. 결과는 같았다. 온라인으로 협업한 엔지니어들이 대면으로 협업한 엔지니어들보다 아이디어를 적게 냈다.

왜 그럴까? 온라인에서 만날 때는 주의가 더 쉽게 분산되는 걸까? 사실은 그 반대였다. 가상 회의를 할 때 사람들은 좁은 컴퓨터 화면에 온 신경을 집중하게 된다. 시각적 초점이 이렇게 좁아지면 인지적 초점도 좁아져서 고정된 틀을 벗어나 생각하기가 실제로 어려워질 가능성이 있다. 연구진은 이를 확인하기 위해 기발한 실험을 설계했다. 실험 참가자가 가상 회의를 하는 방 안 곳곳에 특이한 소품들을 숨겨둔 것이다. 결과에 따르면, 온라인으로 만난 사람들은 방 안을 둘러보는 시간이 적었고 따라서 어떤 소품이 있는지도 상대적으로 잘 기억하지 못했다. 반면, 방 안을 더 많이 살펴보고 더 많은 소품을 기억한 사람들은 창의적인 아이디어도 더 많이 냈다. 이는 우리가 좁은 컴퓨터 화면 속 작은 상자에 집중할 때 상상력의 창도 함께 좁아져 창의적 사고가 제약될 수 있음을 보여준다. 그러므로 온라인에서 집단 브레인스토밍을 할 때는 참가자들이 자리에서 일어나 움직이거나 주변 공간에 주의를 기울이도록 유도할 필요가 있다. 주의의 폭을 넓히면 사고의 폭도 확장돼 가상 환경에서도 더 효과적으로 협업할 수 있기 때문이다.

물론 이는 모든 사람이 가상 회의에 집중한다는 전제하에 하는 이야기인데, 실상은 그 반대여서 문제다. 이 현상은 아주 간단하고 분명한 사실로 설명할 수 있다. 해야 할 일이 많을수록 사람들은 멀티태스킹을 더 자주 시도하는 경향이 있다는 것이다. 그렇다면 언제 이런 압박을 크게 느낄까? 아마도 출근 직후, 가득 차 있는 이메일함을 확인할 때일 것이다. 그래서 아침 회의 때 사람들이 멀티태스킹을 더 자주 하는 것일지도 모른다. 또한 사람들은 회의가 너무 길어지면 다른 업무가 떠올라 몰래 그 일을 처리하기도 한다. 한편, 금요일에는 업무량이 가장 적기 때문에 회의 중 산만해질 가능성이 작다. 결국 가상 회의에서 집중력을 높이려면 업무 부담을 균형 있게 조정하고 불필요한 압박을 줄이는 것이 중요하다. 그리고 가능하다면 회의 일정을 오후로 잡고, 회의를 짧게 하고, 참석자를 최소화하고, 금요일을 택하는 것이 좋다.

모니터 저편에도 사람이 있어요

수백 년 전에 살았던 당신의 먼 조상들에게 소셜 미디어에 대해 설명해야 한다고 상상해보자. 당신은 오늘날 전 세계 인구의 거의 3분의 2가 하루 평균 2시간 반을 온라인 세계에서 보내며 누구와도 소통할 수 있다고 설명한다. 그러면 조상들은 인류가 하나로 결집된 세상을 떠올릴지도 모른다. 소셜 미디어를 한 번도 경험해보지 못한 이들에게는 그것이 마치 세계 평화로 향하는 문, 역사상 유례없는 국제적 조화의 실현처럼 들릴 것이다. 실제로 소셜 네트워킹 앱은 전 세계 사람들이 모여 교류하는 장을 열어주었고, 그 덕에 사람들은 이전에는 상상조차 하기 어려웠던 수준으로 연결되고 있다. 하지만 우리가 살고 있는 이 세상은 유토피아와는 거리가 멀다.

소셜 네트워크는 증오 발언과 무례한 행동이 들끓는 적대감의 온상에 가깝다. 관련 연구에 따르면 대부분 사람에게 소셜 미디어 경험은 결코 평화롭지 않다. 2023년의 한 조사에서 미국 성인의 52퍼센트가 온라인 괴롭힘을 당한 경험이 있으며, 10대도 절반 이상이 지난 1년 동안 소셜 미디어에서 괴롭힘을 경험했다고 밝혔다. 또한 미국인 다섯 명 중 한 명 이상은 인터넷에서 '가끔' 또는 '자주' 언쟁을 벌인다고 인정한다. 이 사실을 직접 확인하고 싶다면 사람들 입에 오르내리는 게시물의 댓글을 잠깐만 살펴보라. 수많은 거친 공격과 날 선 말싸움이 금세 눈에 띌 것이다.

나 역시 이런 상황을 수없이 겪었다. 내 소셜 미디어 게시물에도 늘 혐오성 댓글이 달린다. 본질적으로 소셜 네트워크는 그런 곳이다. 소셜 미디어에서 이뤄지는 상호작용 열다섯 번 중 약 한 번은 부정적인 정서를 담고 있다. 나머지가 모두 긍정적이라고 가정한다면 그리 나쁘지 않아 보일 수도 있지만, 실제로 긍정적인 비율은 6.51퍼센트에 불과하다. 소셜 미디어에서 적대적인 상호작용은 일상적으로 일어난다. 나는 몇 해 전 온라인상에서 어떤 사건을 겪었고, 그로 인해 소셜 미디어에 대한 내 생각이 크게 바뀌었다. 당시 나는 스탠퍼드대학교에서 공감의 뇌과학을 연구하는 프로젝트를 이끌고 있었다. 낮에는 실험실에서 공감을 증진할 방법을 찾고, 저녁에는 소셜 미디어의 험악한 환경을 견뎌내고 있었다. 그 괴리는 불편했다. 무고한 이들이 '바이럴'이라는 현상 때문에 불필요한 공격에 시달려야 한다는 사실이 안타까웠다.

그러던 어느 날, 어떤 사람이 나를 비난하는 영상을 틱톡에 올렸다. 그는 카메라를 바라본 채 내가 마음에 들지 않는다고 말하면서 나의 말을 믿을 수 없다고 했으며, 심지어 나에게 자기애적 성향이 있다는 뉘앙스를 풍기기도 했다. 당연히 나는 상처를 받았다. 어떻게 반응해야 할지 몰라 그냥 댓글을 하나 남겼다. 그저 영상을 봤다는 걸 알리고 싶었던 것 같다. 그런데 그 순간 상황이 완전히 달라졌다.

그 영상을 올린 사람이 댓글로 사과를 한 것이다. "당신이 볼 줄 몰랐습니다. 모욕하려는 의도는 아니었습니다." 그는 사과를 이어갔고 메시지도 보내왔다. 힘든 한 주를 보내며 쌓인 스트레스를 나에게 투영한 것뿐이라는 내용이었다.

나는 너무나 놀랐고, 갑자기 모든 게 분명해졌다. 그 영상 속 사람은 괴물이 아니었다. 오히려 공감 능력이 있는 사람이었다. 그게 아니라면 그렇게 진심 어린 사과를 했을 리 없다. 그는 내가 댓글을 달기 전까지는 나를 실제 감정을 가진 사람으로 인식하지 못했던 것이다. 소셜 미디어가 그의 공감 기능을 잠시 정지시킨 셈이다.

이 사건은 공감 기능이 작동하는 데 사회적 단서가 얼마나 중요한지 보여준다. 우리 뇌는 목소리의 억양, 표정, 몸짓 같은 신호, 즉 사회적 단서를 감지하도록 설계돼 있다. 뇌가 공감 시스템을 가동하는 것도 바로 이런 사회적 단서를 기반으로 해서다. 사람들이 표정이나 웃음, 울음처럼 감정이 담긴 소리를 처리할 때 공감과 관련된 뇌 영역이 활성화되는 것이 확인된다. 지난 수백만 년 동안 뇌의 공감 시스템이 대면 접촉하에서 진화해왔다는 점을 고려하면 이는 지극히 당연해 보인다. 하지만 소셜 미디어에서는 이렇게 중요한 사회적 단서들을 거의 감지할 수 없다. 우리의 복잡한 감정은 화면 속 단순한 문자로 축소되며, 우리의 인간성은 작은 원형 아바타의 이미지로 치환된다. 과연 우리는 이렇게 모호하고 비인간적인 표상으로 축소된 존재에게 공감할 수 있을까?

나는 그 사람이 틱톡 동영상을 찍을 때 옆에 있지 않았고, 그 사람도 내가 그 동영상을 볼 때 내 옆에 있지 않았다. 따라서 그는 내가 드러내는 사회적 단서를 전혀 보지 못했기 때문에 내 감정에 공감할 수 없었을 것이다. 마치 '텅 빈 숲에서 쓰러진 나무'처럼(철학적 사고실험을 가리키는 표현으로, '인식되지 않은 것은 존재한다고 할 수 있는가?'라는 논쟁을 일으켰다 - 옮긴이), 목격자가 없는 정서 표현은 공감을 불러일으키지 못한다. 비교를 위해 상황을 하나 가정해보겠다. 초등학생인 당신이 미술 시간에 압정을 하나 잃어버렸다고 해보자. 바닥으로 떨어지는 소리를 들은 것 같은데 아무리 찾아도 보이지 않았다. 다음 수업 종이 울렸고, 당신은 그 사실을 잊어버렸다. 그런데 지금으로부터 45분 전에 아무것도 모르는 한 친구가 그 압정을 밟았다. 당신이 이 글을 읽는 지금 이 순간에 그 친구는 양호실에서 울면서 부모를 기다리고 있다. 당신은 45분 전에 그 친구가 압정을 밟았을 때 그 고통에 공감했는가? 당연히 아니다. 그 자리에 없었으니 그의 고통에 공감할 수 없었다. 하지만 지금은 다르다. 무고한 아이의 고통에 당신이 책임이 있다는 사실을 깨닫는 순간, 공감이 일어나지 않았는가?

소셜 미디어에서 우리는 상대방과의 상호작용 과정 중 그가 '압정을 밟는 순간', 다시 말해 그가 고통을 느끼는 바로 그 순간 그의 모습을 보는 것이 아니다. 우리는 모욕적인 댓글을 달거나 악의적인 영상을 올리지만, 그로 인해 상대에게 생겨나는 고통과 반응을 그 순간에 직접 보지는 못한다. 소셜 미디어에서 상호작용은 동시적으로 일어나지 않기 때문이다.

가상 상호작용에는 표정이나 목소리 톤 외에 우리가 예상치 못한 다른 요소들도 결여돼 있다. 사회적 냄새 social smell 가 그중 하나다. 최근의 한 연구에 따르면, 감정 표현으로 흘린 여성의 눈물 냄새를 맡은 남성은 공격성이 줄어들 뿐 아니라 공격성과 관련된 뇌 영역의 활동도 감소했다! 이 시스템은 논쟁이 걷잡을 수 없게 돼 감정이 극도로 고조될 때 우리가 한발 물러서도록 돕기 위해 존재하는 것일지 모른다. 하지만 페이스북에서는 상대방의 눈물 냄새를 맡을 수 없기 때문에 공격성이 제어되지 못한 채 이어질 수 있다.

물론 내가 제기하는 이 가설에 대한 반론도 존재한다. 소셜 미디어 동영상에서는 사람들의 사회적 단서를 보거나 들을 수 있기 때문에 공감이 가능하다는 주장이다. 하지만 이 주장에는 두 가지 문제가 있다.

첫째, 우리가 소셜 미디어에서 보는 동영상은 실시간 영상이 아니라 녹화된 영상이다. 이 둘은 겉으로는 별 차이가 없어 보일 수 있지만, 뇌에 미치는 영향에서는 큰 차이가 있다. 한 연구에서는 실험 참가자들에게 누군가의 눈이 찍힌 동영상을 보여주며 그 사람이 무엇을 생각하거나 느끼는지 상상해보라고 했다. 일부는 실시간 동영상이었고, 일부는 녹화된 동영상이었다. 놀랍게도 실험 참가자들은 동영상이 녹화된 것임을 알지 못했음에도, 재생된 동영상을 볼 때 공감과 관련된 뇌 영역의 활동이 감소했다. 이유는 분명하지 않지만, 소셜 미디어에서 재생되는 동영상 같은 사회적 콘텐츠를 볼 때는 공감과 관련 있는 뇌 영역이 실시간 동영상을 볼 때만큼 강하게 작동하지 않는다. 가상 공간에서 적대성이 만연하는 이유 중 하나가 이것일지도 모른다.

둘째, 사람들은 녹화된 동영상을 볼 때 실시간 동영상을 볼 때보다 모방 행동을 덜 보였고 거울 신경세포가 포함된 뇌 영역의 활동 또한 낮게 나타난다. 이는 녹화된 영상인지 실시간 영상인지가 우리 뇌가 그 영상을 만든 사람과 어떻게 관계를 맺는지(또는 관계 맺기에 실패하는지)에 중대한 영향을 미칠 수 있다는 뜻이다.

내가 앞서 말한 모욕적인 틱톡 영상을 받은 것은 운 나쁘게도 잘못된 시간에 잘못된 자리에 있었기 때문이라고, 누구라도 그의 화풀이 대상이 될 수 있었는데 마침 내가 걸린 것이라고 당신은 생각할 수도 있을 것이다. 하지만 내 생각은 다르다. 나는 이 사건이 내게 확실한 통찰을 제공했고, 그 모든 상황을 이해하게 했다고 본다. 이 사건을 통해 나는 가상 공간에서의 상호작용이 우리의 공감 시스템을 충분히 자극하지 못한다는 사실을 깨달았다. 이 사실은 우리를 하나로 묶기보다 갈라놓고, 평화를 낳기보다 혼란을 일으키는 뇌의 또 다른 내부 장벽으로 보인다. 2024년에 나는 온라인 환경에서 공감 관련 뇌 영역이 충분히 활성화되지 않는다는 이 생각에 '가상 공간에서의 공감 시스템 비활성화 가설*virtual disengagement hypothesis*'이라는 이름을 붙여 제자인 마리아 타바레스Maria Tavares와 함께 논문을 발표했다.

물론 낮은 수준의 공감이 우리 온라인 문화의 독성을 설명하는 유일한 요인은 아니다. 익명성과 같은 다른 요인들도 작용한다. 온라인에서는 누구나 익명성을 누릴 자유가 있지만, 사람들은 익명성을 무기로 삼을 때 타인을 트롤링trolling(일부러 모욕하거나 불쾌하게 하는 행위)할 가능성이 더 크다. 자신의 정체가 드러나지 않으면 평판에 신경을 쓰지 않으면서 가차 없이 타인을 공격할 수 있고, 안타깝게도 이는 잘못된 행동을 부추기는 강력한 유인이 된다.

또 다른 요인으로는 거리감perceived distance을 들 수 있다. 온라인에서 가해자와 피해자는 물리적으로 떨어져 있다. 누군가의 얼굴을 마주 보면서 모욕할 때는 잃을 것이 훨씬 많다(특히 치아를 잃을 가능성이 크다). 하지만 가상 공간에서 벌어지는 논쟁은 아무런 대가도 치르지 않고 갈등이 일어나게 할 수 있다. 누군가의 차에 "주차를 이따위로 해놓으면 어떡해? 이 멍청한 인간아!"라는 쪽지를 남기는 일과 그 사람이 돌아올 때까지 기다렸다가 얼굴을 마주하고 같은 말을 건네는 일을 비교해보라. 두 가지 중 어느 쪽이 더 편할지는 분명하다.

이런 요인들은 결코 무시할 수 없는 것들이다. 하지만 나는 여전히 공감 부족이 가장 핵심적인 요인이라고 생각한다. 실제로 관련 연구도 온라인 괴롭힘의 가장 강력한 예측 요인이 정신

병질(공감 부족을 특징으로 하는 병적인 상태)이라는 점을 시사하며, 이는 공감이 온라인 문제의 중심축이라는 사실을 다시 확인시켜준다.

안타깝게도 이런 감정적 비활성화의 결과는 치명적일 수 있다. 소셜 미디어에서 공격을 당한 피해자는 그 충격을 고스란히 떠안기 때문이다. 온라인에서 괴롭힘을 당해본 적이 있다면 잘 알 것이다. 정말 끔찍하다. 예를 들어 온라인에서 괴롭힘을 당한 청소년은 자살을 시도할 가능성이 2.57배 더 높다. 가해자는 피해자의 고통이 자신에게 정서적 부담으로 전달되지 않기 때문에 아무렇지 않게 자리를 떠난다. 그러나 피해자는 엄청난 고통을 겪는다. 온라인 갈등의 저울은 한쪽으로 기울어져 있다. 조롱과 모욕의 무게가 온전히 피해자에게만 지워진다. 휴대전화 화면의 한쪽에서는 감정이 무뎌지지만 다른 쪽에서는 생생히 살아 있는 것이다.

게다가 온라인에서 공격을 당할 때 사람들이 겪는 고통은 일시적인 기분 상함에 그치지 않고, 뇌와 몸이 실제 신체적 고통처럼 반응할 만큼 분명하고도 구체적이다. 신경과학자 나오미 아이젠버거Naomi Eisenberger와 매슈 리버먼Matthew Lieberman은 사회적 고통이 신체적 고통과 상당 부분 같은 뇌 영역을 활성화한다는 사실을 보여주었다. 그들의 연구에 따르면 사회적으로 배제된 사람들의 뇌 활동 패턴은 신체적 고통을 경험할 때 나타나는 뇌 활동 패턴과 매우 유사하다. 리버먼은 이 연구를 포함해 여러 사례를 2013년에 출간한 《사회적 뇌》에서 자세히 다뤘다. 특히 주목할 점은 이 연구가 모두 가상 상호작용을 기반으로 수행됐다는 사실이다. 아이젠버거와 리버먼은 실험 참가자들이 MRI 장치 안에서 화면을 보며 사이버볼 게임을 하는 동안 이런 결과를 발견했다. 이처럼 뇌가 사회적 고통을 어떻게 처리하는지에 대한 핵심적 지식은 가상 상호작용에 대한 연구를 통해 얻은 것이다. 이 연구는 이렇게 서로 떨어져 있는 상태에서 이뤄지는 상호작용도 실제 고통을 유발할 수 있음을 보여준다.

인류가 온라인 공동체에 점점 더 깊이 발을 들이고 있는 지금, 우리는 이 사실을 기억해야 한다. 눈에 보이지 않을 뿐 우리의 공격을 받는 자리에는 실제 사람이 있고 그들에게는 실제 감정이 있다. 그러니 혹시 온라인에서 누군가에게 상처를 주고 싶어진다면, 당신이 하게 될 말과 행동이 그에게 엄청난 고통을 일으킬 수 있다는 사실을 떠올리고 자제하길 바란다.

∞

지금쯤 당신은 최근에 비약적으로 성장한 소셜 미디어 때문에 온라인 공간의 잔혹성이 심화했다고 생각할지도 모르겠다. 하지만 사실 사람들은 인터넷이 태어난 순간부터 이미 이상한 행동을 보여왔다. 1984년 카네기멜런대학교의 과학자들은 컴퓨터라는 새로운 미디어를 통해 상호작용하는 사람들이 욕설, 모욕, 비난, 적대적 발언을 더 자주 한다는 사실을 보고했다. 결국 문제의 원흉은 소셜 미디어가 아니라 상대의 얼굴을 볼 수 없을 때 무례하게 구는 인간의 뇌일 수 있다. 흥미롭게도 이런 현상은 쥐에게서도 나타난다. 앞서 본 것처럼, 쥐들은 귀엽게도 다른 쥐와 간식을 나누며 관대함을 보인다. 이 실험에서 간식을 주는 쥐(관대한 쥐)는 철망을 사이에 두고 다른 쥐와 마주하고 있었다. 그래서 철망 너머 쥐의 냄새를 맡고, 소리를 듣고, 어느 정도 신체 접촉까지 할 수 있었다. 하지만 연구진이 철망 대신 불투명 칸막이를 두어 사회적 단서를 감지할 수 없게 하자 관대한 행동이 현저히 줄었다. '눈에서 멀어지면 마음에서도 멀어진다'라는 말이 맞는 것 같다.

하지만 최근 들어 상황이 악화한 듯 보이는 것도 사실이다. 적어도 미국에서는 그렇다. 2014년에서 2020년 사이 소셜 미디어에서 신체적 위해를 가하겠다는 협박을 받았다고 답한 미국인의 비율은 7퍼센트에서 14퍼센트로 두 배 증가했다. 같은 기간 욕설과 의도적인 망신 주기도 증가했다.

주목할 점은 이 현상이 미국 내의 극심한 정치적 양극화와 맞물려 있다는 것이다. 지난 10여 년 동안 미국 사회는 정치적 입장에서 분열이 점차 심화됐다. 동료, 이웃, 심지어 가족과 친구의 정치적 성향마저 민감한 기준이 돼 우리와 그들을 가르는 또 다른 경계가 됐다. 정치적 반대 진영을 적대적인 집단으로 취급하며 악마화하기 시작한 것이다. 문제는 뇌가 아웃그룹에 대해서는 공감을 덜 한다는 점에 있다. 정치적 양극화는 공감 시스템을 와해하던 시기에 완벽한 조건을 제공했고, 이 적대적인 정치적 기후가 온라인 공간에 스며들어 이미 심각했던 인터넷 공간에서의 공감 부족 현상을 더욱 가속화한 것으로 보인다.

더 건강한 온라인 세상을 만드는 방법은 의외로 단순하다. 대면 상황에서 적용하는 공감 전략을 그대로 실천하는 것이다. 누군가의 게시물에 불친절한 댓글을 남기고 싶을 때 잠시 멈추어, 그 말이 상대에게 어떤 영향을 줄지 생각해보라. 인지적 공감 능력을 발휘해 그 말이 상대의 심리 상태를 어떻게 바꿀지 이해하고, 감정적 공감 능력을 발휘해 상대방의 감정을 느껴보라. 당신이 아끼는 사람이 그 댓글을 읽는 모습을 떠올려보는 것도 도움이 될 것이다. 부모나 자녀가 그 댓글을 본다면 상처받지 않겠는가? 그런 다음에는 같은 요지를 어떻게 더 긍정적이고 건설적인 방식으로 표현할 수 있을지 고민해보라. 누군가가 '압정을 밟는 모습'을 당신이 직접 보지 못한다고 해도 메시지의 저편에는 언제나 실제 사람이 있고, 그 압정을 밟으면 진짜로 아프다.

온라인 논쟁에 대해 내가 단언할 수 있는 한 가지는 이것이다. 당신은 상대가 틀렸다고 결코 설득할 수 없다. 인터넷에서 긴 시간과 많은 에너지를 들여가며 낯선 사람과 논쟁하려는 사람은 이미 생각이 굳어져 있는 사람이기 때문이다. 당신이 그 사람의 생각을 바꾸는 것은 불가능하다. 친절과 존중은 언제나 분노와 조롱보다 더 큰 힘을 발휘한다. 게다가 논쟁에 휘말리면 당신의 하루가 망가진다. 낯선 이의 답글을 분노 섞인 마음으로 기다리며 휴대전화에 매달리게 된다. 매번 반박 메시지를 내보낸 후에는 '조금 더 잘 쓸 수 있었는데' 하는 집착에 시달리고, 다음에 던질 날카로운 반격에 대해 생각하게 된다. 인간의 놀라운 뇌가 할 수 있는 수많은 위대한 일이 있지만, 온라인 논쟁은 아마도 가장 무익한 활동일 것이다. 나는 인터넷 논쟁이 누구에게도 도움이 되지 않는다고 본다. 이 판단은 과학적 증거로도 뒷받침된다. 온라인 논쟁은 대면 논쟁보다 부정적 정서를 더 많이 불러일으키고 합의에 도달할 가능성은 더 작다. 결국 아무 진전도 없다. 트롤링을 무시하라. 그리고 당신 자신도 트롤링을 하지 말아야 한다.

이모지가 우리를 구할 수 있을까?

솔직히 이번 장은 꽤 우울했다. 소셜 미디어와 가상 상호작용을 신랄하게 비판하면서 정말 나는 우울했다. 그럼에도 뭔가 희망의 빛은 있어야 하지 않을까?

다행히도 뜻밖의 영웅이 인터넷의 위험으로부터 우리를 구해줄지도 모른다. 가볍게 웃는 노란 얼굴 뒤에 숨어 있는 구원자, 바로 이모지$_{emoji}$다.

"설마, 농담이죠?"라는 말이 절로 나올 것이다. 터무니없다고 느껴지겠지만 끝까지 들어보시라. 앞서 봤듯 실제 대면에서 문자 메시지로 이동할수록 우리는 점차 공감을 촉진하는 중요한 사회적 단서들을 잃는다. 그런데 이모지를 사용해 표정을 되살릴 수 있다면 어떨까? 대화가 조금 더 생생해지고 사회적 뇌가 더 잘 작동하지 않을까? 운이 좋다면 문자 기반 상호작용에 공감이 조금 더 스며들 수도 있다. 놀랍게도 몇몇 연구에 따르면, 고통을 표현하는 이모지(예: 😣, 😔)는 인간의 뇌에서 공감 반응과 유사한 반응을 유발한다.

인간의 얼굴이 고통을 그대로 드러낸다는 사실은 모르는 사람이 없을 것이다. 잠시 눈을 감고 누군가가 고통받는 모습을 떠올려보라. 아마 두 가지 장면 중 하나가 떠올랐을 것이다. 하나는 입과 눈을 크게 뜨고 만화에서처럼 "아악!" 하고 외치는 모습, 다른 하나는 눈을 꼭 감고 이마를 찌푸리며 이를 악문 채 "젠장, 발가락을 찧었어!"라고 하는 모습일 것이다. 여기서 두 번째 모습을 좀 더 살펴보자. 만약 당신에게

EEG electroencephalography(뇌파 기록) 장비를 연결해 뇌 표면의 전기 활동을 측정한다면, 이런 표정을 볼 때 특정한 뇌 반응이 나타날 것이다. 이 반응은 무표정한 얼굴을 볼 때와는 다른 패턴을 보이는데, 연구자들은 이를 뇌의 공감 반응 일부로 본다. 놀랍게도 EEG 기록은 사람들이 고통을 표현하는 이모지를 볼 때도 동일한 패턴을 나타낸다는 사실을 보여준다. 이런 이모지는 비현실적이고 만화 같은 얼굴일 뿐인데도(예: ☹), 실제 인간이 고통을 느낄 때 짓는 표정과 유사한 반응을 불러일으킨다.

물론 뇌가 이모지 얼굴에 보이는 반응이 실제 인간의 얼굴에 보이는 반응과 완전히 같지는 않다. 그 이유는 간단하다. 인간의 얼굴을 처리하는 것은 뇌에 훨씬 더 복잡한 과제이기 때문이다. 하지만 반응이 일부라도 겹친다는 사실은 인간이 느끼는 감정의 일부 요소를 이모지가 담고 있으며, 뇌가 그것을 어느 정도 받아들인다는 점을 보여준다.

나는 이모지가 문자 기반 상호작용을 풍부하게 하는 유용한 도구가 될 수 있다고 본다. 이메일, 문자, 소셜 미디어 댓글에는 우리의 말을 적절한 정서로 감싸고 우리의 내적 상태를 드러내 주는 사회적 단서가 빠져 있다. 사회적 단서가 결여된 이런 텍스트는 공허하고 차갑게 보일 수 있다. 그렇다면 이모지가 그 빈자리를 채워 메시지에 알맞은 정서적 색채를 덧입혀줄 수도 있을 것이다. 예를 들어 다음의 문자 대화를 비교해보라. 당신은 어떤 메시지가 더 따뜻하고 진정성 있으면서 강한 울림을 준다고 느끼는가?

질문
A. 입원했었다고 들었어. 지금은 괜찮은 거지?
B. 입원했었다고 들었어.(☺) 지금은 괜찮은 거지?(🙏)

응답
A. 문자 고마워. 많이 좋아졌어.
B. 문자 고마워.(☺) 많이 좋아졌어.(☺)

당신이 나와 비슷하다면, 두 메시지의 내용은 같지만 이모지가 포함된 메시지에서 감정이 더 잘 느껴졌을 것이다. 아마도 실제 표정이 불러일으킬 만한 신경 반응을 이모지가 촉발했기 때문일 것이다. 하지만 이모지에 대한 당신의 인식도 큰 영향을 미쳤을 가능성이 크다. 당신이 이모지를 유치하고 진실성이 없다고 본다면, 이모지가 포함된 메시지들은 아마도 진부하게만 느껴졌을 것이다.

솔직히 말해, 이모지가 상호작용에 미치는 영향에 대한 연구는 아직 초기 단계라 내가 여기서 제안하는 내용이 나중에 터무니없는 것으로 드러날 수도 있다. 만약 그렇게 된다면 내가

틀렸음을 공개적으로 인정하겠다. 하지만 여기에 하나 덧붙이는 것 정도는 괜찮지 않을까? (☺)

> **핵심 정리**
>
> 1. 인류는 수 세기 동안 비동기적 상호작용을 향해 지속적으로 전진해왔다. 그러나 뇌는 수백만 년간 얼굴을 맞대는 접촉을 기반으로 진화해왔기 때문에 가상 상호작용은 사회적 뇌에게 매우 비정상적인 경험이다.
> 2. 우리 몸은 본래 사회적 단서를 드러내도록 설계됐다. 따라서 이런 신호가 제거된 전화나 문자로는 상호작용의 질이 떨어진다.
> 3. 상호작용이 실제에 가까울수록 기분과 웰빙에 유익하다. 문자보다 영상 통화가 낫긴 하지만, 가장 좋은 방식은 대면 접촉이다.
> 4. 대면 상호작용 중 휴대전화를 사용하는 행위(퍼빙)는 그 상호작용의 가치를 훼손한다.
> 5. 소셜 미디어의 효과는 사회적 교류의 효과와 정반대다. 소셜 미디어 사용은 웰빙 수준을 떨어뜨리고 외로움을 더 깊게 한다.

6. 온라인 세상에서는 사회적 단서를 감지하기 어렵기 때문에 사람들이 덜 공감하게 된다. 이것이 가상 공간에서 적대감과 분노가 과도하게 드러나는 이유일 것이다.

7. 이모지는 인간의 얼굴이 불러일으키는 것과 유사한 뇌 반응을 일으키며, 문자 기반 상호작용을 풍부하게 하는 데 도움을 줄 수 있다.

7

서로 주파수를 맞추는 뇌

사랑, 접촉 그리고 깊은 관계는 뇌를 어떻게 자극하는가

올해 약 15만 명의 미국인이 대장암 진단을 받을 것이다. 안타깝게도 그중 약 3분의 1은 사망에 이를 것이다.

어떤 사람이 살아남을지는 어느 정도 예측할 수 있다. 만약 이 15만 명의 나이, 체중, 식습관, 생활 습관 등의 정보가 담긴 리스트를 살펴볼 수 있다면 누가 생존할지 대략 짐작할 수 있다. 통계적으로 볼 때 더 젊고 건강한 사람이 살아남을 것이다. 운동을 하고, 건강한 식단을 유지하며, 담배를 피우지 않는 사람들이 여기에 해당한다. 또한 수술이나 항암치료 같은 최신 치료법을 선택한 이들도 생존 가능성이 클 것이다. 그리고 어쩌면 예상 밖일 수도 있지만, 결혼 생활을 유지하는 사람들이 생존할 가능성이 클 것이다.

적어도 2013년에 실시된 한 연구에 따르면 그렇다. 이 연구는 미국인 암 환자 70만 명 이상의 결혼 여부를 조사한 뒤 치료 결과를 비교했다. 결과는 놀라웠다. 대장암 환자의 경우 결혼한 사람은 결혼을 하지 않은 사람과 비교할 때 사망 위험이 28퍼센트 낮았다. 다른 암에서도 같은 경향이 나타났다. 전립선암 24퍼센트, 유방암 22퍼센트, 식도암 23퍼센트, 두경부암 33퍼센트 식으로 낮았다. 가장 놀라운 결과는 이 암 환자들을 대상으로 한 화학요법의 효과를 보여주는 데이터와 이 수치들을 비교했을 때 드러났다. 연구진이 조사한 아홉 가지 암 가운데 다섯 가지에서 결혼한 상태가 항암 화학요법을 받는 것보다 생존 확률을 더 크게 높이는 강력한 요인이었던 것이다.

이는 화학요법이 효과적이지 않다는 뜻이 아니다. 화학요법은 확실히 효과가 있다. 이 연구 결과의 의미는 화학요법의 효과와 결혼의 보호 효과가 연관돼 있을 가능성이 매우 크다는 점을 드러냈다는 것이다. 배우자들이 서로 최선의 치료를 받도록 격려하기 때문이다. 연구에 따르면 미혼 환자들은 적절한 치료를 받지 못하는 경우가 많았는데, 이는 아마도 그들에게 치료를 받도록 격려해줄 파트너가 없었기 때문일 것이다.

배우자는 이렇게 조언을 해줄 뿐만 아니라 귀중한 사회적

지지도 제공한다. 당신이 암 투병 같은 힘겨운 현실에 직면하지 않았더라도, 고된 하루를 마치고 평생의 동반자가 건네는 돌봄 속으로 돌아오는 일은 큰 의미를 지닌다. 배우자가 제공하는 사회적 지지는 삶의 균형을 좌우할 만큼 결정적일 수 있다. 실제로 암 환자에게서 배우자의 사회적 지지는 스트레스를 완화하고 웰빙 수준을 지켜주는 효과가 있음이 밝혀졌다.

게다가 평생 이어지는 이런 강력한 관계는 뇌와 몸에도 특별한 혜택을 준다. 이런 관계는 우리의 웰빙 수준을 극적으로 높여주고, 기차에서 낯선 이와 나누는 대화로는 결코 얻을 수 없는 혜택을 안겨준다. 또한 부모가 될 기회를 열어주는데, 이 역시 강력한 치유 효과를 지닌다. 연인 관계와 부모-자녀 관계는 다른 모든 관계보다 더 높은 수준의 관계다. 이 관계는 일반적인 힘으로는 끊어낼 수 없을 정도로 강력하며, 이 관계를 유지하는 과정에서는 뇌 건강에 확실하게 도움을 주는 다양한 신경학적 메커니즘이 작동한다.

특정한 음식이 다른 음식보다 더 많은 영양을 제공하고 집에서 자는 밤이 낯선 호텔 침대에서 보낸 밤보다 더 깊은 휴식을 주듯, 특정한 관계가 뇌에 상대적으로 큰 이익을 줄 수도 있지 않을까? 분열된 세상에서 우리 뇌와 웰빙을 위해서는 유대가 필요하다. 하지만 지금 우리는 특별한 관계들이 지닌 소중한 가치를 대수롭지 않게 여기는 것 같다. 오늘날의 사회적 문제를 온전히 이해하려면, 가장 깊고 강력한 관계와 그 관계가 뇌에 부여하는 혜택을 깊이 생각해야 한다. 이제부터는 사랑에 관한 모든 것을 신경과학적 관점에서 살펴보자.

사랑에 빠진 뇌가 하는 일

당신은 한 번이라도 '진정으로, 깊이 그리고 미친 듯이 사랑에 빠져본 적'이 있는가? 그랬기를 바란다. 그리고 만약 그런 적이 있다면, 당신은 안드레아스 바텔스Andreas Bartels와 세미르 제키Semir Zeki의 완벽한 연구 대상이 될 수도 있었을 것이다.

1990년대 후반, 두 과학자는 바로 이 문구가 담긴 광고를 내고 연구 대상을 모집했다. 사랑에 빠진 사람들을 찾으려는 것이었다. 모집된 참가자들은 뇌 스캐너를 쓴 채로 파트너를 떠올리라는 요청을 받았다. 연구진의 목적은 사랑을 신경과학적으로 분석하는 것이었고, 다행히 성과를 거둔 듯하다. 참가자들의 뇌는 동성의 친구를 떠올릴 때와 달리, 사랑하는 사람을 떠올릴 때 독특한 활동 패턴을 보였다. 연인을 생각하는 순간 활성화된 영역은 섬엽피질과 전대상피질 등 감정적 공감을 담당하는 부위였으며 복측 피개 영역ventral tegmental area, 창백핵globus pallidus, 마이네르트 기저핵nucleus basalis of Meynert, 흑색질substantia nigra도 함께 활성화됐다. 이 네 영역의 이름이 주문처럼 들릴지 몰라도, 이들을 관통하는 공통점이 하나 있다. **모두 옥시토신 수용체를 가지고 있다는 점이다.**

옥시토신은 사회적 유대감 형성에서 핵심적인 역할을 하는 물질이다. 1장에서 언급했듯이, 옥시토신은 세로토닌과 도파민 분비를 유도해 사회적 보상감을 느끼게 하는 핵심적인 역할을 한다. 누군가의 존재만으로 엄청난 보상을 받는다고 느낀 적이 있는가? 질리지 않고 늘 함께 있고 싶은 사람이 있었는가? 사랑에 빠져본 적이 있다면 이런 경험이 낯설지 않을 것이다.

연애 초기에는 모든 것이 황홀하게 느껴진다. 상대의 모든 것이 완벽해 보이고, 그 사람의 곁을 떠나고 싶지 않다. 이는 강력한 옥시토신 분비로 설명할 수 있다. 옥시토신은 깊은 사회적 보상감을 만들어낸다. 인간은 다른 동물과 마찬가지로 생존과 번식이라는 두 가지 원초적 본능을 가지고 있다. 잠재적 짝을 만나면, 뇌는 그 곁에 있는 것만으로도 보상감을 느끼게 하기 위해 옥시토신을 분비한다. 그렇게 사람들은 사랑에 빠지고, 아이를 낳고, 인류가 번성한다.

따라서 뇌가 사랑에 빠질 때는 옥시토신이 흐른다고 단언할 수 있다. 이스라엘의 과학자 루스 펠드먼Ruth Feldman 박사는 연애를 시작한 지 몇 달 되지 않은 커플을 대상으로 옥시토신 수치를 측정했는데, 그 수치는 독신자의 약 두 배에 달했다. 이는 바텔스와 제키가 옥시토신 수용체를 가진 뇌 영역의 활동을 관찰한 이유를 설명해준다. 만약 옥시토신이 연애 관계를 붙들어두는 접착제라면, 사람들이 파트너를 생각할 때 그 뇌 영역이 활성화되는 것이 당연하지 않겠는가.

6개월 후 펠드먼 박사 연구팀은 그중 일부 커플을 다시 불러 옥시토신 수치를 측정했다. 초기 단계가 지난 뒤 옥시토신 수치가 떨어졌을까? 흥미롭게도 그렇지 않았다. 반년이 지났음에도 옥시토신은 여전히 비슷한 수준으로 분비되고 있었다. 이는 옥시토신이 단지 관계 초기에만 사람들을 이어주는 것이 아니라 시간이 지나도 지속적으로 유대감을 지탱한다는 사실을 시사한다.

두 물체를 붙일 때 접착제가 충분하지 않다면 어떻게 될까? 당연히 곧 떨어져 버릴 것이다. 연애 관계도 이와 다르지 않은 듯하다. 펠드먼 박사의 연구에서 많은 커플이 안타깝게도 6개월 고비를 넘기지 못하고 갈라졌다. 연구진은 이 현상을 기회로 삼았다. 처음 채취했던 옥시토신 수치를 다시 들여다본 결과, 끝내 헤어진 커플들은 연애 초기에 이미 옥시토신 수치가 상당히 낮았다는 사실이 드러났다. 옥시토신이 덜 분비되니 서로에게서 느끼는 보상감이 약했고, 결국 회복력 있는 유대가 형성되지 못한 것이다. 사람들의 옥시토신 수치만 봐도 관계의 향방을 예측할 수 있다는 얘기다.

이 모든 연구 결과를 바탕으로 볼 때, 우리가 사랑이라고 부르는 것은 결국 사회적 보상감이 넘쳐나는 상태일 가능성이 매우 크다. 사랑은 아마도 우리 뇌가 옥시토신을 왕성하게 분비하면서, 누군가의 존재에서 깊은 보상감을 느끼고 함께 시간을 보낼 때 만족감을 경험하는 상태일지 모른다. 만약 사랑이 단지 뇌의 사회적 보상 시스템이 최대치로 가동되는 현상이라면 사랑과 옥시토신은 사실상 동의어라고 할 수 있다. 실제로, 지금까지 살펴본 바는 이 생각을 뒷받침한다.

그렇다면 장기적인 관계에서는 어떨까? 수십 년을 함께한 부부에게서 옥시토신은 여전히 높은 수준을 유지할까, 아니면 서서히 줄어들까? 한 연구는 평균 21년간 행복하게 결혼 생활을 이어온 커플들에게 배우자를 떠올리게 한 뒤 뇌를 스캔했다. 이 연구는 다음과 같은 질문에 답하기 위해 설계된 것이었다. 연애 초기의 열정과 설렘이 오래전에 사라진 뒤에도 연인들은 여전히 서로의 뇌를 밝혀줄까, 아니면 옥시토신 신호가 이미 사그라들었을까?

다행히도 연구진은 우리가 모두 바라던 결과를 확인했다. 장기적인 파트너의 뇌는 막 사랑에 빠진 연인들의 뇌와 매우 유사한 패턴을 보였다. 옥시토신 수용체가 분포된 영역을 포함해 같은 부위가 대부분 빛을 발한 것이다. 수십 년을 이어온 사랑이라고 해도, 연인은 여전히 뇌를 마법처럼 밝혀주는 존재인 셈이다.

그렇다고 모든 장기적인 관계가 뇌의 옥시토신 시스템을 활성화하는 것은 아니다(찬물을 끼얹어서 미안하다). 연구에 참여한 커플들은 행복한 결혼 생활을 유지하고 있었고, 오랜 시간이 흘렀음에도 여전히 파트너와 '미친 듯이 사랑에 빠져 있다'고 말하는 사람들이었다. 연구에 따르면 결혼 생활의 질이 높다고 보고한 부부일수록 옥시토신 수치가 더 높았다. 이는 논란의 여지 없이, 사랑에 빠진 행복한 상태가 높은 옥시토신 수치와 연결된다는 사실을 보여준다. 그리고 나는 이 점에 우리가 훨씬 더 주목해야 한다고 본다.

이는 단순히 사랑이 즐겁고 멋진 경험이기 때문이 아니다. 옥시토신이 유대 형성을 돕는 데 그치지 않고 훨씬 더 많은 역할을 하기 때문이다. 실제로 옥시토신은 뇌와 몸에서 놀라울 정도로 건강에 이로운 작용을 한다. 일부 연구자는 다음과 같은 이유로 옥시토신을 '자연의 치유제'라고 부른다.

첫째, **옥시토신이 스트레스와 불안을 억제할 수 있다**는 동물 연구가 존재한다. 예를 들어 과학자들이 암컷 쥐에서 옥시토신 유전자를 제거하자 훨씬 불안한 행동을 보였고, 옥시토신을 투여했을 때는 한결 안정된 모습을 보였다. 인간에게서도 옥시토신은 사회적 스트레스를 조절하는 데 도움이 될 수 있다. 한 연구에서는 54명의 가수에게 무대에 오르기 전에 옥시토신과 위약을 무작위로 투여했는데, 옥시토신을 투여받은 이들은 공연이 훨씬 잘됐다고 느꼈다.

둘째, **옥시토신은 항염 작용을 한다.** 쥐에게 뇌 염증 반응을 유발하는 화합물을 주입했을 때, 미리 옥시토신을 투여한 경우 염증 반응이 줄어들었다. 놀랍게도 이 결과는 인간에게서도 그대로 나타났다. 남성에게 염증 반응을 일으키는 화합물과 함께 옥시토신을 투여했을 때, 염증 반응이 낮게 관찰된 것이다.

셋째, **옥시토신은 신경을 보호한다.** 뇌졸중을 겪은 쥐에게 옥시토신을 투여하자 손상 부위가 줄어들고 신경 염증이 줄어들었다. 마찬가지로 인간 뇌졸중 환자도 사회적 지지를 많이 받을수록 뇌졸중에서 빠르게 회복됐다.

넷째, **옥시토신은 상처 치유를 촉진한다.** 스트레스를 받은 상태에서는 상처 치유가 늦어지지만, 스트레스에 시달리던 햄스터에게 옥시토신을 투여하자 상처가 더 빨리 아물었다. 다른 햄스터들과 어울리게 했을 때도 같은 효과가 나타났는데, 이는 자연스럽게 분비된 옥시토신 덕분으로 보인다. 인간에게서도 옥시토신 수치가 높은 사람이 상처 치유 속도가 빠르다는 결과가 있다.

옥시토신이 이렇게 몸 전체의 수많은 시스템을 강화한다는 사실이 놀랍지 않은가? 이 밖에도 옥시토신은 면역 체계를 강화하고 뼈의 형성을 돕는 것으로도 밝혀졌다(뼈세포도 옥시토신 수용체를 가지고 있다). 그런데 이런 현상이 일어나는 이유가 뭘까? 왜 옥시토신은 사회적 유대와 직접적인 관련이 없는, 염증을 줄이는 것과 같은 놀라운 효과까지 보이는 걸까?

2장에서 살펴본 코르티솔을 다시 떠올려보자. 코르티솔은 단기적으로 염증을 줄여 우리가 다가올 도전이나 싸움에 대비할 수 있게 한다. 옥시토신도 비슷한 이유로 항염 작용을 할 수 있다. 생식 건강을 촉진하기 위해서다. 잠재적 짝을 만났을 때 종족 보존을 위해 번식이 가능해야 하므로 옥시토신을 분비해 염증을 줄이고 전반적 건강을 높여 그 준비를 돕는 것이다.

다시 정리해보자. 사랑에 빠져 행복한 관계에 있는 사람들의 옥시토신 수치는 더 높다. 그들은 파트너를 떠올릴 때 옥시토신 수용체가 발현되는 뇌 영역을 활성화한다. 이는 매우 중요한 사실이다. 연인으로부터 받는 사랑은 단지 기쁨과 즐거움의 원천이 아니라 '자연의 치유제'가 흘러나오는 샘물이라는 뜻이다. 회복을 촉진하는 옥시토신의 특성 덕분에 사랑은 우리의 건강과 웰빙 수준을 놀라울 정도로 높인다. 이는 자연과 진화가 선사한 또 하나의 선물이다. 마치 자연이 사랑을 찾고 가정을 이루는 경험을 중심에 두고 인간의 삶을 설계해, 그렇게 한 이들에게 확실하게 보상하려는 것 같다. 나는 우리가 이 사실을 적극적으로 활용해야 한다고 믿는다.

앞에서 언급한 15만 명의 암 환자를 다시 떠올려보자. **결혼**

한 사람들이 더 높은 생존율을 보인 것이 과연 놀라운 일일까?

뇌가 섹스를 좋아하는 이유

연애 관계의 가장 강력한 특징은 성적 친밀감이다. 따라서 이 관계가 왜 특별한지를 제대로 이해하려면 섹스가 뇌에 미치는 영향을 살펴봐야 한다. 이 주제에 관한 연구도 꽤 많이 이뤄졌다. 믿기 어렵겠지만, 참가자들에게 뇌 스캐너를 씌운 채 자위행위를 하거나 파트너로부터 성기 자극을 받도록 한 연구가 여러 차례 진행됐다. 물론 뇌 스캐너를 쓰고 실제로 성관계를 하는 것은 사실상 불가능하다(설령 가능하다고 해도 별로 만족스러운 경험은 아닐 것이다).

이런 연구는 하나의 사실을 분명하게 드러낸다. 이런 경험이 뇌 활동을 엄청나게 증가시킨다는 것이다. 성적 흥분기(오르가슴에 이르기 전까지 성적 흥분이 고조되는 과정)에 뇌의 활동은 여러 영역에서 점차 활발해진다. 마치 교향곡이 연주되면서 소리가 점점 커지는 과정과도 비슷하다. 그러다가 오르가슴을 느끼면 뇌의 활동은 절정에 이른다. 이때 뇌 활동은 폭발하듯 강렬하게 이뤄지다가 곧 평소의 잔잔한 리듬으로 돌아간다. 흥미로운 사실은 오르가슴을 느끼는 동안 활성화되는 뇌 영역과 흥분기에 활성화되는 뇌 영역이 다르다는 것이다.

오르가슴을 느끼는 동안 어떤 영역에서 메커니즘이 활성화되는지는 아직 정확하게 규명되지 않았다. 짐작하겠지만, 머리에 뇌 스캐너를 뒤집어쓴 사람이 오르가슴을 느끼는 상태를 연구하기란 여러 가지 이유로 결코 쉬운 일이 아니다. 오르가슴은 순간적으로 발생했다가 사라지는 데다 그 순간에는 몸이 어느 정도 움직일 수밖에 없기 때문에 뇌 영상의 선명도가 떨어진다. 그리고 무엇보다, 연구진이 지켜보는 상황에서 오르가슴을 느끼기란 쉬운 일이 아니다. 그럼에도 연구는 이뤄졌고, 그 결과는 다음과 같다.

오르가슴을 느끼는 순간 활성화되는 뇌 영역 중 하나는 복측 피개 영역으로, 도파민이 가장 많이 분비되는 곳이다. 동기부여와 보상 시스템에서 도파민이 핵심적인 역할을 한다는 사실을 고려하면 이는 별로 놀랄 일이 아니다. 인간을 포함한 모든 종의 생존에서 번식이 지닌 절대적 중요성 때문에 진화는 오르가슴이 강렬한 보상으로 작동하도록 만들어놓았다. 쥐를 대상으로 한 연구에 따르면 옥시토신 역시 오르가슴 과정에서 중요한 역할을 하는데, 성교 후 옥시토신을 분비하는 뉴런이 더 활발히 활동하는 것으로 나타났다.

여기서 주목할 점은 사회적 보상을 이끄는 세 가지 핵심 인자 가운데 도파민과 옥시토신, 이 두 가지가 오르가슴 과정에 관여한다는 사실이다. 이유가 뭘까?

생물학적으로 볼 때, 두 사람이 함께 오르가슴을 경험하면 임신 가능성이 생긴다. 아기는 부모가 함께 양육하고 보호할 때 생존 확률이 높아진다. 따라서 오르가슴과 사회적 보상에 관여하는 뇌 시스템이 겹쳐 있다는 것은 두 사람이 성관계를 통해 유대감을 형성할 가능성을 높여줄 수 있다. 이는 아기의 생존을 위해 성적 파트너 사이에 일종의 신경학적 접착제를 주입하는 진화 방식일지도 모른다. 그에 따라 우리는 단순히 오르가슴 자체에서만 보상을 느끼는 것이 아니라 그 순간을 함께한 상대의 존재에서도 보상을 느끼게 된다.

하지만 오르가슴이 주는 강렬한 황홀감은 어떻게 설명할 수 있을까? 뇌에는 이 현상을 담당하는 또 다른 시스템이 존재하는 것이 거의 분명하다. 만약 옥시토신과 도파민만 이 현상에 관여한다면 친구들과 어울리는 경험도 오르가슴처럼 느껴질 것이다. 하지만 다행히도 현실은 그렇지 않다.

그 강렬한 황홀감은 내인성 오피오이드endogenous opioids, 즉 엔도르핀endorphins과 관련이 있다. 엔도르핀은 뇌가 만들어내는 천연 진통제다. 한 연구에 따르면, 남성의 경우 파트너가 손으로 성기를 만져주었을 때(유감스럽게도, 이 행동을 가리키는 과학 용어는 따로 없다) 해마에서 오피오이드 신호가 증가했다. 다른 연구에서는 오피오이드 수용체를 차단하는 약물인 날트렉손

Naltrexone을 투여했을 때 오르가슴의 강도가 더 높아졌다. 엔도르핀이 오르가슴 과정에서 정확하게 어떤 역할을 하는지는 아직 명확하지 않지만, 어떤 방식으로든 관여하는 것만은 분명해 보인다. 이 과정을 분리해 규명하는 일은 오르가슴 신경과학 연구의 최전선이 될 것이다.

굳이 신경과학 책을 읽지 않아도, 성관계가 기분을 좋게 한다는 사실은 누구나 안다. 하지만 모든 것이 빠르게 디지털화되는 사회에서 우리는 이 주제를 다시 살펴볼 필요가 있다. 수많은 힘이 우리를 갈라놓고 있는 지금, 우리는 그 힘들과 함께 또 하나의 새로운 힘과 싸워야 하는 상황에 놓였다. 그 힘은 바로 챗GPT 같은 AI 기반 대형 언어 모델이다.

챗GPT가 인간의 성적 능력에도 위협적 존재가 될 가능성이 있지 않을까? 2024년의 한 보고서에 따르면 AI 챗봇과의 대화 약 20만 건 중 7퍼센트가 성적 내용을 포함하고 있었다. 7퍼센트라고 하니 적어 보일 수 있지만… 결코 무시할 수 없는 수치다.

나는 AI 챗봇과 야한 대화를 나누는 사람을 직접 본 적이 없기 때문에(정말 다행이라고 생각한다), AI 챗봇들이 어떤 이야기를 했는지 모른다. 다만 나는 성적 친밀감을 형성할 수 없는 인공지능과의 관계를 진정한 인간관계의 대체물로 여기는 것에 신중해야 한다고 생각한다. 나를 '꼰대'라고 불러도 좋다. 나는 인류가 그 길로 가지 않기를 진심으로 바란다. 그 길로 간다면 인류는 사회적·성적 접촉이 주는 이점을 누리지 못하게 될 뿐 아니라 아무런 결실도 남기지 못할 수 있다. 곧 알게 되겠지만, 인간이 아닌 존재가 주는 친밀감에 대해 우리 뇌가 보이는 반응은 인간이 주는 친밀감에 대한 반응과는 본질적으로 다르기 때문이다.

◎

연애 관계가 주는 또 하나의 생물학적 선물은 신체적 접촉이며, 이는 매우 중요하다. 연구에 따르면 마사지나 포옹을 비롯한 다양한 형태의 접촉은 성인에게서 코르티솔 수치를 조절하고, 통증을 줄이며, 우울감을 줄이고, 불안을 완화하는 데 도움이 된다. 마사지는 옥시토신 분비와도 연관돼 있는데, 옥시토신은 다양한 긍정적 효과를 가져온다. 일반적인 성인의 경우 이런 치유적 접촉 대부분은 연인 관계에서 비롯되지만, 누가 접촉하느냐와 관계없이 효과가 일관되게 나타난다는 점은 주목할 만하다. 연구에 따르면 신체적 접촉은 가족, 친구, 연인 또는 의료 전문가 누구에게서 받든지 정신적·신체적 이득을 제공한다.

신체적 접촉이 왜 이렇게 강력한 효과를 내는지 이해하려면 뇌가 접촉을 어떻게 처리하는지부터 살펴야 한다. 출발점은 피부다. 피부에는 *기계수용기*mechanoreceptor라고 불리는 촉각 수용기가 다양한 형태로 촘촘히 분포해 있다. 어떤 수용기는 진동이나 가벼운 압력에 반응하고, 어떤 수용기는 피부가 팽팽히 당겨지는 것에 반응한다. 뱀이 발목을 미끄러져 지나가는 것인지, 바람이 바짓단을 스친 것인지 구분해야 하기 때문이다. 서로 다른 촉각 수용기들의 존재는 피부 감각을 정밀히 탐지할 수 있게 한다. 그중 특히 중요한 것이 C 촉각 섬유C tactile fiber로, 느리고 가볍게 쓰다듬는 접촉을 감지한다. 이 섬유는 이런 접촉을 기분 좋게 느끼게 하는 역할을 하는 것으로 알려져 있다. 이제 이 섬유가 뇌로 신호를 전달하는 경로를 따라가 보자.

C 촉각 섬유가 감지하는 촉각 정보는 척수를 타고 두개골 아랫부분으로 올라가 보상 처리와 관련된 두 가지 뇌 영역을 활성화한다. 첫째는 안와전두피질orbitofrontal cortex, OFC이다. 이 영역은 뇌의 앞쪽 아래쪽, 즉 눈 바로 위에 위치한다. 안와전두피질이라는 이름은 안와*orbit*(안구가 들어가는 두개골 뼈의 빈 공간) 바로 위라는 위치에서 비롯됐다. 안와전두피질의 활성 수준은 어떤 자극이 얼마나 보상적인지에 의존한다. 예를 들어 당신이 맛있어 보이는 스테이크와 으깬 감자가 담긴 접시를 앞에 두고 앉아 있다고 상상해보자. 당신은 으깬 감자를 한 입 두 입 게걸스럽게 먹는다. 몇 입 먹고 나면 감자를 먹는 게 별로 재미가 없어지면서 감자의 매력이 점점 사라진다. 그사이 아직 손대지 않

은 스테이크는 여전히 먹음직스럽게 보인다. 그 순간에는 감자보다 스테이크의 냄새를 맡거나 맛을 보는 것이 당신의 안와전두피질을 더 크게 활성화할 것이다. 스테이크가 당신에게 더 큰 보상 가치를 지니기 때문이다. 안와전두피질은 선택지의 보상 가치를 토대로 결정을 내리도록 돕는다. 이 경우 안와전두피질은 감자를 더 먹기보다 스테이크를 한 입 먹으라고 신호를 보낼 가능성이 크다.

우리가 부드러운 접촉을 경험할 때 C 촉각 섬유가 안와전두피질을 활성화하며, 이는 뇌가 그 접촉을 기분 좋고 보상적인 것으로 인식한다는 뜻이다.

부드러운 신체적 접촉을 기분 좋게 느끼게 하는 두 번째 영역은 후방 상측두고랑posterior superior temporal sulcus, pSTS이다. 이 영역은 양쪽 귀 위쪽을 따라 뻗어 있다. 사람들이 부드러운 접촉을 받을 때, 그것을 더 긍정적으로 평가할수록 후방 상측두고랑의 활성도가 높아진다. 등 마사지나 발 마사지를 받으면서 기분이 좋아진 적이 있다면, 단순히 마사지사의 솜씨 덕분만이 아니라 안와전두피질과 후방 상측두고랑 덕분이기도 하다.

하지만 가장 중요한 사실은 따로 있다. 우리 등을 문질러주는 존재가 어떤 것이 아니라 어떤 사람이어야 한다는 것이다. 앞서 언급했듯, 인간이 아닌 존재가 주는 친밀감에 대해 우리 뇌가 보이는 반응은 인간이 주는 친밀감에 대한 반응과는 본질적으로 다르다. 이를 입증하는 근거는 사람 또는 로봇이 발 마사지를 하게 한 연구에서 발견됐다. 실험 참가자들은 눈을 가려 누가 마사지를 하는지 알 수 없었지만, 로봇이 마사지할 때 후방 상측두고랑의 활동이 더 적게 나타났고 쾌감을 덜 느꼈다고 평가했으며, **옥시토신 분비 수준도 더 낮게 나타났다.**

이 결과는 무엇을 의미할까? 왜 로봇의 마사지를 받을 때 옥시토신 분비가 더 적었을까? 단순히 로봇의 마사지 실력이 떨어져서일까, 아니면 그보다 더 근본적인 이유가 있을까? 좀 엉뚱하게 들릴 수도 있지만, 혹시 우리 몸이 사람에게 마사지를 받고 있다는 사실을 어떤 방식으로든 감지하고 그 사람과 유대를 형성하기 위해 옥시토신을 분비하는 건 아닐까? 그렇다면 로봇 마사지에서 옥시토신이 덜 분비된 이유도 설명할 수 있다. 유대를 맺을 사람이 없기 때문이다.

1년 후 같은 연구팀은 모든 것을 설명하는 후속 연구를 발표했다. 다시 한번 실험 참가자들은 사람이나 로봇에게 마사지를 받았지만, 이번에는 사전에 옥시토신을 투여받았다. 옥시토신은 실험 참가자들이 마사지에서 더 많은 쾌감을 느끼게 했지만, 그 효과는 사람이 마사지해줄 때만 나타났다. 또한 옥시토신은 사람에게 마사지를 받을 때만 안와전두피질과 후방 상측두고랑의 활동을 증가시켰다. 실험 참가자들의 뇌에서 무슨 일이 일어난 걸까?

앞에서 여러 차례 언급했듯이, 옥시토신은 사회적 보상감을 만들어낸다. 따라서 마사지를 받을 때 옥시토신이 분비되면 접촉이 더욱 즐겁게 느껴지고, 이는 마사지를 하는 사람과의 사회적 유대를 강화할 수 있다. 누군가가 당신을 만질 때 기분이 좋아진다면, 그 순간 그와 연결돼 있다는 느낌이 들 것이다. 하지만 로봇이 마사지를 한다면 그런 느낌이 들지 않을 것이다. 대부분 사람은 마사지 기계와 유대감을 형성하고 싶어 하지 않는다(고백하자면, 나는 아내가 쇼핑하는 동안 쇼핑몰의 안마 의자에 유대감을 느낀 적이 있다). 로봇의 마사지를 받을 때 옥시토신이 쾌감을 높이지 못한 이유가 바로 이것일 수 있다. 살아 숨 쉬는 존재가 아닌 로봇과는 유대를 형성할 수 없었기 때문이다. 다시 말해 뇌는 자신에게 접촉을 제공한 사람과 유대하고 싶을 때만 옥시토신을 분비해 마사지의 쾌감을 높이는 것으로 보인다.

이 생각을 확실하게 뒷받침하는 연구가 있다. 연구진은 남성 연구 조교와 여성 연구 조교를 이성애자 남성 참가자들에게 소개한 뒤(참가자들의 성적 지향이 중요한데, 그 이유는 곧 알게 될 것이다), 옥시토신을 투여하고 튜브 모양의 뇌 스캐너에 들어가게 했다. 스캐너 입구에는 천을 드리워 참가자가 자신의 하반신을 보지 못하게 했고, 이후 누군가가 방에 들어와 참가자의 다리를 부드럽게 만지기 시작했다. 연구진은 어떤 경우에는 남성 조교가 만지고 있다고 알려주었고, 어떤 경우에는 여성 조교가 만지고 있다고 알려주었다. 그러자 흥미로운 결과가 관찰됐다. 옥시토신을 투여받은 남성들은 자신의 다리를 만지는 사람이 여성이라고 믿을 때만 접촉에 대해 더 즐겁다고 평가했으며, 동시에 안와전두피질에서 활성 증가가 관찰됐다. 이는 이성애자 남성들이 남성 조교보다는 여성 조교와 유대감을 형성하려는 동기가 강하다는 점을 반영한다. 옥시토신이 이런 동기를 강화해 여성의 손길을 선택적으로 더 즐겁게 느끼게 한 것이다.

그로부터 몇 년 뒤 이 연구진은 개별 남성이 아닌 이성애자 커플을 대상으로 실험을 반복했다. 일부 참가자는 커튼 뒤에서 마사지를 하는 사람이 자신의 연인이라고 들었고, 다른 일부는 낯선 이성이라고 들었다. 결과는 같았다. 옥시토신을 투여받은 경우 연인의 손길이라고 믿었을 때만 접촉이 즐거웠다고 평가했고, 낯선 사람의 손길에는 그런 효과가 나타나지 않았다. 이는 옥시토신이 특정인의 신체 접촉과 결합해 그 감각을 강화하며, 우리가 가까워지고자 하는 대상과의 유대를 선택적으로 증진한다는 사실을 보여준다.

이 연구 결과는 연인 간의 신체적 접촉이 서로의 건강에 영향을 미칠 수 있다는 점을 시사한다. 파트너에게 마사지를 받을 때는 즐거움이 커질 뿐 아니라 옥시토신 분비도 증가할 수 있다. 따라서 옥시토신이 제공하는 지대한 혜택을 고려할 때, 연인 간의 신체적 접촉으로 인한 건강 증진 효과는 엄청나다고 할 수 있다. 신체적 접촉은 돈 들이지 않고 삶의 질을 높이는 방법이기도 하다. 당신은 연인에게 더 큰 즐거움을 주고 보상 관련 뇌를 활성화하고 옥시토신을 분비하게 하는 특별한 능력을 지니고 있다. 그러니 그냥 가서 그 사람을 만져라. 껴안거나 마사지를 해주어도 좋다. 그러고는 이 책이 그렇게 하라고 시켰다고 말해라.

고마워요, 어머니

로맨틱한 애정 관계만큼 신경학적으로 강력한 사회적 유대는 거의 없다. 하지만 그에 버금가는 유대가 있다. 부모와 자녀 사이의 유대다. 이 관계 역시 로맨틱한 관계와 마찬가지로 옥시토신이 깊이 관여한다. 실제로 부모가 자녀와 함께 무엇을 하든 옥시토신 수치가 급격히 상승한다. 아이와 놀거나 신체적으로 접촉할 때는 물론, 단지 바라보거나 아기가 울기 시작할 때조차 부모의 옥시토신 분비가 늘어난다. 이런 현상이 나타나는 데는 분명한 이유가 있다. 다량의 옥시토신 분비가 부모에게 자녀와 함께하는 시간을 강렬한 즐거움과 보상으로 느끼게 하기 때문이다. 부모가 자녀를 돌보려는 동기를 갖게 되는 것은 부모와 자녀의 상호작용이 이렇게 강력한 보상을 주도록 설계돼 있기 때문이다. 아기를 부모가 돌보지 않으면 누가 돌보겠는가. 동시에 아기 역시 보호와 보살핌을 받기 위해 부모에게 애착을 형성하도록 동기가 부여돼야 한다. 진화는 부모와 아이를 단단히 결속시키는 뇌 시스템을 필요로 했고, 그 해답은 옥시토신이었다.

부모-자녀 관계에서 옥시토신의 역할은 예상보다 훨씬 일찍 시작된다. 실제로 옥시토신의 역할은 부모와 아이가 처음 얼굴을 마주하기도 전에 시작된다. 놀랍게도 아이가 아직 자궁 안에 있을 때, 더 정확히 말하면 *자궁에서 나오기 시작하는 순간*부터 옥시토신은 특별한 책임을 떠맡는다.

산모는 출산 과정에서 대량의 옥시토신을 분비한다. 아마도 이는 어머니의 뇌가 아기의 탄생을 예상하며 강력한 유대를 형성할 준비를 하는 과정이라는 생각이 들 수도 있을 것이다. 하지만 실제로는 분만 과정에서 분비되는 옥시토신이 전혀 다른 역할을 한다는 사실이 밝혀졌다. 바로 출산 중 아기의 뇌를 보호하는 역할이다.

당신은 기억하지 못하겠지만, 출산은 결코 만만한 과정이 아니다. 극도로 격렬하며 극도의 스트레스를 주는 과정이다. 자궁에서 나오는 동안 아기는 갑자기 혈류가 제한되는 순간을 맞을 수 있으며, 그 결과 뇌로 전달되는 산소량이 감소할 수 있다. 이는 매우 치명적일 수 있다. 하지만 다행히도 산모가 분비한 옥시토신이 아기에게 전달돼 신경세포를 질식으로부터 보호하는 것으로 추정된다. 산모가 분비한 이 옥시토신은 아기의 뇌에서 신경세포의 신호 방식을 변화시킴으로써 대사 요구량을 낮춘다. 다시 말해 이 옥시토신은 신경세포의 에너지 사용량을 줄여준다. 이렇게 생각해보자. 만약 당신이 물속에 갇혀 산소가 부족하다면, 몸을 이완시키고 에너지 소모를 최소화해야 의식을 더 오래 유지할 수 있다. 이와 유사하게 옥시토신은 아기의 뇌에 있는 신경세포들이 '숨을 오래 참을 수 있게' 해 산소가 부족한 순간에도 살아남을 수 있도록 해준다. 놀랍게도, 산모가 갓난아기를 처음 안기도 전에 이미 몸이 아기를 위험에서 보호하는 것이다.

이 대목에서, 부모님이 늘 들려주시던 내가 태어날 때의 이야기가 떠오른다. 내가 세상에 나오는 길목에서 인생 최초의 시련을 맞이했던 순간, 탯줄이 내 목을 감아버린 순간의 이야기다. 내가 탯줄에 목이 졸리면서 심박수가 급격히 떨어지는 것을 알아차린 의사는 즉시 응급 제왕절개 수술을 결정했다. 다행히 나는 무사히 태어났다. 하지만 지금도 그 순간을 이리저리 재구성해보면 놀라움과 호기심이 동시에 밀려온다. 내가 목이 졸린 채로 사투를 벌이던 그 절박한 순간, 어머니의 옥시토신이 내 목을 감고 있던 그 탯줄을 타고 흘러들어 어린 신경세포를 보호하고 있었던 건 아닐까? 확인할 길은 없지만, 어머니의 옥시토신은 내 삶이 시작되기 전에 이미 나를 구하고 있었을지도 모른다. 내 존재를 위협하던 바로 그 탯줄을 통해서 말이다.

이 책을 쓰면서 나는 생명의 경이로움에 대해 많은 생각을 하고 있다. 생명체를 지탱하는 다양한 시스템이 얼마나 영리하게 작동하는지 떠올릴 때마다 경탄하게 된다. 세계 최고 수준의 두뇌 집단이라고 해도 이런 설계를 해낼 수는 없을 것이다. 의식적 사고와는 무관하게 정밀하게 작동하는 우리 몸의 이런 정교한 시스템들이 나는 너무나 고맙다. 우리 몸에 내재하는 복잡한 시스템 덕분에 우리는 태어나는 순간부터, 진화를 거쳐 오랜 세월 동안 형성된 지혜의 보호를 받고 있는 것이다.

나는 우리 모두가 어머니께 감사해야 한다고 생각한다. 어머니는 당신을 처음 품에 안기 전부터 이미 몸으로 당신을 지켜내고 안전하게 세상에 오도록 이끌었다. 어머니가 살아계신다면, 오늘 꼭 전화를 걸어 감사 인사를 드리자. 그리고 옥시토신을 주신 것에도 감사드린다고 말하자.

◐

앞서 나는 부모와 자녀 사이의 유대가 로맨틱한 애정 관계에 버금가는 신경학적 유대라고 말했다. 그렇다면 이 두 유형의 사랑은 뇌에서 얼마나 비슷하게 보일까? 자녀에게 느끼는 사랑과 연인에게 느끼는 사랑은 뇌 활동 측면에서 상당 부분 유사할까, 아니면 전혀 다를까?

  2004년, 로맨틱한 사랑을 하는 사람들의 뇌를 처음으로 연구했던 바텔스와 제키가 다시 연구를 진행했다. 이번에는 어머니가 자기 아이를 떠올릴 때 뇌에서 어떤 변화가 일어나는지 관찰했다. 연구 결과 이들은 어머니가 보통의 아이들을 생각할 때와 달리 자신의 아기를 생각할 때는 섬엽피질, 대상피질, 선조체, 흑질과 같은 특정 뇌 영역이 활성화된다는 사실을 발견했다. 여기서 주목할 점은 이 뇌 영역들이 로맨틱한 사랑에 빠진 사람들에게서 활성화되는 뇌 영역들과 대부분 겹친다는 사실이다. 아직 확실히 밝혀지지는 않았지만, 이 뇌 영역들은 아이와 연인을 향한 사랑의 중심이 되는 일종의 '사랑 네트워크'를 구성하고 있을 가능성이 있다. 만약 당신이 이 두 유형의 관계가 뇌 활동 면에서 중첩될 것이라고 예상했다면 제대로 본 것이다.

  하지만 차이가 있을 것으로 봤어도 틀린 건 아니라고 할 수 있다. 어머니가 자기 아이를 떠올릴 때 활성화되는 뇌 영역 중에는 연인을 떠올릴 때는 활성화되지 않는 영역도 있기 때문이다. 자기 아이를 생각할 때 어머니들은 연인을 떠올릴 때는 활성화되지 않는 안와전두피질(부드러운 촉각 자극을 받을 때 기분을 좋게 하는 바로 그 뇌 영역)과 수도관주위회색질periaqueductal gray(뇌간 깊숙이 위치한 작은 영역으로 통증 완화와 위협 탐지, 영적 경험에 관여한다)이 활성화됐다. 이 두 영역의 활성화는 자녀를 사랑하는 경험이 지닌 고유한 특성, 곧 연인을 사랑하는 경험이 지니는 특성과는 확실하게 구별되는 특성이 반영된 결과로 보인다.

뇌가 짝을 알아볼 때

영어에는 두 사람의 생각이 잘 맞을 때를 표현하는 관용구가 있다. 바로 'on the same wavelength(같은 파장 위에 있다)'다. 신경과학의 관점에서 보면 이 표현이 절묘하게 들어맞는다. 신경과학 연구에서 뇌 간 동기화라는 놀라운 현상이 관찰됐기 때문이다. 앞에서 언급했듯이, 뇌 간 동기화는 두 사람이 상호작용할 때 그들의 뇌가 어떤 방식으로든 동기화돼 거의 동일한 활동 패턴을 보이는 현상을 말한다.

뇌 간 동기화는 SF소설에 등장할 법한 말이라 오해를 불러일으키곤 한다. 어쩌면 당신은 뇌가 라디오 방송처럼 어떤 주파수를 가지고 있어서 다른 뇌가 가까이 다가오면 두 개의 뇌가 같은 파장에 맞춰지는 현상일 것으로 생각할지도 모르겠다. 하지만 전혀 그렇지 않다. 만약 뇌 간 동기화가 그런 것이라면 좁은 인도를 걸어가면서 이웃 사람과 스치거나 버스에서 누군가의 옆자리에 앉는 것만으로도 뇌 간 동기화가 일어날 것이다.

하지만 일반적으로 뇌 간 동기화 현상은 두 사람이 같은 경험을 하거나 협력할 때만 발생하며, 뇌 전체에서 일어나는 현상이 아니라 두 사람의 특정한 뇌 영역이 동기화되는 현상이다. 어떤 뇌 영역이 동기화되는지는 그 두 사람이 어떤 일을 함께하는지에 따라 달라진다.

예를 들어 길을 가다가 이웃 사람과 마주쳤을 때, 서로 눈을 바라보면서 충돌하지 않도록 조용히 협력했다면 뇌 간 동기화가 일어났다고 볼 수 있다. 공통의 목표를 달성하기 위해 두 사람이 함께 행동했기 때문이다. 흥미롭게도 한 신경과학 연구에 따르면, 한 대의 피아노를 두 명이 함께 연주할 때도 같은 이유로 뇌 간 동기화가 나타났다(덧붙이자면 두 사람의 뇌 활동을 동시에 측정하는 방법에는 재미있는 이름이 붙어 있는데, 매우 미래 지향적으로 들리는 하이퍼스캐닝 hyperscanning 이다).

그렇다면 뇌가 서로 동기화하는 이유는 무엇일까? 연구에 따르면 뇌 간 동기화는 팀워크를 강화할 수 있다. 실제로, 브레인스토밍을 할 때나 문제 해결을 함께하는 경우 뇌 간 동기화가 더 높은 수준으로 이뤄지는 팀이 더 좋은 성과를 보였다. 만약 길거리에서 마주친 이웃 사람과 뇌 간 동기화를 이루지 못한다면 어색하게 부딪히거나 발이 웅덩이에 빠질 가능성이 커질 것이다.

뇌 간 동기화를 촉발하는 또 다른 요인은 경험 공유다. 콘서트장에서 군중에 휩싸여 마법 같은 감각을 느껴본 적이 있다면 내가 무슨 말을 하는지 알 것이다. 모두가 음악에 정서적으로 몰입하는 순간은 경이롭다. 수천 명의 사람과 조율되고 있다고 느껴지는 그 순간, 실제로 당신의 뇌는 군중의 뇌와 동기화하고 있을 것이다. 연구에 따르면 콘서트 관객들은 특정 순간, 즉 모두가 집단으로 강렬한 음악적 쾌감을 경험할 때만 뇌 간 동기화를 보인다. 전율이 이는 음악적 열광의 순간에 군중의 뇌 간 동기화는 절정에 달한다. 전 세계에서 매일 밤 열리는 음악 행사의 군중 속에서 얼마나 많은 뇌 간 동기화가 일어나고 있을지 궁금해진다.

지금쯤 아마 당신은 내가 왜 갑자기 부모-자녀 관계 이야기에서 이웃 사람과 스치는 이야기와 콘서트 이야기로 넘어왔는지 궁금해하고 있을지도 모르겠다. 그 이유는 이 장에서 지금까지 다룬 깊은 인간관계가 '같은 파장 위에서' 형성된다는 사실에 있다. 연인들 사이의 뇌 간 동기화는 서로 낯선 사람들 사이의 뇌 간 동기화보다 훨씬 강력하며, 아이들의 경우에도 낯선 사람들과 게임을 할 때보다 부모와 게임을 할 때 더 높은 수준의 뇌 간 동기화가 이뤄진다. 부모와 자녀 간의 이런 고유한 뇌 간 동기화는 영아기부터 시작될 수 있다. 심지어 돌이 되기 전의 아기들조차 다른 여성보다 어머니와 더 강한 뇌 간 동기화를 보인다.

뇌 간 동기화는 매우 역동적이다. 연인 사이에서는 눈을 마주칠 때 정점에 이르며, 부모와 자녀 사이에서는 협력하지 않고 경쟁할 때 동기화가 줄어든다. 겉으로는 사소해 보일 수 있지만, 이런 차이는 뇌 간 동기화의 본질을 보여준다. 뇌 간 동기화는 뇌가 서로 협력하는 짝과 연결되는 현상이며, 적대하는 사이에서는 절대 일어나지 않는다. 생물학적으로 이렇게 말하는 셈이다. "우리는 같은 편이니 함께하자." 그러나 이 동기화는 쉽게 사라질 수도 있다. 사랑하는 부모와 자녀라도 경쟁 상황에 놓이면, 상호작용의 경쟁적 성격이 우위를 차지하면서 뇌 간 동기화를 막아버린다. 뇌가 혈연보다 동맹을 먼저 인식하고 그에 따라 우선순위를 정하기 때문이다.

나는 우리가 이 놀라운 능력을 소중히 여기면서 적극적으로 활용해야 한다고 믿는다. 뇌 간 동기화는 우리의 팀워크와 협업 능력을 강화하는 것으로 보이며, 여기에는 매우 중요한 의미가 있다. 모든 뇌가 서로 동기화를 이룰 수 있지만, 동기화는 깊은 유대를 나누는 두 뇌 사이에서 훨씬 더 잘 일어난다. 이는 우리가 가장 친밀한 사람과 협업할 때 더 효과적으로 일할 수 있다는 뜻이며, 일부 연구에 따르면 그 배경에는 우리의 친구 옥시토신이 있다. 예를 들어 두 남성이 협력 과제를 수행하기 전에 옥시토신을 투여받으면 뇌 간 동기화 수준이 더 높아진다. 옥시토신이 (행복한) 연인 관계와 부모-자녀 관계에서 특히 풍부하게 분비된다는 사실을 고려하면, 이 화학물질이 뇌 간 동기화를 더욱 쉽게 형성할 수 있게 하는 주요 요인일 가능성이 있다.

언제나 그렇듯이 이런 현상은 진화적 관점에서 봤을 때 자연스럽게 이해된다. 뇌 간 동기화는 가까운 사람들과의 팀워크를 원활하게 해 생존 확률을 높이는 수단으로 진화했을 가능성이 크다. 아주 먼 옛날 위험으로 가득 차 있던 세상에서는 배우자 및 아이들과의 협력이 무엇보다 중요했을 것이고, 따라서 가장이 최우선으로 보호해야 할 대상이 바로 그들이었을 것이다. 이 과정에서 옥시토신은 두 사람의 뇌를 같은 정신적 공간으로 이끌어 협력하게 하고, 공동의 적을 물리치거나 다른 장애물을 극복하도록 도움을 주었을 것이다.

하지만 옥시토신이 이 모든 일을 해낼 수 있게 한 유일한 요인은 아니다. 뇌 간 동기화를 촉발하는 다른 요소들도 분명히 존재한다. 예를 들어 체취 같은 것이다. 농담이 아니다. 아기가 낯선 여성보다는 어머니와 더 잘 동기화된다는 사실을 기억하는가? 낯선 여성 앞에 엄마의 체취가 밴 티셔츠를 두었을 때 아기의 뇌는 마치 그녀가 엄마인 것처럼 그 여성의 뇌와 동기화됐다. 성인의 경우에도 체취가 뇌 간 동기화를 촉발하는지는 아직 과학적으로 입증되지 않았다. 아마도 체취는 시각이 충분히 발달하지 않은 탄생 초기에 아기가 어머니를 인식하도록 돕는 역할을 했을 가능성이 있다. 그러나 최소한 이 사실만으로도 뇌

간 동기화가 여러 요인에 따라 이뤄진다는 사실을 알 수 있다. 언제나 그렇듯 우리 몸에는 놀랍고 경이로운 비밀이 숨어 있으며 과학은 우리가 전혀 예상치 못한 사실을 드러낼 때가 많다.

∞

이 장을 읽으면서 당신은 또 다른 소중한 유대, 즉 우정에 대해 궁금해졌을지도 모른다. 가장 친한 친구의 뇌도 당신의 뇌와 동기화될까?

그렇다고 할 수 있다. 실제로 친구들 사이에서는 낯선 사람들에 비해 뇌 간 동기화가 일어날 가능성이 크다. 하지만 특정한 상황에서만 그렇다. 예를 들어 친구들은 서로 눈을 맞추거나 협력적인 과제를 함께 수행할 때 높은 확률로 뇌가 동기화된다. 하지만 경쟁적인 게임을 할 때는 뇌 간 동기화가 거의 이뤄지지 않는다. 사실상 낯선 두 사람보다 조금 나은 수준에 불과하다. 즉 친구들은 낯선 사람들보다 뇌 간 동기화가 잘 일어나지만, 그 연결이 연인 사이만큼 견고하지는 않다. 연인들은 다양한 상황에서 친구들보다 훨씬 더 강한 뇌 간 동기화 양상을 보였다. 요약하자면, 뇌 간 동기화는 낯선 사람들보다는 친구들 사이에서 더 쉽게 일어나지만 가장 쉽고 흔하게 동기화되는 건 연인 관계다.

이는 진화론으로 완벽하게 설명할 수 있다. 인간의 가장 중요한 목표가 생존과 번식이라면, 우리는 번식의 두 핵심축인 연인 및 자녀와 가장 강하게 뇌 간 동기화를 이뤄야 한다. 따라서 이 드문 능력은 이런 특별한 관계에서 가장 많이 나타나며, 친구 사이에서는 그보다 적게 나타난다(그래도 서로 모르는 사람들 사이에서보다는 더 많이 나타난다).

조금 실망스러울 수도 있을 것이다. 하지만 우정에는 우리가 아직 잘 알지 못하는 희망적인 면도 있다. 당신과 친구는 실제로 어떤 특별한 부분이 비슷하다는 점이다. 바로 뇌다. 당신과 친구는 연인들처럼 뇌가 쉽게 동기화되지는 않지만, 실제로 뇌가 서로 닮았을 가능성이 있다. 관련 연구에 따르면 친구들은 전전두피질, 측두피질, 안와전두피질, 편도체 등 '사회적' 뇌 영역의 구조가 비슷하다. 즉, 친구들의 뇌는 서로 친구가 아닌 사람들의 뇌에 비해 해부학적으로 더 비슷한 모양을 하고 있다. 왜 이런 현상이 나타나는지는 확실히 밝혀지지 않았다. 하지만 호모필리*homophily*, 즉 자기와 비슷한 사람을 좋아하는 성향에서 그 답을 찾을 수 있을지 모른다. 어쩌면 우리 뇌는 누군가의 뇌가 자기와 같은 방식으로 구성돼 있다는 사실을 저절로 알아차릴 수 있는지도 모른다.

나는 당신이 이 장을 통해 살면서 만난 소중한 사람들에게 감사하는 마음을 가지게 됐기를 바란다. 철학자 조지 산타야나 George Santayana는 "가족은 자연이 만든 걸작 중 하나다"라고 말했다. 부모와 자녀, 배우자가 뇌를 특별한 방식으로 활성화해 옥시토신 분비를 촉진하고 뇌 간 동기화를 일으킨다는 사실을 떠올린다면, 이 말은 전혀 다른 뜻으로, 즉 가족은 몸 전체의 건강을 좋게 해주고 사회적 협력의 가능성을 높여준다는 뜻으로 이해될 것이다. 이런 의미에서 가족은 진정으로 자연이 만든 걸작 중 하나임이 확실하다.

하지만 이 소중하고 드문 유대도 언제든 위태로워질 수 있다. 부모, 자녀, 배우자 사이 다툼이 격렬하게 번져 이 중요한 관계가 허무하게 무너지기도 한다. 그런 순간에는 스스로에게 물어야 한다. 다툼의 내용이 더 중요한가, 아니면 이 드물고 대체 불가능한 유대가 더 중요한가?

당신의 뇌와 몸을 위해 이 특별한 관계가 주는 정서적·생물학적 혜택을 온전히 누려야 한다. 가족과 최대한 친밀하게 지내면서 그들을 소중히 여기자. 인간은 서로를 필요로 하는 존재라는 사실 그리고 우리에게 가장 가까운 사람들이 주는 영향만큼 강력한 것은 거의 없다는 사실을 절대 잊지 말아야 한다.

핵심 정리

1. 사랑할 때는 뇌에서 옥시토신이 분비된다. 옥시토신은 상호작용 자체를 보상적으로 만들어주면서 일종의 신경학적 접착제처럼 작용해 두 사람을 묶어준다.
2. 결혼한 사람은 미혼인 사람보다 암으로 사망할 가능성이 더 작다. 이는 옥시토신이 항염 효과, 신경 보호 효과, 상처 치유 촉진 효과 같은 건강 증진 속성을 지니기 때문일 수 있다.
3. 사회적 접촉은 옥시토신 분비를 촉진하고, 코르티솔 수치를 조절하며, 통증·우울·불안을 완화한다. 이 과정에는 안와전두피질과 후방 상측두고랑이 관여하는데, 접촉의 사회적 성격이 핵심적이다. 로봇에게 안마를 받는 것은 옥시토신 분비를 그만큼 유발하지 못한다. 옥시토신은 연인이나 성적 관심의 대상처럼 자신이 유대를 맺기를 원하는 사람과의 접촉에서 더 많이 분비된다.
4. 옥시토신은 부모-자녀 관계에서 특히 많이 분비된다. 이 옥시토신은 끊을 수 없는 유대를 형성하는 데 도움을 주고, 심지어 출산 과정에서도 아기를 보호한다.
5. 두 사람이 함께 일하거나 경험을 공유할 때 뇌가 서로 동기화될 수 있다. 이런 뇌 간 동기화는 연인 사이와 부모-자녀 관계에서 가장 강하게 나타난다.

8

상호작용을 잘하는 방법
호감의 과학

    1990년대 후반, 배우 제니퍼 애니스턴은 세계의 많은 사람을 매료시켰다. 이전에 그녀는 별로 알려지지 않은 배우였고, 당신이 들어보지도 못했을 소규모 영화에서 단역을 맡곤 했다. 그러다가 1994년 유명한 TV 시트콤 〈프렌즈〉에서 레이철 그린 역에 캐스팅되면서 한순간에 스타가 됐다. 그때부터 그녀는 엄청난 인기와 명성을 누렸다. 여성들은 그녀의 옷차림을 따라 했고, 극 중 이름을 딴 '레이철'이라는 헤어 스타일이 유행했다. 심지어 신경과학자들은 그녀의 사진을 실험에 사용해 동일한 사람의 얼굴을 여러 장 보여주면 뇌에서 특정한 뉴런이 반복적으로 활성화된다는 사실을 발견하기도 했다. 제니퍼 애니스턴 뉴런$_{\text{Jennifer Aniston neuron}}$이라는 용어는 실제로 이렇게 만들어진 것이다. 농담이 아니다.

되돌아보면, 제니퍼 애니스턴이 그렇게 많은 사랑을 받은 것은 예정된 일이었다. 그녀가 연기한 캐릭터는 호감$_{\text{likeability}}$을 구성하는 퍼즐의 모든 조각을 갖추고 있었으니 말이다. 레이철 그린은 아름답고 유머러스하며 외향적이었다. 그녀의 모든 대사는 재치 있었고 현실적이고 공감을 일으켰다. 발랄하고 매력적이면서도 정직하고 진정성이 있었다. 달리 말해, 제니퍼 애니스턴의 인기는 과학으로 예측할 수 있는 것이었다. 레이철 그린이라는 캐릭터는 사랑받도록 각본화돼 있었고, 애니스턴은 그 캐릭터를 탁월하게 구현했다.

호감의 신경과학

2017년, 프랑스의 과학자 브누아 바르디$_{\text{Benoit Bardy}}$ 박사는 실험 참가자들에게 낯선 사람과 짧게 대화하도록 짝을 지어주었다. 참가자들은 자신이 실제로는 호감형 또는 비호감형 역할을 맡은 배우와 상호작용하고 있다는 사실을 모르는 상태였다. 호감 조건에서는 두 사람이 취미나 전공 같은 중립적 주제에 대해 이야기했고, 배우는 다정하고 외향적으로 행동했다. 논문에 따르면 이 조건에서 "배우는 대화에 완전히 몰입해 주의 깊게 경청했고, 참가자에게 적절히 반응했다. 전화가 걸려오거나 메시지가 오지 않도록 전화기를 꺼두었다." 분명 이 배우는 사랑스러워 보였을 것이다.

비호감 조건은 전혀 달랐다. 중립적 주제 대신 동성 결혼 같은 논쟁적 주제를 다뤘다. 배우는 참가자의 의견을 확인한 뒤 의도적으로 반대 입장을 밝혔다. 눈을 마주치지 않았고, 참가자가 말할 때는 주의를 기울이지 않았다. 심지어 알람을 맞춰 대화 도중 전화가 울리게 했고, 수시로 문자를 보냈다.

솔직히 말해서, 나도 이런 사람은 정말 싫다. 이런 행동들은 꽤 불쾌하게 느껴질 것이고, 그 사람을 좋아하게 하지 못할 것이다. 연구진이 의도한 게 바로 그것이었다. 배우는 일부러 모든 것을 잘못된 방식으로 했다. 비협조적이고, 부주의하며, 무례했다. 반면 호감 조건에서는 친절하고 몰입하며, 예의 바른 태도를 보였다. 나부터도 당연히 호감형과 함께 있는 것을 훨씬 더 좋아할 것이다.

제니퍼 애니스턴의 캐릭터가 성공을 위해 각본화돼 있었듯, 호감형 배우의 경우도 그랬다. 우리가 서로에게서 받는 인상은 결코 우연에 의한 것이 아니며, 실제로는 과학으로 확실하게 입증된 몇 가지 원칙에 따라 형성된다. 바르디 연구팀은 그 핵심을 정확히 짚었다. 타인에 대한 인상을 형성하는 과정에는 전전두피질 같은 뇌 영역이 관여한다. 2장에서 언급했던 정원용품 가게 직원 샌디는 나에 대한 인상을 형성할 때 이 영역을 사용했을 가능성이 크다. 전전두피질 안에는 이 과정에서 특별한 역할을 하는 두 하위 영역이 있다. 복내측 전전두피질ventromedial prefrontal cortex, vmPFC과 배내측 전전두피질dorsomedial prefrontal cortex, dmPFC이다. 복내측 전전두피질은 매력적인 얼굴을 볼 때 활성화되고, 누군가를 더 호감 있게 평가할수록 활동이 더 강해진다. 이 영역은 당신의 뇌가 누군가를 얼마나 호의적으로 생각하는지 보여주는 중요한 허브로 보인다. 정수리에서 아래쪽으로 2~3센티미터 정도 떨어져 있는 배내측 전전두피질도 유사한 역할을 한다. 이 영역의 활동을 관찰하면 우리가 타인에게 얼마나 매료되는지 추적할 수 있다.

한 연구에서는 미혼 참가자들이 뇌 스캐너를 쓰고 다른 미혼자의 사진을 보게 했다. 연구진은 참가자들이 데이팅 앱에서 사진을 넘기며 잠재적 데이트 상대를 선택하는 동안 뇌 활동을 측정했다. 재미있는 사실은 사진을 본 뒤 참가자들이 실제로 스피드 데이트를 하게 됐다는 점이다. 놀랍게도, 애초에 특정인의 사진을 봤을 때 참가자의 배내측 전전두피질이 활성화됐다면 이후 그 사람과 두 번째 데이트를 원할 가능성이 컸다. 이는 틴더 앱을 들여다보는 사람의 뇌 활동을 fMRIfunctional MRI(기능적

자기공명영상)로 측정한다면, 그 결과로 실제 데이트의 성패를 예측할 수 있다는 뜻이다. 하지만 배내측 전전두피질이 겉모습에만 매료되는 건 아니다. 이 영역은 누군가의 특성을 판단하는 더 정교한 메커니즘에도 관여한다. 내가 정원용품 가게에서 손가락을 튕겨 샌디의 배내측 전전두피질 활동을 교란하는 마법을 부릴 수 있었다면 그녀는 내가 이기적인지, 외향적인지, 신뢰할 만한지 같은 특성을 판단하기가 어려웠을 것이다.

누군가가 당신을 만날 때 그 사람의 뇌는 당신에 관한 방대한 정보를 받아들인 뒤, 전전두피질을 통해 그 정보를 융합해 '그 사람이 나를 좋아하는가, 그렇지 않은가?'라는 질문에 답을 찾는다. 이 질문은 수천수만 년 동안 인류를 괴롭혀온 화두다. 그 사람은 두 번째 데이트를 원할까? 부모님이 나를 좋게 생각하실까? 그 일자리를 얻을 수 있을까? 인간은 평판에 집착한다. 유전자가 그렇게 설계돼 있기 때문이다. 이가 빠지는 꿈, 벌거벗은 채 사람들 앞에 서 있는 꿈, 시험을 망치는 꿈 같은 악몽은 모두 평판에 대한 불안감이 반영된 것이다.

그렇다면 도대체 왜 우리의 유전자는 이렇게 설계된 걸까? 그 이유는 분명하다. 오랫동안 인간은 서로에게 의존해야만 살아남을 수 있는 사회적 종이었기 때문에 호감을 얻는 일이 생존에 필수적이었다. 집단에서 쫓겨날 만큼 미움을 받는 것은 곧 죽음을 의미했다. 선사 시대의 세계에서 홀로 남겨진 인간은 맹수에게 너무도 쉬운 먹잇감이었다.

호감을 얻지 못해 집단에서 밀려난 고대의 조상들에게는 희망이 없었다. 하지만 당신에게는 좋은 소식이 있다. 연구자들은 수십 년 동안 호감을 심리학적으로 연구해왔으며, 누군가가 얼마나 호감을 얻는지를 좌우하는 요인들을 상당히 잘 파악하고 있다. 이런 연구 결과에 따르면, 어떤 특성들은 전전두피질을 자극해 긍정적인 판단을 끌어내는 반면 어떤 특성들은 정반대의 결과를 낳는다. 나는 이런 요인들을 배우는 것이 세 가지 이유에서 가치가 있다고 생각한다.

첫째, 사회적 교류가 주는 혜택을 얻고자 한다면 반드시 성공적인 상호작용을 해야 한다. 호감을 얻으면 관계를 더 깊이 발전시킬 수 있고, 그럼으로써 건강과 웰빙 수준을 한층 더 높일 수 있다.

둘째, 자신의 행동이 타인이 자신을 어떻게 평가하고 받아들이는지에 어떤 영향을 주는지를 이해하는 것은 관계를 구축하는 데 대체로 도움이 된다. 그렇다고 해서 우리가 인간관계를 *해킹*하거나 *최적화*해야 한다는 뜻은 아니다. 상대를 불편하게 할 수 있는 성가신 행동을 하지 않는 편이 언제나 도움이 된다는 뜻이다. **불편한 진실 3: 뇌는 사람들을 갈라놓을 수 있는 내적 결함을 지니고 있다**를 다시 떠올려보자. 사람들을 갈라놓고 자신을 비호감으로 만드는 요인들이 어떤 것인지 안다면 확실히 도움이 될 것이다. 이 책의 목적은 우리의 사회적 교류를 최대한 의미 있게 하는 것이며, 타인에게 좋은 인상을 주는 일은 그 과정의 중요한 한 부분이다.

셋째, 연구에 따르면 호감형인 사람들은 놀랄 만큼 많은 혜택을 누린다. 예를 들어 학생들은 교수를 좋아할수록 강의를 더 좋게 평가하고 교수의 지시를 더 잘 따른다. 모의 형사 재판에서 호감도가 낮은 전문가의 증언은 덜 설득력 있다고 평가된다. 라이브 스트리밍 시장에서는 호감도 높은 스트리머가 더 많은 팁을 받고 시청자 참여도 역시 더 높다. 삶의 많은 영역에서 호감은 도움이 된다. 그렇다면 자신을 조금 다듬어 관계를 더 깊게 함으로써 성공에 더 가까워지지 않을 이유가 없지 않을까?

반면 미움을 받는 일은 득 될 것이 없다. 4장에서 봤듯, 사람들은 싫어하는 대상에게 덜 공감한다. 심지어 남성은 그 대상이 고통스러운 전기 자극을 받을 때 쾌락 관련 뇌 반응을 보이기까지 한다. 비호감으로 사는 건 이렇게나 불편한 일이다.

지금쯤이면 당신도 웰빙 수준을 높이기 위해 사회적 상호작용에 참여해야겠다고 마음먹게 됐기를 진심으로 바란다. 그리고 실제로 그런 사회적 상호작용이 일어날 때, 호감도가 무엇인지 잘 알고 있다면 더 큰 자신감을 가질 수 있을 것이다. 이제 호감도를 형성하는 핵심 변수들을 살펴보자. 이를 위한 가장 적절한 방법은 자기 자신이 실제 상호작용 상황에서 어떤 행동을 하는지 살펴보는 것이다.

호감을 이끄는 요인들

당신은 최근 새로운 연애를 시작했고, 이제 관계가 꽤 진지해지고 있다. 그는 당신에게 훌륭한 파트너이며, 당신은 지금껏 느껴본 적 없는 행복을 맛보고 있다. 가을의 맑고 선선한 토요일 오후, 당신은 그와 함께 동네 커피숍으로 향한다. 오늘은 특별한 날이다. 일주일 내내 기다려온 순간이다. 당신은 이제 막 파트너의 가장 친한 친구 래리를 만나려 한다. 파트너와 래리가 얼마나 가까운지, 학교 다닐 때 어떻게 지냈는지 등 이미 많은 이야기를 들었다. 당연히 당신은 좋은 첫인상을 남기고 싶다. 커피숍에 들어서는 순간, 긴장감을 감출 수가 없다. 당신은 이 만남을 망치고 싶지 않다.

당신이 자리에 앉자 파트너가 불안한 표정으로 당신을 바라본다. 그 순간 당신은 그가 뭔가를 말하지 않았다는 느낌을 받는다. "저기… 서운해하지 않았으면 해" 그가 말한다. "아직 래리한테 자기 얘기를 안 했어. 래리는 내가 누굴 만나고 있는지 전혀 몰라. 놀래게 해주고 싶었거든."

당신은 당황스러워서 무슨 얘기냐고 묻고 싶었지만, 이미

늦었다. 커피숍 문이 열리며 래리가 들어온다. 당신은 깊게 숨을 들이마시면서 최고의 모습을 보여줄 준비를 한다. 이제 시작이다.

이 상황에 있는 당신에게 나는 두 가지 사실, 즉 당신에게 유리한 사실과 불리한 사실을 말해주고 싶다. 유리한 사실은 호감도에 영향을 주는 요인 중 상당수는 다행히도 당신이 통제할 수 있다는 것이다. 불리한 사실은 일부 요인은 당신이 통제할 수 없다는 것이다. 앗, 래리가 가까이 왔다. 자연스럽게 행동해야 한다.

통제할 수 없는 요소들

래리는 "나 왔어!"라고 당신의 파트너에게 말을 건넨 뒤, 살짝 웃으면서 "이분은 누구셔?"라고 묻는다.

당신은 긴장한 채 어색하게 손을 내밀며 자신을 소개한다. "안녕하세요, 래리. 만나서 반가워요. 당신 얘기를 정말 많이 들었어요. 제 이름은….'

그 순간 문득 이런 생각이 스친다. 래리가 당신의 이름으로 당신을 판단할지도 모른다는 생각이다. 그러지는 않으리라는 생각, 당신의 이름이 당신에 대한 인상을 형성하는 데 영향을 미치지는 않으리라는 생각이 뒤를 잇는다.

하지만 사실 이런 생각이 아주 터무니없는 것은 아니다.

1995년에 수행된 한 연구에서 연구진은 참가자들에게 이름이 연상시키는 긍정적 특성(예: 책임감, 관용)을 고르게 했다. 이름의 절반은 흔한 이름(마이클, 제니퍼 등)이고, 나머지는 비교적 드문 이름(로드니, 조앤 등)이었다. 흥미롭게도 학생들은 드문 이름보다 흔한 이름에 두 배가 넘는 긍정적 특성을 연결했다. 이는 희귀한 이름이 덜 호의적으로 인식될 수 있음을 시사한다. 이와 비슷한 연구 결과는 또 있다. 초등학생을 대상으로 한 다른 연구에서는 흔한 이름을 가진 아이들이 더 인기 있고, 에세이 점수도 더 높게 받는 경향이 나타났다. 한편 발음이 어려운 이름을 가진 사람은 덜 믿음이 가고 더 위험하다는 평가를 받는다. 이름은 래리가 당신에 대해 가장 먼저 알게 되는 정보이므로, 당신에 대한 그의 인상 형성에 어떤 식으로든 영향을 줄 개연성이 있다.

이상한 일이긴 하지만, 당신의 이름은 당신이 얼마나 매력적인지에 대한 래리의 생각에도 영향을 줄 수 있다. 얼굴 사진과 함께 제시된 이름이 더 매력적인 이름으로 평가될 때(대니얼, 알렉산더 등), 사진 속 모델은 더 잘생기거나 예쁘다고 판단된다. 반대로 매력적이지 않다고 평가된 이름(트레이시, 케네스 등. 트레이시와 케네스에게 미안하지만, 연구 결과가 그렇다)과 함께 사진이 제시될 때는 사진 속 모델이 덜 매력적이라고 판단됐다. 이 효과는 특히 여성에게서 강했다. 평균적으로 여성은 호의적인 이름과 연계될 때 매력도가 거의 10퍼센트 높게 평가됐다.

그렇다면 당신은 래리에게 손을 내밀며 자신을 소개할 때 가짜 이름을 써야 할까? 굳이 그럴 필요는 없을 것이다. 적어도 나는 그렇게 생각한다. 다른 사람을 기쁘게 하기 위해 자신의 본모습이 아닌 모습을 보여준다고 해서 삶이 더 나아질 거라고 보지 않는다. 게다가 과학은 진정성$_{authenticity}$과 호감도 사이에 긍정적 상관관계가 있음을 보여준다. 사람들이 누군가를 더 호의적으로 대하는 것은 그가 진정성 있는 사람으로 보일 때다. 그냥 당신 자신이 돼라. 호감을 얻겠다고 자신의 진짜 정체성을 희생하는 것은 헛된 일일 뿐 아니라 결국 당신을 곤란한 상황에 빠뜨릴 수 있다.

다시 래리를 만나는 상황으로 돌아가 보자. 그에게 당신의 (진짜) 이름을 말하는 순간, 당신은 그가 꽤 잘생긴 사람이라는 걸 알게 된다. 곧 당신은 자신의 외모를 떠올리며, 혹시 래리의 마음에 안 드는 건 아닐까 걱정하기 시작한다.

사실 외모는 엄청나게 중요하다. 잘생긴 사람들은 놀라울 정도로 많은 혜택을 누린다. 외모가 매력적인 사람들은 더 호감 있고, 더 신뢰할 만하며, 더 성실하고 이타적이며, 심지어 더 지적이라고 평가된다. 이런 경향은 아름다움은 좋은 것이라는 고정관념에서 발생하는 일종의 후광 효과로, 우리가 타인을 판단하고 대하는 방식에 깊숙이 스며들어 있다. 한 연구에서는 외모가 매력적인 직장인이 승진과 임금 인상 가능성이 더 크다는 사실이 드러났다. 또 다른 연구에서는 남성 교수가 강의하는 대학 수업에서 외모가 뛰어난 여학생들이 온라인 수업보다 대면 수업에서 더 높은 성적을 받는 것으로 나타났다. 이름과 외모라는 요소만으로도 당신이 타인에게 주는 인상의 상당 부분이 이미, 당신이 개입하기도 전에 결정돼버린다는 사실이 꽤 충격적이지 않은가?

물론 엄밀히 말해 이름과 외모가 완전히 통제 불가능한 것은 아니다. 이름을 바꾸거나 성형수술을 통해 외모를 바꿀 수 있기 때문이다. 나는 그런 선택을 하는 것이 잘못이라고 생각하지 않는다. 하지만 이 대목을 읽고 그렇게 하지는 말기를 바란다. 여기서 내가 강조하고 싶은 요점은 가능한 모든 수단으로 자신을 가장 매력적인 인간으로 만들라는 것이 아니다. 지금 나는 인간의 본성과 심리를 이해하는 것이 중요하다는 점을 강조하고 있다. 게다가 이름을 바꾸거나 성형수술을 하는 일은 당신의 진정성을 해칠 수 있다. 다시 말하지만, 진정성은 호감도에 큰 영향을 미치는 요소다.

우리에게는 진정성을 해치지 않으면서도 타인에게 더 좋은 인상을 주기 위해 조정할 수 있는 특성이 많다. 나는 우리가 자신의 가장 뛰어난 자질이나 가장 부족한 자질을 분명히 인식할 수 있다면, 상호작용 상황에서 그것을 강조하거나 절제하는 방식으로 더 큰 자신감을 얻을 수 있다고 믿는다. 나는 우리가 이 지식을 바탕으로 자기 자신에게 충실하면서도 더 강력한 상호작용을 할 수 있는 세상이 오길 기대한다.

통제할 수 있는 요소들

이제 래리와 대화를 나눈 지 몇 분이 지나 분위기가 한결 편안해졌다. 의자에 몸을 기댄 채 대화에 몰입하자 긴장이 풀린다. 그러다 문득 팔을 이상하게 두고 있다는 사실을 의식한다. 두 팔이 의자 옆으로 힘없이 축 늘어져 있다. 그 순간, 다시 긴장이 다시 밀려온다. 도대체 내 팔이 왜 이러는 거지?

몸짓 언어는 누군가에게 불편한 느낌을 줄 수 있으며, 실제로 몸짓 언어가 상호작용에 영향을 미친다는 연구 결과가 있다. 우리는 자각하지 못할 때가 많지만, 대부분의 상호작용에는 많은 움직임이 동반된다. 대화를 할 때 사람들은 팔을 흔들거나, 머리를 젖히면서 크게 웃거나, 믿기 어렵다는 듯 눈을 굴리기도 한다. 다리를 꼬거나, 팔짱을 끼고 앉았다가 얼굴을 만지기도 한다. 그런데 잘 드러나지 않는 사실이 하나 있다. 이 모든 움직임에는 '흉내 내기'가 깊숙이 스며 있다는 점이다. 대화하는 두 사람의 자세를 주의 깊게 관찰해보면, 서로의 몸짓을 따라 하며 비슷한 동작을 취하는 경우가 많다는 걸 알 수 있다. 당신이 직접 실험해볼 수도 있다. 대화 중 팔짱을 끼거나 손을 허리에 얹어보라. 얼마 지나지 않아 상대도 같은 행동을 할 가능성이 크다. 이런 미러링mirroring은 의도적인 것처럼 보일 수 있지만 대부분 무의식적으로 일어나며, 사회적 유대를 형성하는 도구로 작동한다.

연구에 따르면 집단에서 배제된 경험을 한 사람들은 그렇지 않은 사람들보다 미러링을 더 자주 보인다. 이는 집단 속에서 소속감을 회복하려는 몸짓으로 이해할 수 있다. 무엇보다 중요한 점은 미러링이 실제로 효과가 있다는 사실이다. 한 실험에서 참가자들은 자신을 따라 한 사람을 더 호의적으로 평가했는데, 정작 상대가 자신을 미러링했다는 사실은 눈치채지 못했다. 연구진이 배우에게 참가자의 자세와 움직임을 흉내 내게 했을 때, 참가자들은 그 배우를 더 좋아한다고 말했다. 그러니 당신이 래리를 따라 하고 있음을 알아차리더라도 걱정할 필요는 없다. 그것은 당신의 뇌가 은밀하게 그의 호감을 얻으려는 시도일 뿐이다. 만약 래리가 당신의 행동을 따라 하고 있다면, 그 또한 좋은 신호로 볼 수 있다.

이 스펙트럼의 다른 쪽 끝에는 미러링의 결핍이 있다. 사회적 불안이 심한 사람들은 실수하거나 나쁜 인상을 남길까 두려워 자신의 행동을 점검하는 데 더 많은 시간을 쓴다. 그 결과 상대방에게 주의를 덜 기울이게 되고, 따라서 미러링도 줄어든다. 이는 결국 낮은 호감도로 이어진다. 즉, 미러링이 많으면 유대감이 쌓이지만 부족하면 관계가 손상될 수 있다는 뜻이다.

그렇다고 일부러 다른 사람의 몸짓을 흉내 내려 애쓰는 것은 우스꽝스럽다. 모든 움직임을 따라 하면 상대도 눈치채고 이상하게 생각할 것이다. 유대감을 만들고 싶다고 생각하면 당신의 몸이 아마 저절로 반응할 것이다. 너무 고민하지 말라.

이야기를 막 끝내는 순간, 래리가 부드럽게 당신의 팔을 톡 치면서 묻는다. "그런데 고향이 어디예요?"

당신은 이 예상치 못한 접촉이 의외로 다정하게 느껴져 순간 멈칫한다. 이상하게 들릴지 모르지만, 신체적 접촉에는 사회적 유대를 강화하는 힘이 있다. 친구가 웃으며 당신의 팔을 잡을 때의 기분을 떠올려보라. 사회적 접촉은 대체로 긍정적이고 친근한 행위다. 연구에 따르면 식당에서 여성 종업원은 서빙 도중 손님과 가벼운 신체적 접촉을 했을 때 더 많은 팁을 받는다. 또한 대화 중 잠깐, 단 1초라도 접촉이 있었던 사람이 나중에 물건을 떨어뜨렸을 때, 사람들은 그 짧은 신체적 접촉이 없었던 경우보다 더 적극적으로 주워주려는 경향을 보인다. 앞서 살펴본 것처럼, 신체적 접촉은 옥시토신 분비를 촉진한다. 그러므로 신체적 접촉이 유대감과 친밀감을 강화하는 것은 전혀 놀라운 일이 아니다. 억지로 할 필요는 없지만, 래리의 접촉에 친근하고 자연스럽게 응답한다면 당신에게 분명 도움이 될 것이다.

래리와의 대화 상황으로 다시 돌아가 보자. 당신은 래리가 말을 할 때 자신이 계속 그와 눈을 맞추고 있었다는 사실을 깨닫는다. 이렇게 시선이 너무 오래 이어져 어색해지자 당신은 파트너 쪽으로 시선을 돌렸다가, 다시 래리의 눈을 쳐다본다. 하지만 몇 초가 흐르자 불안감이 들어 얼굴이 일그러진다. 이거 괜찮은 걸까?

이 장의 초반에서 언급한 바르디 박사의 실험을 다시 떠올려보자. 그 실험에서 연구진은 비호감형 역할을 맡은 배우에게 대화 중에 상대방의 눈을 쳐다보지 말라고 요청했었다. 눈 맞춤은 실제로 관계를 강화한다. 눈을 마주친 뒤 사람들은 서로에 대한 존중, 애정, 호감이 더 커졌다고 말한다. 또한 지난 장에서 살펴본 바와 같이, 뇌 간 동기화는 눈을 마주칠 때 절정에 이른다. 눈을 마주친다는 것은 상대의 내면에 닿는 창을 여는 일이며, 그 솔직한 드러냄이야말로 관계를 튼튼하게 이어주는 원동력이 된다.

눈을 맞추는 일이 불편하게 느껴진다면, 간단한 요령이 있다. 상대의 입을 보는 것이다. 놀랍게도 사람들은 상대가 자신의 입을 보든 눈을 보든 비슷한 정도로 눈 맞춤을 하고 있다고 느낀다(다만 1미터 정도는 떨어져 있어야 한다). 나는 이 방법을 아내에게 시험해봤는데, 실제로 효과가 있었다. 아내는 내가 눈이 아니라 입을 보고 있다는 사실을 전혀 눈치채지 못했다. 이 눈 맞춤 착시는 누구나 시도할 수 있는 간단한 방법이며, 이상하게 보일까 봐 염려할 필요도 없다. 혹시 눈치채더라도 대화 중 상대의 입을 보는 것은 흔한 일이다. 시끄러운 술집이나 파티에서 상대 말을 잘 듣기 위해 그렇게 한 경험이 누구에게나 있을 것이다. 가장 이상적인 방법은 상대의 눈과 입에 시선을 번갈아 두는 것이다.

래리가 당신에 대해 갖는 인상은 당신의 표정에도 좌우된다. 확신이 서지 않을 때는 미소가 가장 안전한 선택이다. 미소 짓는 얼굴은 더 친절하고 정직하며, 우호적이고 예의 바르고, 심지어 더 젊게 평가된다. 상대방의 웃는 얼굴을 본 사람은 그에게 더 강한 호감을 느끼게 된다. 미소 짓는 사람은 더 사교적인 사람, 즉 관계를 맺고 싶어 하는 사람으로 간주된다. 아마도 이것이 사람들이 복도에서 스쳐 지나갈 때 서로에게 어색하게 미소를 짓는 이유일 것이다. 복도를 걷는 일 자체가 특별히 즐거울 리는 없지 않은가. 오히려 이 미소는 상대를 인식하고 '나는 우호적이며, 당신을 공격하지 않을 것이다'라는 무언의 메시지를 전달하는 원초적 방식일 가능성이 크다.

이와는 대조적으로, 분노나 혐오의 표정을 짓는 사람은 훨씬 덜 사교적이라고 여겨진다. '쉬고 있는 암캐 얼굴'(편안하게 쉬고 있을 때 본인의 의도와는 달리 화가 났거나 짜증이 난 듯한 인상을 주는 얼굴 - 옮긴이)이라는 말로 불리는 사람들이 적대적이거나 냉정한 사람들로 평가되는 이유가 바로 여기에 있다. 인간의 뇌는 다른 사람의 표정을 그의 성격 전체로 일반화하는 나쁜 습관이 있다.

이런 팁들은 당신이 타인에게 좋은 인상을 형성하는 데 도움이 될 수 있다. 그러나 모든 것은 절제 속에서 이뤄져야 한다. 만약 당신이 래리의 동작을 일일이 따라 하거나, 끊임없이 신체 접촉을 시도하거나, 웃음을 멈추지 않거나, 시선을 절대 떼지 않는다면 그는 오히려 극도의 두려움을 느낄 것이다. 이런 팁들은 과도하게 실천해선 안 되며, 당신의 대인관계를 개선하는 데 성찰의 발판으로 생각해야 한다.

호감도를 높이는 대화 요령

몸짓 언어가 상호작용에서 매우 중요한 역할을 하는 것은 분명하지만 언어 자체의 중요성을 간과해서는 안 된다. 대화는 연결의 뼈대이며 얼마나 많이 말하는지, 무엇을 말하는지, 어떻게 말하는지가 모두 중요하다.

여기서 당신에게 구체적인 질문을 하나 던지고 싶다. 만약 래리에게 좋은 인상을 주고 싶다면, 당신은 대화에서 말을 얼마나 많이 해야 할까? 당신의 말이 전체 대화의 몇 퍼센트를 차지해야 한다고 보는가?

대부분 사람은 40퍼센트쯤이라고 추측한다. 당신도 그 정도라고 생각했는가? 흥미롭게도, 사람들은 말을 적게 해야 호감을 얻는다고 믿는데 실제 연구는 정반대의 결과를 보여준다. 말을 더 많이 한 쪽이 오히려 더 호감을 얻는다는 것이다. 한 연구에서 연구진은 대학생들을 짝지어 짧은 대화를 나누게 하고, 각자가 말하는 비율을 다르게 지정했다. 어떤 짝은 50대 50으로 균등하게, 또 어떤 짝은 70대 30처럼 불균형하게 설정했다. 대화 후 참가자들은 파트너에 대한 호감을 평가했다. 그 결과 말을 더 많이 한 사람들(60, 70퍼센트)이 말을 덜 한 사람들(30, 40퍼센트)보다 호감도 면에서 더 높은 평가를 받았다. 많은 사람이 기대한 것과 정반대의 결과였다. 물론 지나치게 말을 많이 해 상대방이 말할 기회를 가로채서는 안 된다. 상대에게도 말할 기회를 충분히 주어야 한다.

누구나 자신에 대해 이야기하고 싶어 한다는 점은 대부분 사람이 잘 알고 있다. 그래서 우리는 대화를 할 때 말을 줄이고 상대방이 채울 공간을 더 많이 남겨야 한다고 흔히 생각한다. 그러나 좋은 대화는 탁구 경기처럼 주고받는 흐름 속에서 완성된다. 공을 계속 주고받는 데서 즐거움이 생기는 것이다. 만약 당신이 말을 너무 많이 하는 것 같아 자제하고 싶다면 좋은 대안은 질문을 던지는 것이다. 질문은 대화를 이어갈 뿐 아니라 상대에게 남기는 인상도 개선할 수 있다. 실제로 스피드 데이팅에서 상대방에게 후속 질문을 많이 한 사람일수록 두 번째 만남으로 이어질 가능성이 더 컸다. 하지만 질문만으로는 성공적인 대화를 할 수 없다. 과도하게 질문을 던지면 심문처럼 느껴져 어색한 분위기가 될 수 있다. 질문, 경청, 의견 제시를 통해 자연스럽게 대화가 이어지도록 노력하는 것이 가장 바람직하다.

대화 도중 래리가 발을 까딱거리는 것을 눈치챘다. 당신도 같은 습관이 있어서 묘하게 호감이 간다. 이는 사람들이 자신과 비슷한 사람을 더 좋아하는 경향, 즉 호모필리 때문이다. 태도 또는 성격적 특성이 비슷하거나 심지어 이름이나 생일을 공유하는 것만으로도 사람들은 서로에게 끌려 더 큰 호감을 느낀다. 예를 들어 스피드 데이팅에서는 상대와 말버릇이 비슷하게 맞아떨어질 때 커플이 두 번째 만남을 요청할 가능성이 더 커진다. 이는 자기-타자 중첩과 뇌의 공감 성향을 떠올리게 한다. 누군가를 자신과 비슷하다고 인식할 때, 뇌는 그 사람을 다양한 방식으로 우대하는 듯하다.

유사성이 불러일으키는 이런 미묘한 효과는 경험을 공유할 때도 드러난다. 예를 들어 한 연구에서는 사람들이 함께 영화를 볼 때 신체 반응이 특정 방식으로 동기화되는 경향이 있음을 발견했다. 같은 장면에서 동시에 미소를 짓거나, 같은 순간에 땀을 흘리며 긴장하는 식이다. 더 중요한 사실은 이런 신체 반응이 더 유사하게 나타난 쌍일수록 영화가 끝난 뒤 서로 더 깊은 연결감을 느꼈다는 점이다. 신체 반응의 이런 동기화는 더 깊은 수준의 동질성을 보여주며, 서로의 감정과 생리적 반응이 맞춰져 있음을 드러낸다. 따라서 직접적인 상호작용 없이 함께 TV를 보는 일도 유대감을 쌓는 의미 있는 방법이 될 수 있다. 당신이 웃고 있는데 옆을 보니 상대도 웃고 있다면, 그건 분명 좋은 신호다.

◑

커피숍으로 다시 돌아가 보자. 상황은 잘 흘러가고 있다. 당신은 래리에게 점점 호감을 느끼며, 파트너가 왜 그와 가까운지 이해하게 됐다. 래리는 매력적인 사람이다. 하지만 곧 불편한 상황이 벌어진다. 래리가 휴대전화를 꺼내 메시지를 보내기 시작한 것이다.

6장에서 살펴본 것처럼 대화 중 휴대전화 사용(퍼빙)은 상호작용의 즐거움과 사회적 연결감을 떨어뜨린다. 바르디 박사의 실험에서 비호감 배우가 한 일이 바로 휴대전화가 울리게 하고 문자를 계속 보낸 것이었다. 이런 행동은 하지 말아야 한다는 것을 우리는 이미 잘 알고 있다. 게다가 여기에는 또 다른 문제가 있다. 사람들은 *자기가 하는* 퍼빙에는 관대하다는 점이다. 스스로는 정당한 이유로 휴대전화를 사용한다고 믿는다. 멀티태스킹 능력을 과대평가하며 자기 행동을 합리화한다. 하지만 대화 중 상대방이 휴대전화를 사용할 때는 부정적으로 본다. 좀 구식일지 몰라도, 나는 '식탁에서는 휴대전화를 치워라'라는 원칙을 지켜야 한다고 믿는다. 대화 중에는 잠시 휴대전화를 내려놓고 상대방과의 상호작용에 집중하자. 휴대전화는 나중에 들여다봐도 된다.

다소 실망스러워하고 있는데, 그가 휴대전화를 집어넣고 미소를 지으면서 재미있는 이야기를 풀어내기 시작한다. 당신은 그가 얼마나 풍부한 표현력을 지니고 있는지 새삼 느끼며 다시금 호감을 갖게 된다. 연구에 따르면, 감정 표현을 잘하는 사람일수록 더 큰 호감을 얻는다. 이런 사람들은 '나는 대화 중에 친구의 몸을 만질 때가 많다', '나는 전화로도 감정을 쉽게 표현할 수 있다' 같은 항목에 더 높은 점수를 준다. 사회적 단서와 감정 표현이 얼마나 많은 정보를 담고 있는지를 생각해보면, 이런 사람들이 더 호감을 얻는 이유는 아마도 그들의 생각이 더 쉽게 읽히기 때문일 것이다. 감정을 드러내면 상대가 당신을 이해하는 데 드는 수고가 줄어들고, 그 결과 상대는 더 기분이 좋아질 수 있다.

외향적인 사람들이 더 큰 호감을 얻는다는 연구 결과도 있다. 다만, 외향적이면서도 감성 지능 emotional intelligence 이 높은 사람들에게만 해당하는 이야기다. 외향적이고 에너지가 넘치는 사람과의 대화는 즐거울 수 있지만, 그가 지나치게 대화를 독점하려 들면 그 즐거움은 금세 사라져버린다. 감성 지능이 높은 사람은 타인의 감정을 세심하게 추적하는 동시에 자신의 행동이 미치는 영향을 자각할 수 있다. 감성 지능은 외향적인 사람들이 사회적 에너지를 세련되고 사려 깊게 쓰도록 해준다. 다행히 래리가 그런 사람인 것 같다. … 하지만 그 휴대전화는 주머니에 계속 넣어두면 좋겠다.

마침내 파트너가 자리를 떠날 시간이 됐다고 알린다. 당신은 기분 좋게 작별 인사를 한다. 전반적으로 잘된 만남이었다고 생각하지만, 마음 한구석에서는 확신이 서지 않는다. 파트너와 집으로 돌아가는 길에 불안이 엄습한다. '래리가 나를 마음에 들어 할까?' 파트너는 전혀 걱정할 필요가 없었다고 안심시키지만, 왠지 믿기지 않는다. 래리가 당신을 마음에 들어 했다고 파트너가 아무리 말해도, 정작 래리는 그렇지 않았다는 느낌을 떨쳐낼 수 없다.

자신의 호감도를 가늠하는 일은 쉽지 않다. 실제로 사람들은 타인이 자신을 얼마나 좋아하는지를 추측하는 데 매우 서투른 것으로 드러났다. 지금 우리는 3장에서 다룬 다섯 가지 잘못된 예측과는 성격이 매우 다른 주제를 다루고 있다. 여기서 잘못된 예측을 하나 더 언급해야 할 것 같다. 여섯 번째 잘못된 예측은 이것이다. **우리는 타인이 나를 얼마나 좋아하는지를 과소평가**

한다.

　심리학자 에리카 J. 부스비Erica J. Boothby는 이 현상에 호감도 격차liking gap라는 이름을 붙였다. 부스비 박사의 연구에서 참가자들은 대화 후 상대가 자신을 좋아하는 정도를 낮게 추정했고, 상대가 대화를 자신만큼 즐기지 않았다고 평가했다. 이 이야기에서 얻을 수 있는 교훈은 자신을 그렇게 심하게 몰아붙이지 말라는 것이다. 래리는(그리고 다른 사람들 역시) 당신이 생각하는 것보다 훨씬 더 당신을 좋아하고, 당신과 함께한 시간이 즐거웠다고 회상할 가능성이 크다. 다른 사람들의 인정을 받기 위해 에너지와 시간을 쏟는 것은 자원을 낭비하는 일이다. 게다가 그런 집착이 오히려 사회적 상호작용의 혜택을 누리지 못하게 방해할 수도 있다. 결국 가장 좋은 방법은 있는 그대로의 당신으로 남는 것이다. 정말로, 당신은 스스로 생각하는 것보다 훨씬 잘하고 있다.

핵심 정리

1. 타인을 판단하는 과정에는 전전두피질의 여러 영역이 관여한다. 복내측 전전두피질과 배내측 전전두피질 모두 우리가 누군가를 좋아할 때 더 활발히 작동한다.

2. 호감도는 중요하다. 사회적 연결을 구축하는 데 필요하며, 호감을 사는 사람은 실제로 많은 혜택을 누린다.
3. 호감도에 영향을 주는 요인 중 일부는 이름과 외모처럼 통제가 불가능한 것들이다.
4. 통제가 가능한 요인들도 있다. 몸짓 언어, 눈 맞춤, 대화 방식, 표정, 신체 접촉, 휴대전화 사용 등이 그렇다.
5. 사람들은 다른 사람들이 자신을 얼마나 좋아하는지 과소평가하는 경향이 있다. 이를 호감도 격차라고 부른다.

9

약물에 관하여
약물이 사회적 뇌에 영향을 미치는 방식

　신경과학을 공부하다 보면 안 좋은 점이 몇 가지 있다. 그중 하나는 살아 있다는 사실의 신비롭고 마법 같은 측면을 신경과학이 상당 부분 걷어내 버린다는 점이다. 실제로 신경과학은 데자뷔에서 약물이 유발하는 환각에 이르기까지 거의 모든 현상이 뇌에서 일어나는 화학적 사건에 불과하다는 사실을 드러낸다.

　한마디로 신경과학은 우리가 경험해온 모든 일이 결국 뇌에서 나타나는 전기화학적 신호 패턴이었다고 말한다. 어린 시절 당신이 강아지를 처음 쓰다듬었을 때, 체육 시간에 공을 잘 못 찼을 때, 직장에서 승진 통보를 받았을 때 당신의 두개골 안에서는 눈에 보이지는 않지만 특정한 뇌 영역이 활성화됐다. 모든 생각과 감정, 신념, 감각, 의견, 반응에는 특정한 신경 배열이 동반된다. 우리가 그 패턴을 포착해 병에 담을 수 있다면, 특정한 순간의 의식 경험을 그대로 보여주는 기념품이 될 것이다. 이 사실이 슬픈 것인지 아름다운 것인지는 확실하지 않지만, 다음과 같은 사실은 확실하다. **우리가 경험하는 모든 일은 결국 뇌 속 화학물질들이 만들어내는 패턴이다.**

우리 감각기관의 작동 메커니즘

이 생각이 맞는지 확인하기 위해 우선 우리 몸의 다섯 가지 감각부터 살펴보자. 외부 세계의 정보는 다양한 형태로 우리 몸에 유입된다. 망막에 비치는 빛, 귀에 진동으로 전해지는 소리, 피부를 스치는 감촉, 콧속으로 흘러드는 냄새, 혀에 퍼지는 맛이 그 형태들이다. 이런 물리적 신호는 몸에 닿는 순간 뇌의 고유 언어, 즉 화학 신호로 번역된다. 예를 들어 소리는 특정 주파수로 진동하는 파동이다. 이 물리적 음파가 귓속으로 들어오면, 내이inner ear 안에 있는 특정한 생물학적 장치가 진동한다. 이 장치의 진동은 액체가 가득 찬 공간인 달팽이관cochlea에 전달되고, 달팽이관이 진동하면서 그 안에 있는 액체에서 파동이 인다. 수

영장의 물 표면을 손바닥으로 내리쳤을 때 물결이 퍼져 나가는 모습을 상상하면 된다. 달팽이관 내 액체에서 발생한 이 파동은 부동섬모$_{stereocilia}$라는 긴 구조물을 스치면서 휘게 한다. 이는 마치 강한 파도가 해초를 한쪽으로 밀어붙이는 것과 비슷하다. 부동섬모가 휘어지면 이와 연결된 세포 안으로 전하를 띤 이온이 흘러들고, 세포는 신경전달물질을 방출해 청각신경에 신호를 전달한다. 단 몇 밀리초 만에 외부 세계의 물리적 음파가 신경전달물질이라는 화학 신호로 변환돼 뇌가 해석할 수 있게 된다. 정말 놀랍지 않은가?

나는 뇌의 이런 능력에 깊이 감탄하면서도, 뇌가 조금 안쓰럽기도 하다. 뇌가 너무 고립돼 있다는 생각 때문이다. 안타깝게도 뇌는 머릿속 칠흑 같은 어둠에 갇혀 바깥 세계에서는 전혀 통용되지 않는 화학 언어만을 사용한다. 바깥 세계에서는 도파민이나 옥시토신 한 방울 정도는 별 의미가 없지만, 뇌에서는 이런 화학물질들이 흥미진진한 이야기를 들려준다. 뇌가 아는 것은 이 이야기밖에 없다.

하지만 도파민이나 옥시토신 외에도, 자연에 존재하는 많은 화학물질 역시 뇌의 언어를 구사해 내부 소통 체계를 제어할 수 있다. 예를 들어 환각버섯의 활성 성분인 실로신$_{psilocin}$은 뇌에서 세로토닌처럼 작동한다. 즉, 특정 세로토닌 수용체와 결합해 그 수용체를 활성화한다. (코카잎에서 추출되는) 코카인은 도파민 수송체를 탈취hijack해 뉴런들이 도파민을 과도하게 주고받게 한다. 이렇게 뇌의 언어를 '구사하는' 약물은 우리 뇌의 신경 화학 반응을 조작해 외부 세계에 대한 우리의 지각 패턴을 변화시킬 수 있다. 만약 당신이 어린 시절에 환각버섯을 먹고 강아지를 쓰다듬었다면 강아지 털의 감촉을 다르게 지각했을 것이다. 만약 승진 소식을 코카인을 복용한 상태에서 들었다면, 좋아서 죽을 지경이 됐을 것이다. 이렇게 특정 약물은 뇌의 화학 시스템에 메시지를 전달함으로써 당신의 경험과 행동을 크게 변화시킬 수 있다.

사회적 상호작용 역시 약물의 영향을 받는다. 음파와 마찬가지로 당신의 사회적 교류도 화학 신호로 번역된다. 당신이 아는 모든 사람과 그들과의 대화 역시 당신의 뇌에 고유한 화학적 서명을 남긴다. 이는 특정 약물이 우리 사회적 행동에 쉽게 영향을 미쳐 사회적 정보를 처리하고 유대감을 관장하는 뇌 영역의 스위치를 켜거나 끌 수 있음을 뜻한다.

사회적 연결을 다루는 책에 약물에 관한 장이 실린 것이 뜻밖이라고 느낄지도 모르겠다. 하지만 이런 물질을 연구하는 신경과학자라면 매우 당연하다고 생각할 것이다. 바깥 세계의 많은 약물은 실제로 사회적 뇌에 직접 작용해 우리의 상호작용을 돕거나 방해할 수 있다. 나는 사회적 상호작용에 관한 주요 논의에서 약물이라는 외부 요인이 제대로 주목받지 못하고 있다고 본다.

소셜 미디어와 정치적 양극화가 우리를 갈라놓는다는 사실은 잘 알려져 있다. 하지만 우리가 거의 매일 섭취하는 약물도 그럴 수 있다는 사실은 어떤가? 어떤 약물은 우리의 사회적 상호작용에서 거리를 만들고, 어떤 약물은 사회적 연결을 강화한다. 어떤 약물이 어떤 작용을 하는지 그리고 왜 그런지를 이해하는 일은 매우 중요하다. 그렇다고 이 장을 약물 사용에 대한 지침으로 삼아서는 안 된다. 약물 복용량을 변경하기 전에는 반드시 의료 전문가와 상의해야 한다. SSRI(selective serotonin reuptake inhibitor, 선택적 세로토닌 재흡수 억제제)와 같은 일부 약물은 단계적으로 적절히 감량하지 않으면 심각한 금단 증상을 일으킬 수 있기 때문이다. 뇌의 신경화학 체계는 매우 섬세하므로 각별한 주의가 필요하다.

항불안제, 특히 알코올의 두 얼굴

알코올은 서서히 그리고 눈에 띄지 않게 사회적 상호작용을 위한 공식 약물로 자리 잡았다. 오늘날 많은 이들이 어색하고 부자연스러운 사회적 교류를 원활하게 해주는 윤활유, 일종의 묘약처럼 알코올을 사용한다. 알코올은 사회적 뇌의 엔진에 넣는 오일과 같아서 사람과 사람이 만났을 때 발생하기 쉬운 마찰의 상당 부분을 없애준다. 사람들은 모임 초반부터 술을 마시며 모두가 취기가 오른 상태로 함께하도록 분위기를 맞춘다. 연인들은 데이트라는 복잡한 관계의 세계로 부드럽게 진입하기 위해 술잔을 부딪친다. 주문 마감 벨이 울리면 솔로들은 마지막으로 한 잔을 더 주문하고 주변을 샅샅이 훑는다. 알코올의 영향 아래에서 사람들은 억제되지 않은, 때로는 무모하기까지 한 방식으로 서로 연결되곤 한다. 자신에 대해 더 많이 털어놓고, 더 많이 웃으며, 갈등에 더 잘 휘말리고, 아무 생각 없이 성관계를 하기도 한다. 이 모든 행동은 억제에서 벗어난$_{uninhibited}$ 상태에서 이뤄진다는 공통적인 특성을 가진다.

술을 마시지 않은 상태에서 사람들은 대체로 자신의 행동을 강력한 하향식 통제 방식으로 조절한다. 뇌의 정교한 사고 중추가 원초적인 충동을 억제한다는 뜻이다. 술을 마시지 않은 상태에서 우리는 지극히 사적인 이야기를 털어놓고 싶거나, 큰 소리로 웃어 시선을 끌고 싶거나, 어깨를 부딪힌 사람과 싸우고 싶거나, 낯선 사람과 하룻밤을 보내고 싶다는 충동이 일더라도 행동을 하기 전에 멈추고 다시 생각하라고 경고하는 목소리에 귀를 기울인다. 술을 마시지 않은 상태에서는 나쁜 생각이 나쁜 결정을 낳기 전에 억누를 수 있다. 하지만 일단 알코올이 몸에 들어오면 그 억제의 목소리가 약해지는 듯하다. 하향식 통제 명령이 하향식 속삭임으로 바뀌는 것 같다. 도대체 왜 알코올은 뇌에 이런 영향을 미치는 걸까?

알코올이 중추신경계 억제제_depressant_라는 말을 들어본 적이 있을 것이다. 여기서 억제제는 감정을 억제해 우울하게 한다는 뜻이 아니라 뇌의 활동을 억제한다는 뜻이다. 뉴런들은 서로에게 억제성 신호_inhibitory signal_를 보내 상대방의 활동을 낮출 수 있다. 뇌에서 가장 흔한 억제성 신경전달물질은 가바_gamma-aminobutyric acid, GABA_다. 가바 수용체들이 활성화되면 이 수용체들은 뉴런 표면에서 미세한 구멍 모양으로 변화하고, 음전하를 띤 이온들이 그 구멍들을 통해 세포 안으로 흘러든다. 그 결과 뉴런의 전위가 낮아지면서 발화 가능성이 줄어든다. 가바는 이런 방식으로 뇌의 활동을 억제한다.

알코올은 이 가바 수용체를 자극해 더 많은 음이온이 뉴런 안으로 들어오게 하기 때문에 억제제로 분류된다. 더 많은 음이온이 뉴런 안으로 유입되면 뇌에서 가바 신호가 평소보다 더 강하고 더 억제적으로 변한다. 다시 말해 알코올은 뉴런들이 서로를 억제하는 능력을 강화한다. 그러면 당신이 평소 잘하던 어떤 일, 즉 생각을 잘하지 못하게 될 수 있다. 특정 뇌 영역의 뉴런이 억제되면, 고차원적인 인지 능력이 훼손돼 머릿속의 사려 깊은 목소리는 흐릿해지고 행동은 충동과 욕구의 지배를 받기 쉬워진다.

자낙스Xanax나 아티반Ativan 같은 일부 항불안제도 이와 동일한 방식으로 작동한다. 이런 약물은 편도체처럼 공포와 연관된 뇌 영역에서 가바 신호를 강화하고, 그 결과 정서 반응의 강도를 누그러뜨려 긴장을 완화한다. 알코올도 이와 비슷한 방식으로 편도체의 활동을 감소시킨다. 실제로, 술에 취한 사람은 분노 또는 공포에 찬 표정을 볼 때 편도체 반응이 약하게 나타난다. 이는 알코올이 부정적인 사회적 신호에 대한 감정 반응을 약화할 수 있다는 뜻이며, 개인적으로는 지극히 당연하게 느껴진다. 술에 취한 상태에서는 누군가에게 키스하려고 다가갔다가 냉정하게 거절당해도 그 충격이 덜할 수 있다. 또한 당신이 썰렁한 농담을 던져 사람들이 비웃을 때도 별로 신경이 쓰이지 않을 것이다. 부정적인 사회적 신호를 처리하는 일은 우리가 경계를 지키며 행동하는 데 매우 중요하다. 이 신호를 처리하는 시스템이 알코올의 영향을 받아 작동을 멈추면, 우리는 어리석거나 경솔한 결정을 내릴 가능성이 매우 커진다. 다음부터 술을 마실 때는 반드시 이 사실을 기억하길 바란다(물론 제대로 기능하지 못하는 당신의 뉴런들이 그걸 떠올리게 할지는 모르겠지만).

사회적 교류를 할 때 술이 긴장 완화에 도움을 주는 이유는 알코올과 항불안제의 작용 메커니즘이 이렇게 비슷하기 때문일 것이다. 사람들은 소개팅 자리에서 술을 마신 뒤 불안이 줄어든다고 느낀다. 예컨대 한 소규모 연구에서는 실험 참가자들이

술 한 잔을 마실 때마다 사회적 불안 수준이 4퍼센트씩 낮아지는 것으로 조사됐다. 사람들이 힘든 하루를 보낸 뒤 독한 술 한 잔을 찾는 이유도 바로 이런 불안 완화 효과를 기대하기 때문일 것이다.

이 두 가지 연구 결과를 종합하면 우리가 술집에서 흔히 목격하는 우스꽝스러운 행동들을 상당 부분 설명할 수 있다. 부정적인 사회적 신호에 대한 뇌의 반응이 둔화되면 각종 사회적 오판에 빠지기 쉽다. 여기에 사회적 불안이 줄어드는 효과까지 겹치면 사람들의 의사결정 시스템은 확실하게 달라진다. 일테면 이런 식이다. 내 개인적인 문제를 다 털어놔도 될까? 물론이지, 아무도 신경 안 쓸 거야! 직장 동료와 하룻밤을 보내도 될까? 별문제 없을 거야! 이 지루한 이야기를 끊으면 무례해 보일까? 화를 낼 수도 있겠지만, 뭐 그럼 어때? 잘 모르는 사람을 이렇게 집으로 또 초대해도 될까? 안 될 거 없지!

술을 몇 잔 마시면 더 사교적으로 된 것처럼 느껴질 수 있다. 하지만 실제로는 여러 측면에서 우리의 상호작용 능력을 떨어뜨린다. 술을 마셨을 때 우리는 상호작용에서 정서적으로 분리돼 상대의 사회적 신호에 덜 반응하고, 불안은 둔화된 상태로 경험한다. 어려운 대화를 시작할 때처럼 특정한 상황에서는 이런 효과가 도움이 될 수도 있다. 하지만 대부분의 상황에서 이런 효과는 불필요한 정서적 거리를 만들어낸다. 사회적 불안이 아무리 불편하게 느껴지더라도, 타인의 사회적 신호(특히 무엇을 하지 말아야 하는지 알려주는 신호)를 인식하고 반응하는 것이 유리하다. 사회적 결과에 신경을 쓰지 않는다면 곤란한 상황에 처하거나 타인을 모욕할 가능성이 커진다. 나는 사회적 상호작용이 가장 잘 이뤄지는 순간은 두 사람이 모두 인지적으로 몰입하고 사려 깊으며 서로의 감정을 배려할 때라고 본다. 하지만 알코올은 이런 소중한 요소들을 간과하게 하며, 많은 양을 섭취했을 때는 감정적 공감까지 약화돼 둔감하고 무신경한 행동으로 이어질 수 있다.

음주가 장기적 습관으로 굳어지면 알코올이 사회적 삶에 미치는 부정적 영향이 더욱 심각해질 수 있다. 예를 들어 알코올 사용 장애는 표정이나 목소리 톤이나 억양을 해석하는 능력 저하와 연결돼 있다. 날씨가 몹시 추워서 모자와 두툼한 목도리로 얼굴을 감싸고 눈만 보이는 친구와 함께 있다고 생각해보라. 오직 눈빛만으로 그가 무엇을 생각하거나 느끼는지 파악할 수 있을까? 이를 '눈으로 마음 읽기'라고 부르는데, 연구에 따르면 알코올 의존이 있는 사람들은 이 과제를 잘 수행하지 못한다. 또한 이 과제를 시도할 때 공감과 관련된 뇌 영역에서 활동이 감소하는 양상이 나타나는데, 만성적 음주가 뇌의 공감 시스템을 손상할 수 있음을 시사한다. 게다가 알코올 사용 장애를 지닌 사람들은 뇌 간 동기화 수준 또한 낮다.

알코올이 사회적 상호작용을 위한 (사실상의) 공식 약물이라는 점을 고려할 때, 이는 결코 가볍게 넘길 수 없는 사실이다. 전 세계 사람들의 상당수가 사회적 교류를 강화하려는 목적으로 술을 마시지만, 이와 같은 알코올이 인간관계에 미치는 부정적인 영향을 과연 얼마나 인식하고 있을까? 알코올이라는 난폭한 손님이 집 안의 불을 모조리 꺼버리도록 내버려두면 반드시 어떤 결과가 뒤따른다. 좋은 쪽이든 나쁜 쪽이든 말이다. 따라서 우리는 그 영향을 면밀히 살필 필요가 있다.

진통제가 사회적 삶에 미치는 은밀한 영향

이 책에서 진통제에 관한 이야기를 읽게 될 줄은 몰랐을 것이다. 놀랍게도 진통제는 사회적 상호작용과 매우 많은 관련이 있다. 아세트아미노펜은 싸고 효과가 좋으며 쉽게 구할 수 있는 진통제로, 미국만 해도 매일 수백만 명이 복용한다. 이 진통제가 두통이나 근육통을 빠르게 완화한다는 사실은 널리 알려져 있지만, 뇌가 사회적 정보를 처리하는 방식에도 영향을 미친다는 사실을 아는 사람은 그리 많지 않다. 관련 연구 결과에 따르면, 아세트아미노펜은 신체적 통증만을 둔화시키는 것이 아니라 *사회적 고통*도 완화한다.

6장에서 만난 적 있는 신경과학자 나오미 아이젠버거가 대학생들을 대상으로 기발한 실험을 했다. 학생들에게 3주 동안 매일 알약을 복용하게 했는데, 일부는 아세트아미노펜을 받고 나머지는 위약을 받았다. 물론 누가 어떤 약을 받았는지는 알려주지 않았다. 그 기간에 학생들은 매일 자신이 경험한 사회적 고통의 정도를 기록했다. 놀랍게도 아세트아미노펜을 복용한 학생들은 감정이 상한 빈도가 더 낮았다고 보고했다.

이 결과가 단순한 우연이 아님을 확인하기 위해 아이젠버거 연구팀은 뇌 영상 실험을 진행했다. 연구진은 새로운 집단의 학생들에게 3주간 아침저녁으로 아세트아미노펜을 복용하게 했다. 그런 뒤 실험실에서 사이버볼이라는 가상의 캐치볼 게임을 하게 하고, 공이 오가는 동안 그들을 의도적으로 배제했다. 앞서도 봤듯이 이는 사회적 고통을 유발하려는 장치였으며, 연구진은 아세트아미노펜이 뇌 반응을 어떻게 바꾸는지 관찰했다. 결과는 명확했다. 진통제를 복용한 학생들은 사회적 고통을 처리하는 배외측 전대상피질과 전측 섬엽에서 활동이 줄어들었다. 편도체의 활성 역시 약화돼, 불안 반응이 더 조절된다는 해석을 가능하게 했다. 놀랍게도 아세트아미노펜은 사회적 고통을 처리하는 뇌 영역의 활동을 억제함으로써 그 고통을 무디게 하는 것으로 보인다.

4장에서 우리는 진통제가 타인의 고통에 대한 공감 수준을 낮춘다는 사실을 드러낸 실험을 살펴봤다. 그 실험에서 (자신이 복용한 알약이 아세트아미노펜이라는 사실을 몰랐던 실험 참가자들은) 고통스러운 경험에 대한 글을 읽을 때 덜 불편해했으며, 등장인물이 겪는 고통의 정도도 덜 심각하게 평가했다. 이 결과는 사회적 고통에 대해서도 진통제가 공감을 줄인다는 뜻이다.

어떻게 이런 일이 가능한 걸까? 어떻게 진통제가 타인의 신체적·사회적 고통에 대한 공감을 차단할 수 있는 걸까? 답은 의외로 간단하다. 타인의 고통에 공감하려면 통증의 감정적 차원을 담당하는 뇌 영역(전대상피질과 섬엽피질 같은 영역)이 활성화돼야 한다. 진통제는 이런 영역들의 활성화를 억제함으로써 타인의 경험을 이해하는 능력을 감소시킬 수 있다. 실제로 아이젠버거의 앞선 연구는 아세트아미노펜이 두 영역 모두의 활동을 감소시킨다는 것을 보여주었다.

더 놀라운 점은 아세트아미노펜이 고통에 대한 공감만 둔화시키는 것이 아니라 긍정적 경험에 대한 공감까지 줄인다는 것이다. 실제로, 이 약을 복용한 후 긍정적이고 행복한 상황(예를 들어 지인의 약혼이나 승진 소식을 듣는 상황)에 관한 이야기를 읽은 사람들은 기쁨과 감정적 공감이 덜했다.

혹시 지금까지 복용해온 아세트아미노펜 때문에 당신의 공감 능력이 영구적으로 무뎌진 건 아닐까 걱정된다면 안심해도 된다. 현재까지 그런 증거는 없다. 다시 말해, 진통제를 자주 복용한다고 해서 공감 능력이 떨어지지는 않는다. 만성적인 알코올 사용 사례에서 본 결과와 달리, 진통제는 몸 안에서 활성을 나타내는 동안에만 공감에 영향을 미치고 장기적인 효과는 남기지 않는 것으로 보인다. 이는 진통제가 뇌의 통증 체계를 일시적으로 억제함으로써 공감을 차단한다는 설명으로 이해할 수 있다. 진통제의 약효가 사라지면 통증이 다시 돌아오듯, 해당 뇌 영역이 본래의 기능을 회복하면 공감 역시 되살아날 수 있다. 하지만 모든 진통제가 이런 양상을 보이는 것은 아니다. 오피오이드를 장기간 사용하면 약물이 체내에 없을 때도 감정적 공감 능력이 감소하는 것으로 알려졌다. 그 과정에서 정확히 어떤 일이 일어나는지는 분명하지 않지만, 중요한 점은 모든 진통제가 같은 효과를 내는 것은 아니라는 사실이다. 오피오이드는 아세트아미노펜과는 다른 메커니즘을 통해 뇌에 작용하기 때문에 이런 차이가 나타나는 것으로 보인다.

 내가 아세트아미노펜에 대한 이 정보를 공유하는 데는 그럴 만한 이유가 있다. 이 진통제가 우리 삶에 지대한 영향을 미칠 수 있기 때문이다. 진통제가 사회적 고통을 완화하고 공감 능력을 무디게 한다면, 우리의 사회적 삶을 이루는 복잡한 그물망에 은밀히 구멍을 낼 수 있다. 다시 말해 만성 통증처럼 진통제를 자주 사용할 수밖에 없는 질환을 앓는 사람들은 사회적 영역에서 예기치 않은 부작용을 겪을 수 있다. 이런 잠재적 결과를 인식해야 그 결과로부터 자신을 보호할 수 있다. 존재하는지조차 모르는 문제를 해결할 수는 없으니 말이다.

하지만 진통제의 사회적 효과는 내가 말하는 것만큼 은밀하지 않을 수도 있다. 소셜 미디어에서 이 주제를 언급했을 때, 많은 사람이 이 약을 사회적 고통을 완화하기 위해 전략적으로 사용한 경험을 공유했다. 예컨대 이별과 같은 힘든 시기에 사회적 아픔을 누그러뜨리기 위해 아세트아미노펜을 했다는 것이다. 의료인 중에는 환자의 고통에 대한 공감을 줄여 덜 힘들어지려고 근무 전에 이 약을 먹었다고 털어놓은 이들도 있었다. 이런 의도적 사용 사례는 흥미롭지만, 감정을 둔화시키는 효과가 결코 도움이 되지 않는 상황도 많다.

기억하자. 공감은 타인의 고통을 함께 짊어지게 함으로써 타인을 돕도록 동기를 부여한다는 점에서 소중하다. 인간이 집단 속에서 더 잘 살아남을 수 있는 이유 중 하나가 바로 이 사실, 즉 우리가 서로 돕는다는 사실에 있다. 서로의 감정에 민감하게 반응하는 능력이야말로 인간이라는 종이 번성할 수 있었던 이유 중 하나다.

하지만 진통제를 복용하면 이 능력이 일부 사라질 수 있다. 누군가가 괴롭힘을 당하는 장면을 볼 때, 아세트아미노펜이 몸속에 있으면 그 사람의 사회적 고통에 공감하기 어려워져 관찰자로서 느끼는 괴로움이 줄어든다. 그래서 그만큼 신경을 쓰지 않게 된다. 진통제를 복용한 채로 차를 몰고 있다면, 고장 난 차가 길가에 세워져 있는 걸 보더라도 도움을 주고 싶다는 마음이 덜 들 수 있다. 모두가 매일 아세트아미노펜을 복용한다면 우리는 더 거칠고 덜 너그러운 세상에 살게 될 것이 거의 확실하다. 다소 불편하기는 하지만, 타인의 고통을 느끼는 능력은 엄청난 축복이다. 이 능력을 버린다는 것은 우리 조상이 생존을 위해 의지했던 도구 중 하나를 내던지는 것과 같다.

항불안제가 이타심을 제한할 수 있을까?

가까운 친구의 결혼식에 참석했다고 상상해보자. 이제 신랑 친구가 일어나 축사를 할 차례다. 비틀거리며 일어나 마이크를 잡는 모습을 보니 칵테일 타임에 술을 과하게 마신 게 분명하다. 만취 상태다. 게다가 하필 당신은 마이크 바로 앞자리에 앉아 있다. 이러다 큰일 날 것 같다.

아니나 다를까, 그는 혀가 꼬인 상태에서 신랑과 신부에 대해 매우 부적절한 말까지 쏟아낸다. 신혼부부의 표정에서 불편함이 서서히 드러난다. 그러자 축사를 하던 그도 불안한 모습을 보인다. 이마에는 땀방울이 맺히고, 말을 더듬기 시작한다. 300명이 넘는 청중 앞에서 자기 평판을 산산이 조각내고 있는 이 남자를 지켜보는 당신은 어떤 느낌이 드는가?

아마 매우 불편할 것이다. 공감 덕분이다. 상황이 더 심각해지면 결국 일어나 그의 손에서 마이크를 빼앗고 싶어질지도 모른다. 당신이 실제로 그렇게 했다고 가정해보자. 이제 진짜 의문이 남는다. 당신은 왜 그런 행동을 했을까?

겉으로 보기엔 당신의 이런 행동이 이타적인 행동, 즉 자신이 아니라 순전히 타인을 위한 행동으로 보일 수 있다. 공감 덕분에 당신은 그 남자의 축사가 모든 사람을, 심지어 그 자신까지도 불편하게 한다는 걸 감지할 수 있었다. 축사를 하겠다고 나선 친구가 더 말을 하지 못하게 함으로써 당신은 신혼부부의 특별한 날을 지켜주었고, 그가 스스로 무덤을 파는 것도 막아주었다. 하지만 과연 그게 전부일까? 그런 의도를 품고 있었다고 해도, 동시에 당신은 *자신의 이익을 위해* 행동했을 가능성이 크다. 그가 무너지는 모습을 지켜보는 건 끔찍할 만큼 불쾌했을 것이다. 당신은 그 끔찍한 상황을 중단시켜 당신 자신이 받는 스트레스에서 벗어나야겠다고 생각했을 것이다.

실제로 사람들은 종종 *자신의 이익을 위해*, 다시 말해 자신이 느끼는 불편함을 덜고자 하는 욕구를 충족시키기 위해 타인에게 친절한 행동을 한다. 이런 생각을 뒷받침하는 과학적 연구 결과도 있다. 예를 들어 5장에서 봤듯이, 쥐 한 마리가 우리에 갇혀 있으면 다른 쥐들이 나서서 친구를 풀어준다. 하지만 연구진이 그 영웅적인 쥐들에게 항불안제의 일종인 벤조디아제핀benzodiazepine을 투여하자 친구를 돕는 행동이 크게 줄어들었다. 이는 그 쥐들이 자신의 불안을 덜기 위해 도움을 베풀었으며, 부정적인 감정이 무뎌지자 친구를 돕고자 하는 동기가 약해졌음을 시사한다. 이 가설을 검증하기 위해 연구진은 우리 안에 쥐 대신 초콜릿 바를 넣고 실험을 진행했다. 그러자 쥐들은 잽싸게 우리를 열어젖혔다. 친구를 풀어주려는 동기는 줄었지만, 달콤한 보상을 위해 움직이는 데는 여전히 주저하지 않은 것이다.

물론 이런 연구 결과들이 이타적 행동이 순전히 이기적인 동기에서 비롯된다고 말하는 것은 아니다. 타인을 돕는 행동이 우리의 고통을 줄일 수는 있지만, 그 고통은 타인의 고통을 목격하는 데서 비롯된다. 따라서 본질적으로 이 행동 시스템은 이기적인 시스템이 아니라 친사회적인 시스템이다. 누군가를 도울 때 나한테도 득이 된다고 느끼게 해서 행동을 유도한다는 얘기다. 또한 이 시스템은 우리가 집단 속에서 더 잘 협력하도록 돕는 또 하나의 진화적 장치다. 하지만 (항불안제를 복용해) 그런 부정적인 감정을 덜 느끼게 되면 남을 돕고자 하는 내적 동기가 약해질 수 있다.

그렇다면 한번 생각해보자. 만약 당신이 항불안제를 복용한 상태였다면 그 끔찍한 축사를 막으려는 의지가 덜했을까? 또는 칵테일 타임에 술을 계속 들이켰다면 어땠을까? 앞서 언급했듯이, 술도 불안을 덜어주니 말이다. 결혼식 전에 아세트아미노펜을 먹어서 그의 사회적 고통에 덜 민감해졌다면? 다양한 약물이 우리가 다른 사람에 대해 느끼고 반응하는 방식에 영향을 미치고, 눈에 보이지 않게 일상적인 관계를 형성하고 있다는 사실이 점점 더 뚜렷하게 드러나고 있다.

공감과 엑스터시

지금까지 우리는 사회적 기능을 둔화하는 세 가지 약물을 살펴봤다. 알코올, 아세트아미노펜 그리고 벤조디아제핀이다. 나는 약물이 사회적 뇌를 교란할 수 있다는 생각이 매우 설득력 있게 느껴진다. 사실 이 생각은 뇌 기능을 강화하는 약물이 있다는 생각보다 훨씬 더 그럴듯해 보인다. 뇌는 극도로 복잡한 기관이다. 그리고 뇌는 이미 최고 수준으로 작동하고 있을 것이다. 한번 생각해보자. 아이폰의 회로 기판을 만지작거리며 기기를 망가뜨리기는 얼마나 쉬운가. 하지만 아이폰 더 잘 작동하게 하거나 더 빠르게 만드는 일은 그보다 훨씬 어렵다. 그렇다면 뇌가 원래 가진 기능을 약물이 끌어올리는 게 가능할까? 그건 너무 어려운 일 아닐까?

하지만 일부 약물은 실제로 사회적 경험을 강화한다는 사실이 입증됐다. 그런 약물 중 하나가 바로 MDMA다. 합성 약물의 일종으로, 1장에서 언급했듯이 몰리 또는 엑스터시라는 이름으로 더 흔히 불린다. 현재 이 약물은 파티용 불법 약물로 널리 알려져 있는데, 어쩌면 당신은 이 약물도 넷플릭스 드라마 〈브레이킹 배드〉에서처럼 불법적으로 합성됐으리라고 생각할지 모르겠다(이 드라마에서 주인공은 캠핑카에서 마약을 합성해 음성적으로 유통한다). 하지만 그렇지 않다. MDMA는 세계적인 제약 회사인 머크Merck가 1912년에 합법적으로 합성해낸 약물이다.

머크는 나중에 이 약물이 지구상에서 가장 강력한 향정신성 화합물이 되리라고는 전혀 예상하지 못했다. 시험 단계에 이르지 못한 채 수십 년 동안 방치돼 있었기 때문이다. 반세기 넘게 MDMA의 황홀감 유발 효과는 인류에게 전혀 알려지지 않은 채로 남아 있었다. 그러다가 1970년대에 화학자인 알렉산더 슐긴Alexander Shulgin 박사가 MDMA의 화학 구조가 강력한 환각성 약물인 암페타민amphetamine· 메스칼린mescaline과 비슷하다는 점에 주목했다. 뛰어난 화학자였던 슐긴은 직접 MDMA를 합성해 자기 몸에 실험했고, 그 효과에 만족한 그는 이를 동료인 레오 제프Leo Zeff 박사와 공유했다. 제프는 캘리포니아 북부에서 활동하던 치료사들 수백 명에게 이 약물을 배포했다.

1980년대 초반에 이 치료사들은 치료실에서 환자들에게 MDMA를 투여하며 실험을 진행했다(당시는 MDMA가 합법 약물이었다). 예를 들어 조지 R. 그리어George R. Greer 박사는 MDMA를 투여받은 환자들이 평소보다 덜 힘들게 트라우마 경험을 떠올렸다고 여러 차례 보고서에 기록했다. 그로부터 수십 년이 흐른 현재, MDMA가 PTSD 치료에 매우 효과적일 수 있음이 다양한 연구로 증명되고 있다. 그리어의 연구 결과가 입증된 셈이다.

 이 치료사들은 또 하나 주목할 만한 사실을 보고했다. MDMA를 복용한 환자들이 다른 사람들에게 극도로 깊은 공감과 강한 연결감을 느꼈다는 사실이다. 이 약물을 복용한 뒤에 환자들은 훨씬 더 외향적이고 사교적으로 변했으며, 황홀감과 행복감에 휩싸였다. 그리어는 MDMA가 환자들에게 "가족에게 감정을 전달하는 효과적인 기술"을 제공했다고 기록했다. 이 효과는 너무나 독특해서 공감을 증진하는 약물을 가리키는 새로운 용어가 필요해졌고, 엠퍼소젠empathogen이라는 말이 탄생했다.

 이 발견들로부터 매혹적인 연구 질문이 하나 떠올랐다. *MDMA는 어떻게 뇌에서 공감을 강화하는가?* 당시 연구진은 그 작용 메커니즘을 규명할 수 있다면, MDMA처럼 지나치게 강렬하지 않으면서도 사람들이 서로 가까워지게 하는 새로운 약물을 설계할 수 있으리라고 생각했다. 상담이나 치료에 활용될 가능성도 있었다. 하지만 이 수수께끼는 끝내 풀리지 않았다. 1985년 미국 마약단속국DEA이 단속을 강화하며 MDMA를 불법 1급 규제 물질로 지정했기 때문이다. 그 결과 이 유망한 연구 분야는 갑작스레 중단돼 거의 20년 동안 답보 상태에 머물렀다.

MDMA 연구는 2004년이 돼서야 PTSD 연구 목적으로 다시 승인됐다. 이후 MDMA 연구는 폭발적으로 성장했고, 수천 편의 논문이 발표됐다. 하지만 이 엠퍼소젠의 수수께끼는 여전히 풀리지 않았다. 일부 연구에서 MDMA가 실제로 공감 능력을 강화한다는 결과가 나오기는 했지만, 뇌에서 어떻게 그런 일이 일어나는지는 명확하게 밝혀지지 않았다.

나는 신경과학이라면 이 수수께끼를 풀 수 있으리라고 생각했다. 그리고 전혀 예상치 못했지만, 결국 이 오래된 질문에 답을 제공한 연구를 이끈 사람이 나다.

박사 과정을 마친 뒤 나는 스탠퍼드대학교로 옮겨 박사후 연구원 과정을 시작했다. 과학자가 교수로 독립해 자신의 연구실을 꾸리기 전 마지막 훈련 단계로, 의사가 레지던트 과정을 거치는 것과 비슷하다. 나는 운 좋게도 시냅스 가소성 연구에 막대한 공헌을 한 저명한 신경과학자인 로버트 말렌카 박사의 연구실에 합류했다. 그의 논문은 지금까지 12만 5,000회 이상 인용됐다. 내가 합류했을 때 말렌카 박사는 막 MDMA 연구에 관심을 가지기 시작한 참이었다. 그리고 그의 연구실에는 공감을 연구하는 또 다른 연구자가 있었는데, 5장에서 다룬(쥐 실험에서 '고통의 사회적 전이'를 발견한) 모니크 스미스 박사다.

스미스 박사는 쥐에서 일종의 공감을 발견한 듯했고, 연구실이 MDMA에 관심을 두고 있었기 때문에 자연스럽게 질문이 하나 제기됐다. 만약 쥐에게 MDMA를 투여하면 어떤 일이 일어날까? 서로의 감각을 더 강하게 공유할까? 그렇다면 엠퍼소젠의 효과를 쥐의 뇌를 이용해 규명할 수 있지 않을까? 스미스 박사는 실험을 진행했고, 결과는 성공적이었다. MDMA가 주입된 쥐는 다른 쥐의 고통에 훨씬 더 민감해졌고, 그 민감성은 MDMA를 주입하지 않은 쥐들보다 더 오래 유지됐다. 마침내 엠퍼소젠이 뇌에서 어떤 작용을 하는지 밝혀낼 수 있는 지점에 다다른 것이다. 하지만 그 시점에 문제가 발생했다. 스미스 박사가 캘리포니아대학교 샌디에이고 캠퍼스에서 자신의 연구실을 열게 돼 갑자기 프로젝트의 미래가 불투명해진 것이다.

당시 나는 스탠퍼드에 온 지 몇 달 되지 않았고, 전혀 다른 프로젝트에 몰두하고 있었다. 초기 사회적 경험이 뇌 발달에 어떤 영향을 미치는지를 연구하는 일이었다. 그러던 중 스미스 박사가 내게 자신의 프로젝트를 맡아보지 않겠느냐고 물었다. 나는 너무나 놀라 정신이 아찔할 정도였다. 불과 얼마 전까지만 해도 버펄로 캠퍼스의 연구실에 앉아 그의 논문을 읽으며 경외감에 빠져 있었으니 말이다. 그런데 이제 내가 그 현상을 직접 연구할 기회를 얻은 것이다. 더구나 그 기회를 통해 MDMA가 어떻게 뇌에서 공감을 강화하는지를 연구할 수 있겠다는 생각에 더 흥분했다. 그 제안을 어떻게 거절할 수 있겠는가.

나는 즉시 연구에 착수했다. 첫 번째 실험에서는 작은 아레나(동물 행동 관찰용 상자)에 쥐 한 마리를 넣고 가느다란 혈관에 MDMA를 주입한 뒤, 약물이 작용할 시간을 주기 위해 15분 동안 혼자 두었다. 우리는 비교적 높은 용량의 MDMA를 사용했는데, 체중 1킬로그램당 15밀리그램 수준이었다. 약효가 나타나기 시작했다는 건 쥐의 외양만 봐도 알 수 있었다. 쥐가 약간 부풀어 보였기 때문이다. MDMA는 쥐에게서 털세움 반응 *piloerection*을 일으키는데, 이는 인간에게 나타나는 닭살과 비슷하다. 쥐의 털이 곤두서면서 전체적으로 몸집이 커 보이고, 어딘가 놀란 듯한 인상을 풍기게 된다.

그렇게 15분이 지난 뒤, 나는 관절염으로 한쪽 발에 부종이 생긴 쥐를 아레나에 들여보냈다. 쥐들 사회의 통상적인 인사 방식에 따라 두 마리는 서로 쿵쿵대면서 쫓고 쫓기며 인사를 나눴다. 이후 나는 방을 나가 두 마리가 10분 동안 자유롭게 상호작용하도록 두었다. 이 짧은 만남이 끝난 뒤, 나는 그다음 이틀 동안 몇 시간 간격으로 아주 가느다란 솔 모양 도구를 이용해 쥐의 발을 톡톡 건드리며 감각 민감도를 측정했다.

이렇게 나는 관절염 쥐와의 상호작용 당시 MDMA를 복용했던 쥐들과 그렇지 않은 대조군 쥐들 사이의 감각 차이를 비교할 수 있었다. 그렇다면 MDMA를 투여한 쥐들은 더 공감적인 반응을 보였을까?

효과는 눈에 보일 만큼 뚜렷했다. MDMA를 투여한 쥐들은 대조군보다 훨씬 더 민감한 반응을 보였고, 그 차이는 비교 자체가 무의미할 정도였다. 이 장면을 직접 목격한다는 것은 놀라운 경험이었다. 우리가 지금 중대한 발견의 문턱에 서 있음을 강하게 예감했다. 반세기 넘게 수수께끼로 남아 있던 MDMA의 공감 증폭 메커니즘을 이제 마침내 밝혀낼 때가 온 것이다.

쥐의 뇌에는 총 737개의 구획이 존재하며, MDMA는 그중 어떤 영역에서든 작용할 가능성이 있었다. 우리는 작용 부위를 좁히기 위해 관절염 쥐와 상호작용하는 동안 MDMA 쥐들에게서 어떤 뇌 부위의 활성이 증가하는지를 살폈고, 이 분석이 약물의 표적을 추정할 단서를 줄 것으로 기대했다. 흥미롭게도, MDMA가 쥐의 측좌핵에서 활성도를 증가시킨다는 사실이 발견됐다. 측좌핵은 사회적 보상에 관여하는 M&M 초콜릿처럼 생긴 뇌 부위로, 이 결과는 매우 타당하게 느껴졌다. 이 영역은 원래도 사회적 보상 같은 기능에 관여하는 것으로 알려져 있기 때문이다. 게다가 스미스 박사가 과거 연구에서 MDMA 없이도 쥐가 타인의 통증을 떠맡을 때 이 부위가 활성화된다는 사실을 밝힌 바 있었다. 그렇다면 MDMA는 이 기존의 공감 회로에 작용해 단순히 강화하는 역할을 하는 걸까?

다음 실험은 이 가설을 뒷받침하는 듯 보였다. 우리는

MDMA를 측좌핵에만 국소적으로 주입했다. 그러자 쥐들의 공감 반응이 현저하게 높아졌다. MDMA가 작용하는 핵심 뇌 부위를 찾아낸 것 같았다. 하지만 여전히 풀리지 않은 질문이 남아 있었다. 그곳에서 대체 무슨 일이 벌어지고 있는 걸까?

    MDMA는 뇌에서 세 가지 신경전달물질(세로토닌, 도파민, 노르에피네프린)에 작용한다. 구체적으로 말하면, 뉴런 사이에서 이들 신호를 운반하는 기전을 탈취해 평소보다 훨씬 높은 수준으로 방출되게 한다. 이것이 MDMA가 인간의 경험 전반을 강화하는 이유일 것이다. 이 장의 서두에서 말했듯, 우리의 모든 경험은 뇌에서 일어나는 화학적 사건에 불과하다. 이 화학적 사건에서 화학적 신호가 비정상적으로 많이 분출되면, 연결감이나 공감 같은 감정이 과도한 수준으로 치솟을 수 있다. 그렇다면 세 물질 중 하나가 공감의 핵심일까? 우리는 범인을 특정하려는 탐정처럼 조사에 나섰다. 다행히 강력한 단서가 있었다.

    내가 이 실험을 진행하기 몇 년 전, 또 다른 스탠퍼드 연구자인 보리스 헤이페츠Boris Heifets 박사는 MDMA가 쥐를 훨씬 더 사회적으로 만든다는 사실을 밝혀냈다. 다른 쥐와 시간을 보내는 것과 장난감을 가지고 노는 것 중 선택하라고 하면, 엑스터시에 취한 쥐는 압도적으로 전자를 택했다. 그는 이를 특정 뇌 신호, 즉 측좌핵에서 분비되는 세로토닌의 양으로 추적했다. 1장에서 살펴본 내용을 다시 떠올려보면, 이 모든 현상이 훨씬 더 명확하게 이해될 것이다. 측좌핵 내의 세로토닌은 뇌가 사회적 보상을 감지할 때 사용하는 신호이기 때문이다. 만약 MDMA가 이 부위에 세로토닌을 대량으로 분비하게 한다면, 사회적 즐거움이 과장된 형태로 증폭될 수 있다. 이런 점을 고려해 우리는 MDMA가 공감에 미치는 효과 역시 세로토닌 때문일 것으로 추정했다. 그리고 그 추정은 옳았다.

    마지막 실험에서는 MDMA를 전혀 사용하지 않았다. 그 대신 광유전학 도구를 이용해 측좌핵에서 세로토닌이 분비되도록 자극했다. 다시 말해, 이 부위에서 세로토닌 분비를 조절하는 밸브를 강제로 열어젖혀 세로토닌이 폭발적으로 분비되게 했다. 만약 MDMA의 효과가 정말로 세로토닌 때문이라면, 세로토닌만으로도 같은 결과가 나와야 한다. 실제로 그랬다. 세로토닌이 자극되자 쥐들은 훨씬 더 공감적인 행동을 보였다. 놀라운 점은 이것이 자폐 스펙트럼 장애autism spectrum disorder 관련 유전자 돌연변이를 가진 쥐들의 공감 능력도 회복시켰다는 사실이다. 이 돌연변이를 지닌 쥐들은 일반적으로는 다른 쥐의 통증을 거의 떠안지 않았지만, 측좌핵에서 세로토닌 분비를 자극하거나 MDMA를 투여했을 때는 서로의 상태에 훨씬 민감하게 반응했다.

    오랫동안 풀리지 않던 퍼즐이 마침내 맞춰진 듯했다. 적어도 쥐의 경우 MDMA는 세로토닌 수치를 완전히 새로운 수준으로 끌어올림으로써 기존에 없던 수준의 공감 능력을 발휘하게 하는 듯했다.

이 효과가 인간에게도 똑같이 나타나는지는 아직 확증되지 않았지만, MDMA가 공감 능력을 증폭한다는 사실만큼은 분명하다. 2023년, 미국에서 브렌던이라는 남성에 대한 뉴스가 보도됐다. 그는 백인우월주의자였으며 백인우월주의 단체의 지도자였다. 그런데 우연히 MDMA를 활용한 한 연구에 참여했고, 이후 인종에 대한 시각이 극적으로 바뀌었다. 그는 연구자들에게 쪽지를 남겼다. "이번 경험은 내 삶을 마비시키던 개인적인 문제를 정리하는 데 큰 도움이 됐습니다." 이후 자세한 설명을 요청받자, 그는 더 이상 자신의 인종차별적 신념에 동의하지 않는다고 밝혔다. "사랑이 가장 중요하다는 걸 알게 됐습니다." 그의 말이었다. 놀랍게도 단 한 번의 MDMA 경험으로 자신의 인종관을 다시 생각하게 된 것이다.

4장에서 내가 제안했던 개념을 떠올려보라. 우리는 모두 공감 능력의 스펙트럼 어딘가에 위치한다. 브렌던 역시 인종 간 공감력이라는 슬라이더에서 낮은 쪽에 있었던 사람이라고 생각하고 싶다. 아마도 그의 삶에서 처음으로 MDMA가 이 슬라이더를 멀리 이동시켰고, 그를 통해 새로운 관점으로 볼 수 있는 창이 열린 것이다. 어쩌면 측좌핵에 들이닥친 세로토닌이 공감 능력의 경계를 없애고, 그가 과거에 함부로 무시했던 사람들의 감정을 느낄 수 있게 한 것인지도 모른다. 그렇게 압도적인 공감이 쏟아져 들어오면, 뇌는 주변에 둘러싸인 울타리를 무시할 수밖에 없게 된다. 자기-타자 중첩의 수준이 어느 정도인지와는 상관없이, 모든 관점을 있는 그대로 받아들이게 된다.

나는 여전히 놀랍고도 당혹스럽다. 단 하나의 약물이 뇌 속 시스템을 뒤흔들어 우리의 사회적 인식을 바꿔놓을 수 있다니. 뇌와 인간관계가 이토록 복잡한데도, 단일 화합물이 그 모든 것을 뒤집고 우리가 서로를 돌보게 할 수 있다니. 이런 능력은 우리 안에 화학적으로 잠재돼 있으며, 어떤 약물들은 이 시스템에 과부하를 걸 수 있다. 결국 공감도 뇌에서 발현되는 하나의 화학 신호일 뿐이니까.

실로시빈은 어떻게 '자아'를 씻어내는가

MDMA가 세로토닌을 통해 작용한다는 연구 결과는 매우 중요한 의미를 지닌다. 단순히 MDMA의 작동 원리를 밝히는 데 그치지 않고, 세로토닌이 공감 능력의 핵심축이라는 사실을 강하게 시사하기 때문이다. 실제로 이 발견은 사람들을 연결해주는 뇌 시스템을 이해하고자 하는 여정에서 우리를 올바른 방향으로 이끄는 손전등 역할을 하고 있다.

게다가 이 발견은 우리를 또 하나의 질문으로 이끈다. 세로토닌이 정말 그렇게 중요하다면, 세로토닌을 표적으로 하는 다른 약물들도 우리의 사회적 상호작용에 영향을 미쳐야 하지 않을까? 어쩌면 실로시빈$_{psilocybin}$이라는 물질에서 그 답을 찾을 수 있을 것 같다.

실로시빈은 환각버섯에 포함된 향정신성 화합물이다. 실로시빈이 체내에 들어오면, 대사 과정을 거쳐 실로신$_{psilocin}$이라는 화합물로 전환된다. 이 물질은 뇌의 세로토닌 수용체에 직접 결합해 이를 활성화할 수 있으며, 특히 세로토닌 2A 수용체에 강한 친화성을 보인다. 실로시빈이 몸속에 존재하는 동안 뇌는 마치 2A 수용체에 세로토닌이 대량으로 밀려든 것처럼 인식하며, 그 결과 이 수용체는 평소보다 훨씬 높은 수준으로 활성화된다. 환각 상태는 바로 이 과정에서 유발되는 것으로 추정된다. 그렇다면 여기서 이런 의문이 생겨난다. 실로시빈이 세로토닌 수용체를 자극한다면, 사회적 연결감도 어떤 방식으로든 강화하지 않을까?

물론이다. 확실히 그렇다.

실로시빈은 색채와 질감에 대한 인식을 왜곡하고, 영적 체험을 일으키며, 모든 것과 일체감을 느끼게 하는 등 몇 가지 특징적 효과로 유명하다. 나는 특히 일체감 유발 효과에 관심이 있다. 실로시빈을 복용한 경험이 있는 내 친구들은 대부분 깊은 일체감과 연결감을 느꼈다고 한다. 나무에 기대앉아 자신과 하나라는 느낌을 받았다는 친구도 있고, 폴짝폴짝 뛰어다니는 두꺼비에게서 조화로운 일체감을 느꼈다는 친구도 있었다. 그 친구들은 모든 생명체가 다르지 않으며, 본질적으로 '지구팀'이라는 한 팀 안에서 하나로 묶여 있다는 사실을 느꼈다고 한목소리로 말했다. 그들에게 그 체험은 실로 깊은 의미를 지니는 듯했다.

이런 현상을 가리키는 과학 용어도 있는데, 바로 자아 해체 ego dissolution 또는 자아 소멸 ego death이다. 자아, 즉 '나'라는 감각이 녹아내리면서 자신이 우주 전체와 하나가 됐다는 느낌이 밀려드는 상태를 뜻한다. 보통은 고용량의 실로시빈을 복용했을 때만 이런 현상이 나타나며, 이는 세로토닌 2A 수용체가 비정상적으로 흥분해 자아를 구성하는 뇌 회로들이 교란되기 때문으로 추정된다. 그중에서도 나는 자아 해체 현상의 사회적 측면에 더욱 관심이 간다. 타인 속에 완전히 녹아들어 자신과 타인을 분간할 수 없게 되는 경험은 극도로 공동체적이다. 뇌가 평소에 작동하는 방식(자신과 타인을 구분 지으려는 습관)과는 완전히 다르다. 대부분 사람에게는 아무리 아름다운 나무도, 아무리 사람처럼 보이는 두꺼비도 인그룹의 구성원으로 여겨지지 않을 것이다. 자신과 타인의 경계가 사라지는 듯한 경험은 인간이 할 수 있는 가장 강력한 사회적 경험일 것이다. 이런 경험을 하는 순간에 뇌는 자신과 타인의 차이를 인식하더라도 그 차이를 구분이나 판단의 근거로 삼지 않게 된다. 따라서 그 순간에는 자신과 타인의 차이에 근거해 타인을 평가하는 일이 불가능해진다. 타인이라는 개념 자체가 존재하지 않기 때문이다. 그 순간 타인은 곧 자기 자신이기 때문이다.

이런 일체감이 뇌를 지배하면, 사회적 상호작용을 처리하는 방식도 달라지는 듯하다. 실로시빈을 복용한 사람들은 사이버볼 게임에서 공을 받지 못하고 배제되는 상황에 놓였을 때, 맨정신인 사람들보다 소외감을 덜 느꼈다고 보고했다. 실로시빈이 만들어내는 일체감은 명백한 무시조차도 거뜬히 이겨낼 만큼 깊고 강렬한 것으로 보인다. 게다가 실로시빈을 복용한 사람들은 사회적 고통을 처리하는 영역인 배외측 전대상피질의 활동이 더 적게 나타났다.

또한 실로시빈은 감정적 공감도 강화하는 것으로 밝혀졌으며, 이는 자신과 타인의 구분을 흐리는 그 특성상 전혀 놀라운 일이 아니다. 앞서 언급했듯이, 뇌는 자기 자신과 타인의 유사성이 클수록 더 큰 공감을 경험하는 경향이 있다. 자신과 타인의 경계가 흐려지거나 아예 사라졌을 때 공감력이 급격히 높아지는 것은 매우 자연스러운 결과다.

아마도 이와 동일한 이유로 실로시빈은 이타적인 행동과 연결돼 있는 듯하다. 런던 킹스 칼리지에서 진행된 한 연구에서는 참가자들에게 20유로를 주면서 한 가지 조건을 걸었다. 즉,

다른 참가자와 반드시 나누어야 했다. 분배가 유리할 때도 있고(예컨대 80:20처럼 참가자에게 유리한 경우), 터무니없이 불공정할 때도 있었다(10:90이나 20:80 같은 경우). 흥미롭게도, 실로시빈을 복용한 참가자들은 자신에게 불리한 제안을 훨씬 더 잘 받아들였다. 이는 확실히 이타적인 선택이었다. 자신의 손해를 감수하면서 상대방을 돕는 결정이기 때문이다. 연구진은 실로시빈이 실험 참가자들이 금전적 보상보다 다른 참가자와의 관계를 더 중시하도록 이끌었다고 해석했으며, 나 역시 그 주장에 공감한다. 우리가 타인과 더 깊은 연결감을 느낄 때, 그들을 위해 기꺼이 이타적으로 행동하려는 경향이 강해질 수 있다. 이런 행동의 변화는 아마도 뇌의 특정 핵에서 미세한 세로토닌 수용체들이 적절히 자극된 결과일 것이다.

세로토닌이 뇌의 사회적 시스템에서 핵심적인 역할을 한다는 증거는 날로 늘어나고 있다. 세로토닌 신호 전달을 자극하는 약물은 사회적 관심과 공감을 높일 뿐만 아니라 일체감과 이타심을 강화하는 한편(MDMA), 사회적 배제로 인한 고통에는 둔감하게 한다(실로시빈). 하지만 이런 약물을 실제로 사용하는 사람은 많지 않다. 세로토닌 신호 전달에 직접적이고도 구체적으로 작용하는, 훨씬 더 흔히 쓰이는 약물은 따로 있다.

항우울제가 사회적 뇌에 미치는 영향

SSRI(선택적 세로토닌 재흡수 억제제)는 전 세계에서 가장 많이 처방되는 약물 가운데 하나다. 주로 우울증 치료에 쓰이지만, 불안장애나 강박장애 같은 질환에도 처방된다. 그런데 선택적 세로토닌 재흡수 억제제라는 말은 도대체 무슨 뜻일까?

뉴런이 신경전달물질을 주고받는 과정은 편지를 주고받는 과정과 비슷하다. 한 뉴런이 신경전달물질을 뿜어내면(편지를 봉투에 담아 보내는 것처럼) 그 물질은 두 세포 사이를 떠다니다가 수용체에 달라붙는다(우체통에 들어가는 셈이다). 그런데 뉴런에는 '반송 기능'이 내장돼 있다. 세로토닌 같은 신경전달물질이 방출된 뒤에는 이를 내보낸 뉴런이 다시 빨아들이는 경우가 많다. 이 과정을 *재흡수*라고 하는데, SSRI가 바로 이 재흡수를 막는다. 그 결과 세로토닌이 뉴런 사이 공간에 더 오래 머물게 되고, 수용체는 시간이 지날수록 더 많은 세로토닌 신호를 받는다. 따라서 SSRI는 세로토닌 신호 전달을 *강화한다*고 할 수 있다.

이 약물이 세로토닌에 작용하는 만큼, SSRI 역시 실로시빈이나 MDMA처럼 사회적 연결을 촉진하리라고 짐작할 수 있다. 실제로 일부 연구는 이런 가능성을 뒷받침한다. 한 임상시험에서 SSRI를 복용한 우울증 환자들은 더 외향적으로 변했지만, 위약을 받은 환자들에게서는 그런 변화가 나타나지 않았다.

여기서 의문이 생긴다. 우울증이 완화되면 자연스럽게 더 외향적으로 되는 게 아닌가? 연구진도 이 점을 고려해 분석했는데, 놀랍게도 약이 우울증 증상을 얼마나 잘 완화했는지와 상관없이 SSRI 복용자들은 외향적으로 변했다. 아마도 SSRI가 세로토닌에 직접 작용했기 때문일 것이다.

SSRI가 적대감을 줄이고 친화적 행동을 강화한다는 연구 결과도 있다. 실험 참가자들은 SSRI 또는 위약을 4주간 복용한 뒤, '한 번에 한 사람만 퍼즐 조각을 만질 수 있는' 짜증 나는 규칙이 붙은 퍼즐 맞추기 과제를 함께 수행했다. 짜증스러운 상황임에도 SSRI를 복용한 이들은 위약군보다 도움이 되는 제안을 더 많이 했고, 명령조의 말은 더 적게 했다. 더 흥미로운 점은 혈중 SSRI 농도가 높을수록 이런 친화적 행동이 더 뚜렷하게 나타났다는 것이다. 결국 SSRI를 복용한 사람은 더 사려 깊게 행동하거나 아니면 낯선 사람이 퍼즐을 푸는 장면을 지켜봐야 하는 지옥 같은 상황을 더 잘 참아냈다는 뜻인데, 어느 쪽인지는 분명치 않다.

전자의 가능성, 즉 SSRI가 긍정적 사회성을 끌어낸다는 해석을 뒷받침하는 연구 결과가 있긴 하다. 이 연구에서 실험 참가자들은 까다로운 도덕적 딜레마를 제시받았다. 예를 들어 당신이 기차역에 있는데, 선로 위에 다섯 명이 있고 기차가 이들을 향해 달려온다고 하자. 레버를 당기면 기차는 다른 선로로 바뀌어 다섯 명은 살지만, 바뀐 선로에는 한 사람이 있어 당신의 행동 때문에 희생된다. 당신은 레버를 당길 것인가?

간단치 않은 문제다. 여기서 한 걸음 더 나아가 보자. 이번에는 기차가 다섯 명을 향해 오지만, 당신은 덩치 큰 사람 한 명을 밀어서 선로 위에 떨어뜨리는 방법으로 기차를 막을 수 있다. 다섯 명을 구할 수 있지만 직접 손으로 누군가를 밀어 죽음에 이르게 해야 한다.

이 두 번째 딜레마는 당신이 직접 행위를 해야 하기 때문에 훨씬 더 난감하다. 누군가를 기차선로로 밀어 넣는 것은 레버를 당겨 먼발치에서 비극을 지켜보는 것보다 훨씬 더 개인적인 문제다. 흥미롭게도 SSRI를 복용한 사람들은 이렇게 더 개인적인 행위를 위약군보다 덜 용납한다고 평가했다. 이 약물이 타인을 직접 해치는 상상을 더 역겨운 것으로 여기고 받아들이기 어렵게 한다는 걸 의미한다.

앞으로 신경과학은 약물이 사회적 삶에 미치는 영향을 더 많이 밝혀낼 것이다. 특히 의료 현장에는 새로운 약물이 계속해서 등장하는 만큼 그 영향은 점점 더 두드러질 것이다. 그때까지는 우리가 섭취하는 물질이 사회적 정보를 처리하는 방식을 바꿀 수 있다는 점을 기억하는 것이 중요하다. 우리가 사회적 상황에서 내리는 결정이 언제나 온전히 자기 자신의 것이라고 할 수는 없다. 오히려 그 결정은 미리 정해져 있거나, 최소한 우리 정신을 뒤흔드는 화학적 힘들의 영향을 받을 수 있다. 그렇다면 사회적 상황에서 잠시 멈추고, '나는 지금 어떤 것의 영향을 받고 있는가?'라는 질문을 던져야 하지 않을까?

핵심 정리

1. 뇌는 외부 세계를 전기화학적 신호로 번역하기 때문에 이 화학적 체계를 조절하는 약물은 우리의 경험과 지각을 바꿀 수 있다.
2. 알코올은 가바 수용체에 작용해 뇌 활동을 억제하며, 사회적 정보 처리 기능을 둔화하는 것으로 밝혀졌다.
3. 아세트아미노펜 같은 진통제는 사회적 고통을 완화하고 긍정적·부정적 경험 모두에 대한 공감 수준을 낮출 수 있다.
4. 항불안제는 다른 사람이 고통받는 모습을 볼 때 자신이 느끼는 괴로움을 줄임으로써 연민 행동을 제약할 수 있다.
5. MDMA는 세로토닌 신호 전달을 통해, 특히 측좌핵에서 공감을 강화한다.
6. 세로토닌 체계에 작용하는 또 다른 약물인 실로시빈은 일체감을 높이고 배제감을 덜 느끼게 하며 공감을 강화할 수

있다.

7. SSRI 역시 세로토닌에 작용해 친사회적 효과를 낳을 수 있다.

이 모든 증거는 세로토닌 조절이 사회적 행동에 영향을 미치는 핵심 요인이라는 사실을 시사한다.

10

인간의 가장 친한 친구
개를 사랑하는 것이 뇌에 좋은 이유

사회적 연결의 가치를 논하는 책에서 개와의 관계를 빼놓는다면 아쉬울 것이다. 개는 오랫동안 인간의 가장 친한 친구였고 그만한 존중을 받아 마땅하다. 귀엽고 사랑스러워 우리에게 기쁨을 주는 존재일 뿐 아니라 우리의 건강과 웰빙 수준을 크게 높여주기 때문이다. 우리는 개와의 관계에서 셀 수 없이 많은 것을 얻고 있으며, 이에 대해서는 굳이 설명할 필요조차 없다고 본다. 곧 알게 되겠지만, 우리 뇌는 개와의 유대를 인간과의 유대와 거의 동일한 방식으로 처리한다. 바로 그 점이 내가 이 책에서 인간과 개의 관계를 조명해야 한다고 생각한 이유이기도

하다.

　자라면서 나는 동물들에 둘러싸여 지내는 행운을 누렸다. 농장에서 자란 건 아니고, 그냥 우리 집에 반려동물이 유난히 많았을 뿐이다. 시작은 미시라는 이름의 고양이였다. 부모님은 결혼 초기 아직 아이를 가질 준비가 안 됐을 때 미시를 입양했다. 이후 나와 여동생이 태어나 초등학교 고학년이 됐을 무렵 미시는 이미 나이가 많이 들었고, 새로운 반려동물을 들이기로 했다. 문제는 그때 부모님이 필요 이상으로 반응했다는 것이다.

　이유는 알 수 없지만, 부모님은 한 해에 세 마리의 개와 두 마리의 고양이를 입양했다. 그때부터 우리 집은 발을 디딜 때마다 조심해야 하는 공간이 됐다. 게다가 부모님은 간간이 금붕어나 햄스터, 소라게, 베타피시, 개구리 같은 동물도 키웠다. 어쨌든 여동생과 나는 어린 시절 내내 이들과 멋지고 신나는 시간을 보냈다.

　솔직히 부모님이 무슨 생각으로 그 많은 동물을 키웠는지는 모르겠다. 하지만 지금도 나는 그런 충동적인 선택을 한 부모님이 고맙다. 부모님의 성급한 결정 덕분에 동물들과 함께 자라는 특별한 경험을 할 수 있었기 때문이다. 그 덕에 개와 고양이가 지닌 놀라운 사회적 능력을 어린 시절부터 알아볼 수 있었고, 그 동물들과의 친근한 관계는 학교 친구들과의 관계와 크게 다르지 않게 느껴졌다.

반려동물들은 저마다 고유한 버릇과 작은 개성이 있어서 관계에 의미 있는 색채를 더했다. 나는 그들을 이해했고 그들이 내게 전하는 메시지를 알아들었다고 진심으로 믿었으며, 지금도 그렇다. 내가 말하는 건 "참치 캔 줄 때까지 귀에 대고 계속 야옹거리겠다" 같은 단순한 요구가 아니었다. 그보다 훨씬 깊었다. "오늘은 몸이 좀 안 좋아. 내가 옆에 있을 수 있도록 소파 앞 테이블에서 숙제를 하는 게 어때?" 같은 복잡한 메시지였다. 그들이 무언가 전하려 할 때면 나는 본능적으로 느낄 수 있었고, 행동과 표정을 세심히 관찰하며 그 뜻을 풀어냈다.

시간이 흘러 결국 사랑하던 반려동물들을 떠나보내야 했을 때는 가슴이 무너지는 것 같았다. 부모님이 세 마리의 개와 두 마리의 고양이를 거의 동시에 입양했기 때문에 그들 모두가 비슷하게 늙어 한두 해 사이에 세상을 떠났다. 우리는 가족을 잃은 것처럼 깊이 애도했다. 아홉 식구가 살던 집에 네 식구만 남게 됐다는 생각에 너무도 마음이 아팠다. 집이 썰렁하고 텅 빈 듯했다. 가장 활기차고 중심이 되어주던 존재들이 모두 떠나갔기 때문이다.

비록 고통과 슬픔이 따랐지만, 그 모든 시간이 값졌음은 의심할 여지가 없다. 그 동물들은 나의 뇌 발달 과정에 직접적인 영향을 미쳤고, 깊고 지워지지 않을 흔적을 남겼다. 초등학생이 된 첫날 집에 돌아왔을 때 꼬리를 흔들며 맞아주던 존재, 인생의 첫 시련 앞에서 눈물을 흘리는 내 곁에서 나를 핥아주던 존재가 바로 그들이었다. 내가 자라며 삶이 수많은 도전으로 가득하다는 사실을 배워갈 때도 그들의 사랑만큼은 변하지 않았다. 그 기억은 지금도 생생하며, 언젠가 내 뇌에서 전기 신호가 멈출 때까지 사라지지 않을 것이다.

반려동물을 길러본 적이 있다면 이 감정이 어떤 것인지 잘 알 것이다. 수억, 어쩌면 수십억 명의 사람이 나처럼 개와 깊은 유대를 나눠왔을 것이다. 그런데 한 걸음 물러서서 보면 이건 꽤 놀랍고도 뜻밖의 일이다. 인간과 개가 어떤 점에서 그렇게 잘 맞는다는 말인가? 다리 개수부터 다르지 않은가. 그런데도 우리는 개와 침대를 같이 쓰고 입맞춤까지 나눈다. 어떻게 개와의 이런 동반 관계가 시작된 걸까?

인간과 개 사이의 유대는 실로 오래전부터 이어져 왔다. 이스라엘 북부에서는 약 1만 2,000년 전의 주거지 유적에서 인간의 골격과 강아지의 화석이 함께 묻혀 있는 채로 발견됐다. 그 작은 동물은 인간의 품에 안겨 있었다. 이는 기원전 약 1만 년 무렵, 개가 이미 인간 삶의 핵심적인 일부였음을 말해준다. 놀랍게도, 유전학적 증거는 그보다도 훨씬 오래된 역사를 시사한다. 과학자들이 개와 늑대의 유전체를 비교해 개가 늑대에서 갈라져 인간에게 길든 시점을 추적해보면, 그 분화 시기는 무려 2만 7,000년에서 4만 년 전 사이로 거슬러 올라간다.

실제로 우리는 그렇게 오래전부터 개와 절친이었고, 지금 우리 손을 핥고 배를 내밀며 쓰다듬어달라고 조르는 작고 사랑스러운 강아지들은 늑대의 후손이다. 이 놀라운 진화 과정을 설명하는 몇 가지 가설이 있다. 첫 번째 가설은, 어떤 늑대들이 인간의 배설물이나 쓰레기에서 영양분을 얻기 시작하며 점차 인간 근처에서 살아가는 데 익숙해졌다는 것이다. 이 과정에서 본능적으로 인간에게 덜 공격적인 개체들이 생존에 더 유리해졌고, 이들은 인간에게 우호적인 태도를 보이는 대신 무제한의 '배설물 뷔페'를 제공받을 수 있었다. 어쩌면 이것이 개들이 지금도 때때로 자기 배설물을 먹는 이유일지도 모른다. 이 습성은 현대 사회에서는 쓸모가 없지만, 진화 과정에서 너무 오랫동안 각인된 나머지 지워지지 않는 흔적으로 남아 있는 것으로 추정된다.

두 번째 가설은 이렇다. 극심한 추위 속에서 수렵채집인이 고기를 너무 많이 잡았는데 인간은 고기를 일정량 이상 먹으면 설사 같은 문제가 생기기 때문에 남는 고기를 늑대에게 나눠주었고, 늑대는 그 대가로 인간을 보호하거나 사냥을 도왔다. 그렇게 시간이 흐르며 이 상호작용이 점차 길들임으로 이어졌다. 그럴듯해 보이지만, 동시에 이런 의문도 남는다. 그렇다면 늑대는 왜 인간을 공격해서 고기를 다 빼앗지 않았을까?

세 번째 가설은 인간이 애초에 늑대 새끼를 납치해 키웠다는 이론이다. 하지만 이건 가장 가능성이 작아 보인다. 늑대 새끼를 잡는 일은 위험천만할 뿐 아니라 키우기도 매우 어렵고 시간과 자원이 많이 든다. 특히 인간 자신이 끊임없이 생존의 위협을 받던 시대에는 먹을 것을 구하고 자신의 아이를 기르는 일이 최우선 과제였을 것이기 때문이다.

정확한 이유가 무엇이었든 인간과 늑대는 한 공간에 놓이게 됐고, 관계가 잘 맞아떨어진 덕에 오랜 시간 함께할 수 있었던 것으로 보인다. 그 시기 인간과 개는 모두 생존을 위협하는 극한의 조건에 직면해 있었다. 험한 날씨, 부족한 식량, 맹수의 위협 같은 것들이다. 그런 위험한 세계에서 인간과 개는 함께할 때 훨씬 더 효과적으로 위기를 헤쳐나갈 수 있었고, 그렇게 인간은 가장 친한 친구를 얻게 됐을 것이다.

그렇게 수많은 시간이 흐르다가 놀라운 일이 벌어졌다. 개와 인간이 함께 세상을 헤쳐나가는 사이에 둘의 유전자가 수렴하기 시작한 것이다. 과학자들이 인간과 개의 유전체를 비교한 결과, 시간이 흐르면서 양쪽 모두에서 놀랍도록 유사한 방향으로 유전자 변화가 일어났음이 발견됐다. 언뜻 생각하면 이 말은 시간이 흐르면서 인간이 점점 개처럼 변했다는 뜻으로 해석될 수도 있다. 하지만 그렇지 않다. 실제로 이 유사성은 전혀 다른 사실, 즉 인간과 개가 동일한 도전에 직면해 있었다는 사실을 드러낸다. 다시 말해 수천수만 년에 걸쳐 동일한 환경적 압력에 노출되면서 인간과 개의 유전자 모두가 생존과 적응을 위해 유사한 방식의 변화를 겪어야 했다는 뜻이다.

요약해보자. 개는 너무나 오랫동안 인간의 가장 친한 친구였기에, 우리 DNA는 말 그대로 같은 방식으로 형성돼왔다. 마치 인간과 개의 유대가 유전자에 새겨져 있는 듯하다. 유전자에 남은 그 공통된 변화는 일종의 공유된 흉터와 같다. 그 흉터는 먼 옛날 지구의 거센 풍랑을 함께 견디며 끝내 살아남았다는 증표, 우리가 하나 돼 통과해낸 생존의 흔적이다.

개는 그냥 털북숭이 아기일까?

1960년대에 심리학자 메리 에인스워스 Mary Ainsworth 박사는 아기들의 애착 유형을 확인하기 위해 낯선 상황 검사 strange situation test 라는 획기적인 방법을 고안했다. 말 그대로 아기를 낯선 상황에 놓고 반응을 관찰하는 방법이다.

아기는 엄마와 함께 방에 들어가 자유롭게 돌아다니며 여기저기 흩어진 장난감을 가지고 논다. 몇 분 후, 낯선 사람이 들어와 아기와 놀려고 시도한다. 곧이어 엄마는 방을 나가고, 아기와 낯선 사람만 남는다. 슬슬 어색해지는 것 같지 않나? 다행히 몇 분 뒤에 엄마가 다시 방으로 돌아온다.

에인스워스는 이런 낯선 상황에서 아기가 보이는 행동을 통해 애착 유형을 파악할 수 있다고 봤다. 대부분의 아기(약 70퍼센트)는 안정 애착secure attachment을 보인다. 엄마가 방을 떠나면 불안해하고, 엄마가 없는 동안에는 낯선 사람과 노는 것을 망설인다. 하지만 엄마가 돌아오면 기뻐하며, 다시 낯선 사람과도 조금씩 어울리려 한다. 이 유형의 애착을 보이는 아이들에게 엄마는 안전하게 세상을 탐색할 수 있게 해주는 출발점이자 세상을 향해 나아갈 수 있게 빛을 비춰주는 등불이다.

그리고 15퍼센트는 불안-회피형anxious-avoidant 애착을 보인다. 이런 아기들은 엄마가 방에서 나가든 다시 돌아오든 별 반응을 보이지 않는다. 엄마가 없을 때도 낯선 사람과 비교적 자유롭게 논다.

나머지 15퍼센트는 불안-저항형anxious-resistant attachment 애착을 보인다. 이런 아기들은 엄마가 방을 떠나면 심하게 불안해하고, 낯선 사람과의 접촉을 거부한다. 그런데 엄마가 돌아오면 기뻐하기는커녕 분노를 표출한다. 엄마의 접촉을 거부하고, 마치 원망이라도 하듯 화가 난 기색을 보인다. "어떻게 날 이런 이상한 사람한테 맡기고 가버릴 수가 있어?" 같은 기색이다.

지금쯤 당신은 이런 생각을 할지도 모르겠다. 이 얘기를 왜 개에 관한 장에서 꺼내는 걸까?

에인스워스가 이 연구를 수행한 지 수십 년이 지난 뒤, 연구자들은 개들도 보호자에게 이런 애착 유형을 보이는지 궁금해졌다. 인간과 개의 관계는 부모-자식의 관계와 꽤 비슷하다는 점을 고려한다면, 그럴 수도 있지 않을까? 여기서 중요한 문제는 과연 개들이 어떤 생각을 하는지였다.

결과는 개를 좋아하는 모든 사람의 마음을 따뜻하게 해줄 만했다. 개들을 낯선 상황 검사에 참여시켰을 때, 대부분은 아기들과 마찬가지로 보호자에게 안정 애착을 보였다. 보호자와 함께 있을 때는 주변을 훨씬 더 적극적으로 탐색했고, 보호자가 자리를 비우면 낯선 사람과 노는 데 주저했다. 개들 역시 아기들이 엄마를 바라보듯, 보호자를 안전과 위안을 주는 안전기지로 인식하는 듯했다.

이 지점에서 매우 중요한 과학적 질문이 떠오른다. **개는 그냥 털북숭이 아기일까?**

신경과학 연구는 놀라울 정도로 '그렇다' 쪽에 무게를 싣는다. 물론 개가 정말로 어린아이인 척 위장하는 건 아니다. 신경학적 수준에서 볼 때, 개와 보호자 사이의 관계가 부모와 자녀의 관계와 매우 유사하다는 얘기다.

7장에서 우리는 부모가 단순히 아이를 바라보기만 해도 옥시토신 수치가 올라간다는 사실을 살펴봤다. 개와 주인 사이에서도 이와 똑같은 일이 일어난다. 즉, 개와 보호자가 서로의 눈을 마주 보면 둘 다 옥시토신 수치가 의미 있게 상승한다. 게다가 연구자들이 개에게 옥시토신을 더 많이 주입하면, 개는 주인을 더 오래 바라본다. 놀랍게도 이런 시선 교환은 양방향 피드백 루프를 만들어 주인의 옥시토신 수치까지 끌어올린다. 개와 눈을 맞추는 것만으로도 옥시토신 하이퍼루프가 작동하는 셈이다. 그렇다면 왜 이런 현상이 일어나는 걸까?

부모-자녀 관계에서 옥시토신이 하는 일을 떠올려보자. 부모와 아이 모두가 분비하는 대량의 옥시토신은 일종의 접착제처럼 작용해 단단한 유대를 형성한다. 이 메커니즘은 진화의 산물이다. 부모를 자녀에게 강하게 붙들어두어 아이가 보호받고 안전하게 자라도록 보장하는 것이다. 그렇다면 개는 어떨까? 아이와 마찬가지로, 개 역시 우리 곁에 있는 것만으로도 막대한 이득을 얻는다. 약 3~4만 년 전, 개는 인간과 함께하는 것이 생존에 유리하다는 사실을 알아차렸을 것이다. 아마도 음식 때문이었을 것이다(지금도 별로 달라진 게 없는 것 같지만). 그래서 개는 우리 뇌의 옥시토신 시스템을 교묘히 이용해 보호와 보살핌을 얻도록 진화했을지도 모른다. 어떤 증거가 있을까? 늑대가 인간을 응시할 때는 옥시토신 분비가 늘어나지 않으며, 인간이 늑대를 응시할 때도 마찬가지다. 이는 개가 가축화되는 과정에서 옥시토신 시스템이 새롭게 발달했음을 보여준다. 개와 함께 있을 때 우리가 보상을 받는다고 느끼고, 개에게 강한 애착을 갖게 되는 것도 이 옥시토신 때문일 수 있다.

또한 개는 다양한 방식으로 우리 뇌를 교묘하게 자극해 마음을 사로잡는 특징을 수도 없이 가지고 있다. 강아지 눈*puppy eyes*이 대표적인 예다. 연구에 따르면, 보호소에 있는 개 중에서도 안쪽 눈썹을 더 자주 치켜세우는 개들(즉, 사람 마음을 사로잡는 강아지 눈을 가진 개들)은 훨씬 더 빠르게 입양된다. 이는 개의 진화 과정에서 귀여움이 유리하게 작용했다는 사실을 보여주는 실제 사례다. 사람의 감정을 더 잘 자극하는 강아지일수록 입양돼 돌봄을 받을 확률이 높았다. 이 역시 개가 인간과 연결되기 위해 진화시킨 고유한 특징이다. 반면 늑대는 신체 구조상 강아지 눈을 만들 수 없다. 약 3만 3,000년 전에 개는 안쪽눈구석올림근*levator anguli oculi medialis*이라는 특수한 근육을 새롭게 진화시켰고, 이 근육 덕분에 안쪽 눈썹을 들어 올려 차마 저항할 수 없는 표정을 지을 수 있게 됐다. 늑대는 이 근육을 갖고 있지 않기 때문에 사람의 마음을 사로잡기 위해 개만큼 강렬하게 감정을 표현할 수 없다.

개가 우리와 연결되는 데 도움이 되는 또 하나의 특징은 눈물이다. 만약 당신이 반려견을 키운다면, 퇴근하고 집에 돌아왔을 때나 몇 시간 이상 떨어져 있다가 다시 만났을 때 개의 눈을 한번 들여다보라. 눈이 반짝이며 촉촉하게 젖어 있다면, 그것은 당신을 향한 사랑의 신호일 수 있다. 실제로 개는 주인과 몇 시간 만에 재회하면 낯선 사람과 재회했을 때보다 더 많은 눈물을 흘린다. 이때도 이유는 같다. 그렇게 하는 것이 더 귀여워 보이기 때문이다. 실제로 눈물이 맺힌 개는 사람들에게 더 긍정적인 평가를 받는다. 이 반응 역시 옥시토신으로 유도되는 듯하다. 개의 눈에 옥시토신이 포함된 용액을 떨어뜨리면, 옥시토신이 들어 있지 않은 용액을 넣었을 때보다 더 많은 눈물을 흘리는 것으로 나타났다.

이건 마치 우리의 사랑을 얻으려는 개들의 교묘한 계략처럼 보일 수도 있다. 당신의 강아지가 당신을 바라볼 때 당신의 뇌에서 옥시토신이 분비되고, 동시에 강아지의 뇌에서도 옥시토신이 분비된다. 그 결과 강아지의 눈은 반짝이며 촉촉해지고 더욱 귀여워 보인다. 그러면 당신은 그 강아지를 더더욱 사랑하게 되고, 어느새 값비싼 간식을 사주고 하루에도 몇 번씩 산책을 나가는 지경에 이르게 된다.

개들이 이런 특성을 진화시켰다는 사실은 우리 존재가 그들에게 얼마나 소중한지를 보여준다. 우리가 그들의 생존 가능성을 크게 높여주지 않았다면, 단지 우리와 유대하기 위해 이런 새로운 특징을 발달시켰을 리 없다. 하지만 이로 인해 우리도 이득을 얻는다. 1장에서 살펴본 것처럼 우리 뇌는 사회적 보상 체계로 가득 차 있는데, 집단 속에서 살아갈 때 가장 잘 생존할 수 있기 때문이다. 아마도 개들은 자신들이 우리 곁에 머무는 것이 우리의 생존 가능성을 높여준다는 것을 알기 때문에 이런 우리의 보상 체계를 파고들게 된 것 같다. 게다가 이건 개들이 꾸민 사악한 음모가 아니다. 개들 또한 사람과의 관계에서 사랑을 느끼기 때문이다. 우리를 바라볼 때 개에게서 옥시토신이 분비된다는 사실은 사랑과 깊이 연결된 호르몬이 나온다는 뜻이다. 이는 개들이 우리를 사회적 보상과 결부시킨다는 점을 시사한다. 나는 개들이 확실히 우리를 사랑한다고 단언할 수 있다. 어쩌면 그들은 우리를 부모처럼 여기고, 우리는 그들을 '털북숭이 아기들'로 보는 것인지도 모른다.

우리가 자녀와 유대를 맺을 때 사용하는 뇌의 체계에 개들이 편승했다는 점을 우리의 건강을 증진하는 데 활용할 수 있을지도 모른다. 강아지의 눈을 들여다보거나 껴안을 때 당신은 건강에 이로운 옥시토신을 분비할 것이다. 이런 동물과 함께할 특권을 가진 우리는 얼마나 운이 좋은가. 아이들과 함께 보낼 때처럼 건강을 북돋는 존재를 곁에 둘 수 있다는 점에서 개는 사회적 식단의 소중한 요소라고 할 만하다. 물론 인간과의 교류를 개와 보내는 시간으로 모두 대체해서는 안 되지만, 사랑스러운 강아지들은 다른 사람들과의 상호작용이 부족할 때 우리가 느끼는 외로움을 줄여줄 수 있다. 특히 건강 위험이 큰 고립된 노인들에게 개는 대단히 가치 있는 존재가 될 수 있다. 할머니나 할아버지가 개를 기를 수 있다면, 노년기에 줄어드는 사회적 접촉을 회복하는 데 큰 도움이 될 것이다.

개 외의 반려동물 역시 건강에 이롭다. 고양이는 스트레스를 완화해주며, 고양이를 기르는 것은 심혈관 질환으로 인한 사망 위험 감소와 연관돼 있다. 다만 개는 효과가 조금 더 강할 수 있다. 개들이 오랜 세월에 걸쳐 인간과 맺어온 독특하고 긴밀한 관계를 떠올리면 쉽게 이해가 갈 것이다. 예를 들어 3,000명이 넘는 퇴역 군인들을 대상으로 한 연구에 따르면, 개를 기르는 사람들은 고혈압과 고콜레스테롤 수치가 낮았고 심장병과 당뇨병의 발병률도 낮았다. 반면 고양이를 기르는 경우에는 그런 효과가 나타나지 않았다. 개는 반려동물 중 가장 많이 연구된 존재이지만, 사실 나는 어떤 동물이든 건강에 도움이 될 수 있다고 본다. 이 생각을 뒷받침하는 실제 근거도 있다. 반려동물(개, 고양이, 물고기, 새 등)을 키우는 집의 아이들은 스트레스가 극심했던 코로나19 팬데믹 기간에 수면 장애와 과잉 행동의 비율이 훨씬 낮았다. 어떤 동물이든 좋은 벗이 될 수 있지만, 수천 년 전부터 인류와 개가 함께하도록 이끈 진화적 압력을 고려하면 우리 뇌는 개를 통해 어떤 동물보다 큰 혜택을 얻도록 설계돼 있을 가능성이 크다.

이제 개가 어떻게 인간의 건강을 조절하는지 좀 더 깊이 들여다볼 차례다. 내가 이 책의 한 장 전체를 개와의 관계에 할애하는 것은 그 효과가 결코 허구가 아니기 때문이다. 우리의 털북숭이 아기들과 함께하는 시간이 우리에게 어떤 이득을 가져다주는지, 이제 하나하나 밝혀보자.

개의 치료 효과

치료견 therapy dog이 인류에게 미친 영향은 상상을 초월할 정도로 크다. 개들은 병원과 요양원, 대학 캠퍼스에서 사람들의 건강에 도움을 주고 있다. 개들의 이런 활동은 단순히 귀엽고 재미있는 수준을 넘어 실제로 효과가 있다. 예를 들어 캠퍼스에서 동물과 상호작용한 학생들은 정신 건강이 개선된 것으로 나타났다.

개는 또한 수많은 질환의 치료에 도움을 주는 봉사견 service dog으로도 활약한다. 봉사견은 시각장애인이나 청각장애인의 눈과 귀가 돼주고, 뇌성마비나 다발성 경화증 같은 운동 장애가 있는 이들에게는 물건을 가져다주거나 문을 열어준다. 치매 환자에게는 길잡이 역할을 하거나 잃어버린 물건을 찾는 데 도움을 준다. 갑작스러운 수면 발작이 특징인 기면증 환자의 경우, 봉사견은 임박한 수면 발작을 미리 감지해 주인에게 알린다.

간질 환자에게 발작이 임박했음을 경고하기도 한다. 이런 일이 어떻게 가능할까? 개가 미래를 볼 수 있는 걸까? 연구 결과, 개에게는 엄청난 초능력이 있는 것으로 밝혀졌다. 예를 들어 개는 인간의 땀 냄새에서 발작 임박 신호를 탐지할 수 있다. 2021년의 한 연구에서 연구진은 간질 환자에게서 발작 전, 발작 도중, 발작 후의 땀을 채취해 간질 환자가 아닌 사람들에게 묻혔다. 이때 각 참가자는 자신의 반려견과 함께 있었다. 이 반려견들은 자신의 보호자에게서 발작 관련 땀 냄새를 감지했을 때, 설명하기 어려울 정도로 주의력이 높아졌고 보호자 곁에 더 오래 머무르며 눈 맞춤을 늘렸다. 중요한 점은 이 개들이 훈련받은 개가 아니라는 사실이다. 이는 개가 인간의 땀에서 생리적 고통 신호를 본능적으로 포착할 수 있음을 시사한다.

사람에게 정서적 위안을 주고 동반자가 돼주는 동물은 수없이 많다. 하지만 특히 개는 인간의 신경계를 안정시키는 효과가 입증됐다. 개와의 교류가 불안을 줄이고 기분을 좋게 한다는 사실은 과학 연구로도 입증됐다. 그렇다면 개와 상호작용할 때 사람의 몸에서는 실제로 어떤 일이 일어날까?

이 질문에 답하기 위해 한 연구에서 연구진은 참가자들이 처음 보는 개와 상호작용하기 전과 후의 생리적 신호를 측정했다. 참가자들은 개에게 부드럽게 말을 걸고, 쓰다듬고, 함께 놀며, 귀를 긁어주었다. 이런 실험에 참여하는 건 꽤 괜찮은 일이었을 것이다. 놀랍게도 개와 교류한 뒤 참가자들은 혈압이 낮아졌고, 옥시토신과 도파민 수치는 높아졌으며, 엔도르핀 수치 역시 두 배 이상 증가했다. 또 다른 연구(너무나 절묘하게도 연구 책임자가 샌드라 바커Sandra Barker 박사다)에서는 치료견과 교류할 때 스트레스 호르몬인 코르티솔이 감소한다는 결과가 나왔다. 개는 인간의 몸에서 다양한 건강 증진 효과를 불러일으키는 듯하며, 이것이 개가 귀중한 정서 지원 동물로 자리 잡은 이유일 것이다.

사실 내가 이런 연구에서 가장 좋아하는 결과는 따로 있다. 연구진은 개의 생체 지표도 측정했는데, 사람과 놀면 개 역시 혈압이 약간 떨어지고 엔도르핀·옥시토신·도파민 수치가 상승했다. 아마 그래서 개가 늘 그렇게 열정적으로 놀고 싶어 하는지도 모른다!

개와 함께 지내는 것은 단기적으로만 좋은 게 아니다. 장기적으로도 이점이 있다. (개든 고양이든) 반려동물을 키우는 사람은 심혈관 질환으로 인한 사망 위험이 19퍼센트 낮고, 심박수와 혈압도 낮게 나타난다. 그 이유는 무엇일까?

한 가지 설명은 반려동물과 함께하는 사람들, 특히 개를 키우는 사람들이 집 밖에서 걷는 빈도가 높다는 것이다. 실제로 개와 함께 사는 사람은 하루에 걷는 걸음 수가 많아 심장 건강이 확실하게 좋아진다. 하지만 개의 존재 자체도 중요한 역할을 하는 듯하다. 한 연구에 따르면 건강한 노인들이 *개와 함께 산책했을 때*, 혼자 산책했을 때보다 심장 활동 지표가 더 높게 측정됐다. 이는 개가 사람의 운동 수준을 끌어올리기 때문일 수도 있고, 사람의 몸을 진정시키기 때문일 수도 있다. 같은 연구에서 노인들은 개가 집에 있을 때, 개가 없을 때보다 부교감신경계(쉽게 말해 '휴식과 소화') 활동이 더 활발했다. 이는 개가 심박수와 혈압을 개선한다는 다른 연구 결과들과도 일치한다. 개와 함께 있는 것은 마치 신경계에 얼음찜질을 하는 것과도 같다. 그래서 개와 함께 지내는 것이 장기적으로 건강에 이로운 효과를 가져오는 것일지도 모른다.

이런 진정 효과는 개와 함께 있는 것이 스트레스 상황을 관리하는 데도 도움이 될 수 있음을 뜻한다. 실제로 연구에 따르면 스트레스가 닥쳤을 때 반려동물이 곁에 있으면 보호 효과가 나타난다. 버펄로 캠퍼스의 연구진은 참가자들에게 두 가지 스트레스 과제를 부여했다. 하나는 큰 숫자들로 빠르게 뺄셈을 해야 하는 산수 과제였고, 다른 하나는 손을 얼음물에 2분간 담그는 과제였다. 참가자들은 이 과제를 혼자서 또는 배우자나 친구나 반려동물(개와 고양이 모두 포함)과 함께 수행했다.

놀랍게도, 반려동물이 곁에 있을 때 참가자들의 심박수와 혈압이 두 과제 모두에서 낮게 유지됐다. 이 결과는 무엇을 의미할까? 예를 들어 스트레스를 안기는 전화나 나쁜 소식을 들을 때 반려동물이 곁에 있다면 심혈관 수치가 치솟지 않을 가능성이 크고, 이는 심장마비 같은 위험으로부터 당신을 보호해줄 수 있다는 뜻이다.

개와 고양이는 단지 우리 곁을 지켜주는 것 이상의 혜택을 제공하는 것이 확실하다. 우리는 이 존재들이 사람과의 접촉이 주는 것과 동일한 혜택을 제공한다는 사실을 인정하고, 그 점에 감사해야 한다. 그렇다면 이제부터는 긴 하루를 마친 뒤 긴장을 풀기 위해 독한 술을 찾기보다는 반려견의 등을 긁어주고 눈을 마주쳐보라. 당신의 뇌가 고마워할 것이고, 반려견의 뇌도 마찬가지일 것이다.

반려동물이 아이들의 발달에 미치는 영향

앞서 개·고양이와 함께 자란 어린 시절의 경험을 이야기했다. 반려동물이 내게 많은 것을 가르쳐줬다는 말은 과장이 아니다. 적어도 나는 반려동물들에게서 사회적 역학을 배울 수 있었다. 물론 순전히 내 개인적인 경험일 뿐이다. 하지만 최근에는 실제로 개가 아이들의 사회적 기술을 강화해 발달 과정에서 도움을 준다는 과학적 증거가 제시되고 있다.

예를 들어 반려견이 있는 가정의 미취학 아동은 떼를 쓰거나 또래와 싸우거나 어른과 말다툼을 벌이는 등의 문제 행동을 하는 비율이 낮다. 게다가 개를 기르는 것은 (다친 사람을 돕거나 다른 사람들을 배려하거나 다른 사람들과 뭔가를 공유하는 행동 같은)

친사회적 행동과도 관련이 있으며, 또래들과 잘 어울리지 못하는 등의 문제도 줄여준다. 또한 부모들은 유아기에 반려동물을 키운 적 있는 아이들이 감정을 더 잘 표현한다고 평가하는 경향이 있다.

왜 그런 걸까? 내 생각에는 어린 시절 반려동물을 키우는 경험이 아이가 공감 능력을 학습하는 데 큰 도움이 되기 때문인 것 같다. 앞서 이야기했듯 인간은 공감 능력을 타고나는 게 아니라 경험을 통해 배운다. 반려동물을 키우는 아이는 동물이 드러내는 사회적 단서를 읽어내며 그 마음을 이해해야 한다. 곰곰이 생각해보라. 말을 하지 못하는 존재의 내적 상태를 헤아리며 그 마음속을 더듬어 들어가는 일보다 더 나은 공감 훈련이 어디 있겠는가. 실제로 반려동물에게 강한 애착을 형성한 아이일수록 공감 수준이 높게 나타난다. 또 어릴 때부터 개와 함께 살아온 문화권에서 자란 성인은 개의 표정에서 감정을 더 잘 읽어낸다. 반려동물과 함께 자란 아이는 타인의 고통을 볼 때 더 쉽게 슬픔을 느끼고, 그에 대해 더 큰 연민으로 반응하는 경향이 있다.

부모들에게 꼭 말하고 싶다. 아이가 강아지를 키우고 싶다고 간절히 조른다면 너무 간단히 거절하지 말라. 반려동물은 조망수용perspective taking(타인의 느낌이나 행동, 관점을 이해하는 인지적 활동 - 옮긴이)과 연민을 배우는 데 좋은 발판이 되는 동시에 부모 역할을 미리 체험할 기회도 제공한다. 자신보다 연약한 존재를 돌보는 책임을 맡는 일이기 때문이다. 인간으로 성장하는 과정에서 이런 기술을 어린 시절부터 배우는 것은 더없이 값진 일이다.

◎

아이들이 개와 함께 지내며 공감을 배운다는 사실은 중요한 함의를 지닌다. 인간이 본능적으로 개의 감정에 신경을 쓴다는 뜻이기 때문이다. 초파리가 가득 찬 방에 아이가 앉아 있다고 상상해보자. 그 상황에서 아이가 공감 능력을 학습할 수 있을까? 절대 그렇지 않다. 우리는 애초에 그런 곤충에게 공감하지 않기 때문이다. 이와 반대로, 개의 감정은 깊이 헤아릴 수 있다. 유대감을 형성하는 인간의 뇌 시스템을 개가 장악하고 있기 때문이다. 옥시토신으로 강화된 이 깊은 애착은 공감이 자라나는 데 최적의 토양이 된다.

한 연구에서는 대학생들에게 성인 인간, 아기, 성견, 강아지가 각각 야구 방망이로 공격당하는 사건을 묘사한 뉴스 기사(다행히 모두 가짜였다)를 읽게 했다. 놀랍게도 학생들은 성인 인간보다 강아지나 성견에게 더 큰 공감을 보였다(당연히 가장 큰 공감을 보인 대상은 인간 아기다). 이는 사람들이 개를 바라보는 시각과 관련이 있을 것이다. 일반적으로 개는 아이, 곧 '털북숭이 아기'처럼 여겨지며 순진무구한 존재, 보호와 보살핌을 받아야 마땅한 존재로 인식된다. 아마도 이는 개가 우리 뇌의 부모-자녀 간 유대감 형성 시스템을 장악하고 있기 때문일 것이다.

또한 새끼가 지켜보는 상황에서 더 관대한 모습을 보이는 돌고래들처럼, 인간도 개와 함께 있을 때 더 바람직한 행동을 하는 경향이 있다. 실제로 개는 우리 안의 가장 좋은 면을 끌어낸다. 길에서 거지가 개를 데리고 있을 때, 당신도 모르게 돈을 건네고 싶어진 적이 있는가? 그런 느낌을 받은 사람이 당신만은 아니다. 프랑스에서 수행된 한 연구에서는 배우 한 명이 개를 데리고 구걸을 하는 모습과 혼자서 구걸하는 모습을 연기했다. 결과는 놀라웠다. 배우가 개와 함께 있을 때는 혼자일 때보다 두 배가 넘는 사람들이 돈을 내주었고, 돈의 양도 평균적으로 39퍼센트 더 많았다. 또한 그가 동전을 땅에 흘렸을 때, 개와 함께 있을 경우에는 87.5퍼센트가 주워줬는데 혼자인 경우에는 57.5퍼센트만 도와줬다.

개는 우리 안의 무언가를 자극해 긍정적인 감정을 불러일으키고, 그 감정이 주변 사람들에게까지 전해지는 듯하다. 사람들은 개와 함께 있는 사람에게 더 강한 호감을 느낀다. 연구에 따르면 남성은 개를 데리고 있을 때 더 우호적인 평가를 받는다. 한 실험에서 잘생긴 젊은 배우(20세)가 거리에서 여성들에게 연락처를 물었을 때 전화번호를 준 비율은 9.2퍼센트에 불과했다.

하지만 개를 데리고 있을 때는 성공률이 28.3퍼센트로 뛰어올랐다.

개가 우리에게서 가장 좋은 면을 끌어낸다는 건 참으로 큰 축복이다. 개와 함께함으로써 아이들이 집에서 공감을 배우고, 우리가 서로를 더 깊이 존중할 수 있게 된 것이 4만 년 전 조상들이 개와 함께 지냈을 때 살아남을 확률이 높았기 때문이라는 사실이 놀라울 따름이다. 이 얼마나 경이로운 행운인가. 하지만 이 시점에서 우리는 자신에게 물어야 한다. 왜 지금 우리는 서로를 이전처럼 존중하지 못하게 됐는가?

먼 옛날 척박한 환경에서 개가 우리의 생존을 도운 것처럼, 과거의 우리 역시 서로를 그렇게 도우면서 오랫동안 생존해왔다. 그렇다면 지금부터라도 원초적 뿌리로 돌아가 서로에게 위안과 안전이 되어줄 수 있을까? 지금처럼 차이점이 공통점보다 더 두드러지는 세상에서, 어쩌면 우리는 서로에게서 개의 순수함을 보고자 애써야 할지도 모른다. 결국 우리는 모두 사랑과 관심을 바라는 동물에 지나지 않으니 말이다.

반려동물은 무조건 옳다!

이 장을 읽으면서 당신이 반려동물과 더 많은 시간을 보내야겠다고 생각하게 됐길 바란다. 그 시간을 통해 당신의 건강이 좋아지고 반려동물에게도 같은 이익을 줄 수 있기 때문이다. 하지만 그보다 훨씬 더 중요한 이유가 있다. 그들에게는 당신이 전부이기 때문이다.

가정에서 기르는 반려동물(개, 고양이, 물고기, 새 등)이 겪는 가장 큰 비애는 삶의 대부분 시간을 지루함 속에서 보낸다는 것이다. 내가 일하는 동안 내 반려견 조이가 하루를 지루하게 버텨낸다고 생각하면 마음이 아프다. 종일 조이는 이 방 저 방 옮겨 다니며 의자와 소파, 바닥과 카펫에서 낮잠을 잔다. 조이에게 재미있는 일이라고는 창밖을 내다보는 것밖에 없을 것이다. 어쩌면 그러면서 조이는 즐거움을 느낄 수도 있겠지만, 나라면 너무 지겨울 것 같다.

반려동물이 이렇게 지루한 생활에서 벗어나는 순간은 우리가 함께 놀 때뿐이다. 우리가 불쑥 바닥으로 몸을 숙여 그들이 가장 좋아하는 장난감을 움켜쥐고 잡아당기거나 튀기거나 그들을 쫓아다니며 놀아주는 일이 그들에게 얼마나 큰 의미일지는 그저 상상할 수밖에 없다. 그런 순간이야말로 그들의 전부이고, 그들이 살아가는 이유다. 산책도, 식사도, 놀이 시간도 없으면 그들의 삶은 그야말로 텅 빈 시간의 연속일 뿐이다.

이와는 대조적으로, 인간은 온갖 자극에 둘러싸여 있으면서도 늘 더 많은 자극을 원한다. 우리는 하나의 일만으로는 만족하지 못할 때가 많다. 저녁을 준비하면서 유튜브 영상을 보거나 찬장을 정리한다. 물이 끓기를 기다리다가 다른 방으로 뛰어가 TV를 켠다. 우리는 두세 가지 일을 동시에 하면서도 이상하게 재미가 별로 없다고 항상 느낀다.

하지만 잠시 이런 상상을 해보자. 만약 당신의 반려동물이 스스로 음식을 준비할 수 있다면 얼마나 큰 기쁨을 느낄까? 파스타를 끓이거나 샌드위치를 만드는 간단한 일이라도 그들의 삶 전체에서 가장 빛나는 사건이 될 것이다. 반면 우리에게 요리는 그저 귀찮은 일에 불과하다. 수많은 매혹적인 선택지가 우리 시간을 차지하려 다투는 가운데, 요리는 오히려 그런 기회를 놓치게 하는 일이니 말이다. 개와 인간은 여러 가지 면에서 비슷하지만, 인간이 생활하는 방식과 주의를 집중하는 방식은 개와 전혀 다르다. 나는 우리가 어디에 주의를 기울일지 조금 더 깊이 생각해야 하며, 주의를 기울 수 있는 선택지가 많다는 데 감사해야 한다고 본다.

이렇게 생각하면서 당신의 반려동물에게 조금 더 주의를 기울여보라. 그들에게 당신은 인생에서 집중할 수 있는 유일한 존재일지도 모른다. 그리고 확실히, 당신은 그들에게 가장 소중한 존재다.

핵심 정리

1. 개와 인간은 오래된 동반 관계를 유지하고 있으며, 서로 간의 협력으로 양쪽 모두의 생존을 뒷받침해왔다.
2. 개와 보호자 사이의 관계는 부모-자녀 관계와 매우 비슷하다. 개는 보호자에게 아기가 엄마에게 보이는 것과 유사한 애착 양식을 보이며, 옥시토신은 인간과 개의 유대에 핵심적인 역할을 한다.
3. 반려동물과 함께하는 것은 건강에 큰 이점을 준다. 개와 상호작용하면 혈압이 낮아지고 도파민 분비가 촉진되며 코르티솔 수치가 낮아진다. 장기적으로 개와 함께 지내면 스트레스가 완화되고 심혈관 질환의 위험이 낮아진다.
4. 반려동물과 함께 지내는 경험은 아이들의 사회적 기술 발달을 돕는다.

에필로그

우리 모두는
서로에게 꼭 필요한 존재다

몇 해 전 9월, 다큐멘터리 촬영차 아름다운 도시 시카고에 머문 적이 있다. 수면의 신경과학을 주제로 인터뷰를 촬영하기로 돼 있었다. 호텔을 나서던 아침, 하늘이 심하게 요동치더니 급기야 비가 쏟아졌다. 빗물 가득한 거리에서 택시가 미끄러지듯 다가왔다. 몸을 숙여 차에 타는 순간, 빗방울이 흩뿌려져 내 정장을 흠뻑 적셨다. 빠르게 달리는 차의 뒷좌석에 앉아 나는 인터뷰가 잘 풀릴지, 젖은 옷이 마르기는 할지 걱정하며 마음을 졸였다.

택시 기사는 페르난도라는 청년이었다. 서른 초반쯤 돼 보였다. 그는 목적지를 묻고는 말없이 차를 몰았다. 나는 창밖을 바라보며 인터뷰를 어떻게 진행할지 생각을 가다듬고 있었다.

한참 후 차가 속도를 줄이며 멈췄는데, 뭔가 잘못된 것 같았다.

"여기가… 맞나요, 손님?" 페르난도가 물었다.

창밖을 내다보니, 고가철도 아래로 허름한 벽돌 건물 몇 채가 늘어서 있었다. 도무지 촬영 스튜디오처럼 보이지 않았다. 잘해야 오래된 기차역쯤으로 보였다. 하지만 우버 앱은 그곳이 목적지라고 표시하고 있었다.

그 순간, 젖은 정장 따위는 걱정의 대상이 아니었다. 나는 프로듀서가 보낸 이메일을 서둘러 열었고, 페르난도는 휴대전화를 꺼내 들었다. "아, 여기서 조금만 더 가면 되네요!" 그가 전화기에 띄운 지도 앱 화면을 보여주며 2킬로미터 정도 떨어진 지점을 가리켰다. 우버 앱은 엉뚱한 곳을 가리켰지만, 페르난도의 지도는 정확한 위치를 표시하고 있었다. "가끔 이래요. 걱정마세요." 그가 웃으며 말했다.

나는 그가 요금도 받지 못할 거리를 더 달려야 한다는 사실에 미안해졌다. 걸어가겠다고 말할까 잠시 고민했지만, 폭우가 쏟아지고 있었다. 흠뻑 젖은 채 인터뷰 현장에 도착할 모습을 상상하자, 그의 친절이 더욱 고마웠다. 차는 계속 달렸고, 그 사이 우리 둘은 조금씩 서로에게 파장을 맞춰갔다. 이제 이건 단순한 우버 탑승이 아니었다. 우연히 짝지어진 두 사람이 함께 떠나는 여정 같았다. 우리는 스튜디오를 무사히 찾을 수 있을지 궁금해했다. 내가 인터뷰를 하러 간다고 설명하자 그가 내 연구에 관해 물었다. 대화는 점점 활기를 띠었다. 몇 분 만에 우리는 서로에 대해 꽤 많은 것을 알게 됐다.

이야기에 푹 빠진 채 도착한 진짜 목적지는 입구가 여러 개 있는 큰 건물이었다. 나는 이미 몇 분 늦은 상태였고, 다시금 인터뷰 걱정이 밀려왔다. 연신 고맙다고 말하면서 차에서 내리려 했는데, 페르난도가 말렸다.

"이 입구가 아닌 것 같아요." 그가 말했다. 나는 눈을 가늘게 뜨고 문에 붙은 작은 표지판을 겨우 읽었다. 그는 핸들을 돌려 차를 건물 반대편으로 천천히 몰았고, 거기 붙은 또 다른 표지판을 꼼꼼히 확인했다. 나는 초조해져서 시계를 힐끗 봤다.

"이 입구가 맞는지 확인하고 싶어서요." 그가 말했다. 그제야 나는 그가 진심으로 내가 비에 젖지 않길 바라고 있다는 걸 깨달았다. 그는 건물 주변을 두 바퀴나 돌아 가장 빠르게 건물로 들어설 수 있는 위치에 차를 대주었다. 나는 다시 한번 진심으로 고맙다고 말했고, 비를 뚫고 전력 질주하듯 건물 안으로 뛰어들었다.

그 뒤로 페르난도를 다시 만나지는 못했지만, 그의 친절은 지금까지도 내 마음을 깊이 울린다. 그는 굳이 시간을 더 들이고 기름까지 써가면서 나를 목적지까지 데려다줄 필요가 없었다. 하지만 무슨 이유에서인지, 그는 그렇게 했다. 그 순간은 평범한 우버 탑승과는 너무도 대조적이었다. 놀라울 만큼 따뜻하고 인상적인 경험이었다. 그 경험을 떠올리면서 나는 이런 의문을 가지게 됐다. 왜 사람들은 항상 서로를 이렇게 대해주지 않을까?

⊚

인터뷰를 마친 뒤, 시카고 벅타운에 있는 '바르타코'라는 멋진 현대식 레스토랑에 들어섰다. 배가 몹시 고팠고, 메뉴판에 적힌 세 가지 타코가 눈에 확 들어왔다. 글레이즈드 포크 벨리, 바하 피시, 참깨 양념 리브아이였다.

나는 식당에 갈 때면 즐겨 하는 놀이가 있다. 마음에 드는 메뉴 몇 가지를 고르고, 서빙 직원에게 그중에서 하나 골라 서프라이즈로 가져다 달라고 부탁하는 것이다. 물론 뭐가 나와도 상관없고, 어떤 선택이든 만족할 거라고 미리 말해둔다. 이건 어디까지나 재미로 하는 일이다. 음식이 나오는 순간은 항상 흥미진진하고, 연구에 따르면 예상을 뒤엎는 경험이 기억력을 높여준다고 하니 놀라움이 더해지면 식사도 더 오래 기억에 남을 것이다. 게다가 나는 워낙 결정 장애가 있어서 말이다.

나는 세 가지 타코 중 그녀가 가장 좋아하는 것으로 하나 골라달라고 서빙 직원에게 부탁했다. 그녀는 미소를 지었고, 그 순간 나는 뭔가 짐작했어야 했다. 몇 분 뒤, 매니저가 내 테이블로 와서 자신을 소개하고는(이름이 '스콧'이라고 했다) 접시를 내밀었다. 접시에는 세 가지 타코가 모두 담겨 있었다.

"하나만 고르셨던 건 아는데요." 그가 말했다. "그냥 세 개 다 드셔보시라고요. 가격은 그대로입니다."

믿을 수가 없었다. 나는 진심을 담아 감사 인사를 건넸고, 그는 환하게 웃으며 받아주었다. 타코 가게 안, 낯선 사람 둘이서 작은 인연을 나누는 특별한 순간이었다. 타코를 맛있게 먹은 뒤(지금 생각해도 글레이즈드 포크 벨리가 최고였다. 보다시피, 놀라움은 확실히 기억력을 높여준다), 그들과 이야기를 나누고 싶어 바쪽으로 갔다. 스콧이 내가 자란 동네에 있는 대학을 나왔다는 것도 그 자리에서 알게 됐다. 얼마간 대화를 나눈 뒤 계산서를 요청했다. 하지만 그들은 식사비는 걱정하지 말라며 고개를 저었다.

"다른 분에게 베풀어주세요." 스콧이 웃으며 말했다. 도무지 믿기지 않았다. 이렇게 친절할 수가 있을까? 시카고 사람들은 모두 이렇게 다정한 걸까?

몇 시간 전 페르난도가 베풀어준 친절이 떠올랐다. 마음속 깊이 따뜻함과 고마움이 밀려들었다. 인생에서 드물게 찾아오는 황홀한 감정이었다. 누군가의 돌봄을 받고 내 가슴은 사랑과 동료애로 가득 찼다. 이런 감정을 누릴 수 있다는 사실에, 이 모든 걸 느낄 수 있는 존재라는 사실에 감사했다. 나는 이 지구라는 행성에 인간으로 존재한다는 것이 얼마나 큰 축복인지 새삼 깨달았다. 어째서 이런 감정을 잊고 살았던 걸까? 오랜만에 나는 이 행성에 혼자 존재하는 것이 아니라는 사실에 감사했다. 인간으로서 살아 있다는 것이 자랑스러웠다.

∞

 이 책을 쓰는 동안, 나는 삶의 의미에 관한 중대한 결론에 도달했다. 사랑과 사회적 연결 그리고 관계가 우리가 이곳에 존재하는 이유라는 것이다.
 이 말이 너무 진부하게 들릴 수도 있다는 걸 잘 안다. 하지만 내 말을 끝까지 들어보길 바란다. 우리는 어떤 힘에 의해 이 세상에 놓였다. 그 힘이 진화든 신적인 존재든, 전혀 다른 무엇이든 상관없다. 중요한 질문은 이것이다. 우리를 이 세상에서 계속 생존할 수 있게 하는 것은 무엇인가? 우리에게 살아갈 의지를 주는 것은 무엇인가? 먼 조상들이 자연의 먹잇감이 되는 것을 막아주고, 지금의 우리가 주저앉지 않도록 격려해주는 것은 무엇인가?
 하나의 종으로서 살아남으려면 여기서 계속 살겠다는 의지를 가져야 한다. 존재하기를 원하고, 존재하는 것을 즐기게 하는 어떤 것이 반드시 있어야 한다. 나는 그 '어떤 것'이 서로를 향한 사랑이라고 믿는다. 우리가 사회적 유대에서 누리는 기쁨이 없다면 삶이 과연 살아갈 만한 가치가 있을까?

　자식이나 연인, 가장 친한 친구를 향한 사랑보다 강력한 힘은 없다. 많은 사람에게 죽음이 고통과 슬픔으로 여겨지는 이유는 사랑하는 이들을 뒤에 남겨둔 채 떠나야 한다는 생각 때문이다. 연구에 따르면, 외로운 사람은 자살로 생을 마칠 확률이 약 다섯 배나 높다. 사랑하는 이들을 떠올리는 것만으로도 수많은 사람이 자살 충동에서 벗어난다. 인간은 존재의 이유와 삶의 목적을 끊임없이 묻는 종이다. 그러니 우리가 살면서 경험한 축복받은 일들을 돌아보는 것은 매우 당연하다. 그리고 사랑보다 더 강력한 축복이 있을까?

　며칠 전, 올해 여든일곱인 할머니와 주방의 나무 식탁에 마주 앉아 오후 내내 인생에 대해 이야기를 나눴다. "내가 아직도 살아 있다니 믿기지 않아." 할머니가 이렇게 말했다. "내가 아는 사람은 이제 다 떠났는데 말이야." 그 말이 가슴 깊이 와닿았다. 할머니는 스물일곱 살이 되기 전에 부모님을 잃었고, 여섯 남매 가운데 막내로 태어난 그녀는 이제 모든 형제자매를 떠나보내고 홀로 남았다. 평생을 함께한 친구들이 하나둘 떠나는 모습도 지켜봐야 했다. 인간관계가 우리를 살아 있게 한다는 생각이 머릿속에서 맴돌았다. 하지만 나이를 먹는 동안 할머니가 아끼고 가꿔온 유대는 거의 다 시들거나 사라졌다. 그 과정에서 그녀는 서서히 자기 삶의 불가피한 끝을 받아들이고, 심지어는 반기게 된 걸까? 그래서 아침마다 눈을 뜨는 일이 그토록 놀라웠던 걸까? 내 머릿속 생각을 대신 말해주듯, 할머니가 손짓하며 이렇게 말했다. "내가 아직 살아 있는 건 네 엄마와 너를 향한 사랑 덕분이야."

그 한마디로 할머니는 내 생각을 확인시켜주는 동시에 뒤집어놓았다. 내 생각은 옳았다. 그녀의 긴 삶은 사랑으로 지탱되고 있었다. 하지만 그 사랑은 이미 세상을 떠난 친구들이나 친척들과 함께 사라지지 않았다. 시간의 손길이 끊임없이 앞으로 밀고 나가며 앞선 세대를 죽음 속으로 떠밀 때, 그녀의 사회적 뇌는 곁에 남아 있는 이들과 새롭게 연결됐다. 삶의 각 세대는 하나의 촛불 아래로 흘러내리는 촛농과도 같다. 할머니의 촛농 방울이 촛불 아래로 흘러 마침내 바닥에 닿으려 할 때, 동시에 그녀는 불꽃 가까이에 맺히는 방울들과 새로이 이어졌다. 우리는 앞선 세대의 어깨 위에 서서, 사랑으로 할머니의 뇌를 보듬고 있었다. 할머니를 뵈러 가길 잘했다는 생각이 들었다.

∞

이 책은 뇌에 관한 이야기일 수도 있고 사회적 교류가 주는 혜택, 다시 말해 우리가 서로를 치유할 수 있는 존재여야 한다는 이유를 말하는 책일 수도 있다. 어쩌면 우리의 사회적 성향이 어디에서 비롯됐는지, 그 진화적 뿌리를 탐구하는 책으로 볼 수도 있다. 하지만 사실 이 책은 인간성에 관한 책이다.

이 책은 당신과 나, 우리의 이웃과 친구, 가족에 관한 이야기이며 우리 사이에 쓸데없이 세워진 보이지 않는 장벽에 관한 이야기다. 또한 이 책은 기차에서 맞은편에 앉은 사람, 현관 앞에 앉아 음악을 듣는 이웃, 당신의 잔디밭을 가로질러 개와 함께 산책하는 부부 그리고 이에 맞서 당당히 짖는 당신의 개에게 마음을 열 때 벌어지는 일에 관한 것이다. 또 슈퍼마켓에서 당신을 도와주는 계산원, 공항에서 가방을 확인하는 직원, 은행에 전화를 걸었을 때 응대하는 사람에 관한 이야기이기도 하다.

이 책은 사람들 사이에 세워진 장벽이 무너져 내리는 순간에 관한 이야기다. 다른 이들의 가장 나쁜 면이 아니라 가장 좋은 면을 보는 드문 순간이 바로 그 순간이다. 또한 이 책은 대화에 몰입해 시간이 흐르는 것도 잊어버릴 때 밀려드는 감정, 사람들과의 상호작용에 깊이 빠져들어 그 순간을 당신의 뇌가 즐기게 하는 방법에 관한 이야기이기도 하다.

외로운 삶은 우리가 선물 받은 생물학적 자산을 크게 훼손한다. 반면, 주변 사람들과의 교류는 우리 몸과 뇌에 활력을 준다. 사회적 교류는 신체의 발달 방향을 잡아주고, 신체 기능의 쇠퇴도 어느 정도 막아준다. 더 좋은 점은 그 혜택이 당신의 맞은편에 있는 사람에게도 전달된다는 것이다. 페르난도와 스콧이 나를 대한 방식은 내 기분과 시각에 엄청난 영향을 주었다. 그들은 나의 기분을 크게 북돋아 주었고, 아마 두 사람 모두 자신의 사회적 습관 덕분에 행복하고 건강한 삶을 살고 있을 것이다. 만약 모든 사람이 낯선 사람과의 상호작용에서 페르난도와 스콧처럼 행동한다면 어떨까?

우리는 낯선 사람들과 연결될 이유를 찾기보다 쓸데없이 거리감과 분노를 느끼곤 한다. 운전 중에 다른 차가 끼어들거나 경적을 울리면 화가 치밀어 욕을 할 때도 많다. 하지만 그런 순간에도 당신은 그들에게 관용을 베풀 수 있다. 다소 낯간지럽게 들릴지 모르지만, 나는 그런 상황에 부닥치면 그들에게 그럴 만한 이유가 있으리라고 생각하기 위해 노력한다. 어쩌면 그 운전자는 아버지나 어머니가 응급실에 실려 갔다는 소식을 방금 들었고, 최대한 빨리 그곳에 가려는 중일지도 모른다. 타인을 이런 시각으로 바라보면 삶이 훨씬 더 견딜 만하고 덜 적대적으로 변한다. 그러면 당신과 공동체 사이의 거리가 줄어든다.

나는 이 책이 사회적 연결에 대한 당신의 생각을 변화시켜 사회적 연결이 반드시 필요하며, 특히 당신의 뇌에 절대적으로 필요하다고 생각하게 되기를 바란다. 감이 잘 안 잡히는가? 그렇다면 이렇게 해보자. 전화가 울릴 때 습관처럼 거절 버튼을 누르기 전에 잠시 생각해보라. 기차 안에서 눈이 마주친 사람에게는 칭찬을 건네고, 그에게서 무엇을 배울 수 있는지 살펴보라. 이웃이 현관에서 라디오를 크게 틀어놓는다고 불평하기보다는 맥주 몇 병을 들고 가서 음악 취향을 물어보라. 머릿속 독백에만 매달려 내면에 파묻혀 사는 대신, 상호작용에 자신을 열고 다른 사람들이 들여다볼 수 있게 하라. 마트 계산대 직원에게 고맙다고 말하고, 가방을 확인하는 직원에게 미소를 보내고, 전화를 받는 은행 직원을 친절하게 대하라.

우리는 뇌를 위해 외면을 멈추고 연결을 시작해야 한다. 오랜 친구를 만나거나 가족과 저녁을 함께하라. 당신의 사회적 식단의 질과 재료를 살펴보라. 기쁨을 주는 관계를 우선하라. 친구를 사귀고 약속을 깨지 말라. 노인들과 더 많은 시간을 보내라. 개와 함께 놀아주라. 좋은 사람이 돼야 한다. 그리고 제발 인터넷에서 싸우지 말라.

이 책은 지금 우리가 문명인으로서 어디에 서 있는지 그리고 미래에 어디로 향할지에 관한 이야기이기도 하다. 우리는 인류 전체가 흘러가는 방향은 바꿀 수 없지만, 각자 삶의 방향은 선택할 수 있다. 이 글을 읽는 지금(그 지금이 언제든), 우리는 모두 어떤 길목에 서서 불확실한 미래를 불안한 눈길로 바라보고 있다. 그 미래는 자동화된 서비스가 우리의 상호작용을 대신하고 분열이 우리를 괴롭히면서 인류가 점점 흩어져 고립으로 빠져드는 미래일 수도 있고, 우리가 다시 함께함으로써 떨어져 지내는 편리함을 함께하는 기쁨으로 이겨낸 미래일 수도 있다. 나는 이 선택이 우리 손에 달렸다고 믿는다. 우리는 시간과 기술이라는 파도가 우리를 갈라놓도록 내버려둘 수도 있고, 서로를 놓지 않고 붙들 수도 있다. 나는 후자이기를 간절히 바란다. 우리는 서로에게 꼭 필요한 존재이기 때문이다.

이웃이 친구가 아니라 적처럼 느껴지거나 친구 사이에서 정치적 갈등이 오래된 우정을 끊어낼 만큼 뜨겁게 달아오를 때, 잊지 말라. 우리는 서로에게 꼭 필요한 존재다. 삶이 고통스러운 구간을 지나며 만족보다 불안을 더 많이 안길 때, 동반자 관계에 위안이 있다는 사실을 잊지 말라. 우리는 얼굴을 휴대전화 화면 뒤에 숨긴 채 디지털 공동체 이곳저곳을 떠도는, 상호작용이 사라진 세상에 살고 있다. 이런 세상에서는 타인에게 화를 쏟아내며 불안을 해소하고 싶다는 유혹에 빠지기 쉽다. 모르는 사람에게 소리치고 싶다는 충동이 들거든, 사랑하는 사람을 껴안아라. 그리고 그런 순간에 작은 공감이 얼마나 멀리까지 닿을 수 있는지를 기억하라.

함께하는 것 이상으로 중요한 건 없다. 당신이 아끼는 사람들과 함께 삶을 누려라. 그들에게 사랑한다고 말해 그들이 미소 짓게 하라. 무엇을 하든 절대 잊지 말아야 할 사실이 있다. 우리는 서로에게 꼭 필요한 존재다. 당신의 뇌는 당신이 그러기만을 기다리고 있다.

부록

소셜 저널 템플릿

어떤 사회적 사건이나 만남이 끝난 뒤, 이 기록지를 작성하면서 경험을 되돌아보자.

1. 상호작용에 대한 짧은 설명:
   _____

2. 가장 즐거웠던 점:
   _____

3. 가장 아쉬웠던 점:
   _____

4. 만남 전 나의 기분:
   _____

5. 만남 후 나의 기분:
   _____

6. 누구를 만났는가:
   _____

7. 그 사람(들)과의 친밀도:
   _____

8. 그 사람(들)에 대한 호감도:
   _____

9. 그(그들)와 함께 있는 것이 즐거웠는가?
   _____

10. 무슨 이야기를 나누었는가?:
    _____

11. 가장 즐거웠던 대화 주제:
    _____

    가장 즐겁지 않았던 대화 주제:
    _____

12. 만남이 있었던 시간대:
    _____

13. 만남의 장소:
    _____

14. 분위기:

    (A) 분주했다. / (B) 조용했다.

    내가 더 원했던 분위기:

    (A) 더 분주했으면 / (B) 덜 분주했으면 / (C) 특별히 없다.

15. 만남의 환경이 편안했는가?

    _____

16. 그 환경에서 좋았던 점:

    _____

17. 그 환경에서 아쉬웠던 점:

    _____

18. 머문 시간:

    _____

19. 상호작용의 길이는?:

    (A) 너무 짧았다. / (B) 너무 길었다. / (C) 딱 알맞았다.

20. 19에서 A 또는 B를 선택했다면, 얼마나 더 짧거나 길기를 바랐는가?

    _____

21. 오늘 내가 가진 그 밖의 상호작용 양:

    _____

22. 이번 주 전체의 상호작용 양:

    _____

23. 이번 만남은 :

    (A) 기운을 북돋아 주었다. / (B) 소모적이었다. / (C) 무난했다. / (D) 기타

24. 그 경험에서 바꾸고 싶었던 점:

    _____

25. 다음번에는 더 하고 싶은 것:

    _____

26. 다음번에는 피하고 싶은 것:

    _____

모두 작성했다면 전체적으로 점수를 매겨보자. 1(최악의 경험, 다시는 하고 싶지 않음)부터 10(최고의 경험, 언제나 이랬으면 좋겠음)까지의 척도에서 이 경험은 몇 점인가?

_____

감사의 글

어떤 주제에 대해 읽은 내용을 실제로 실천에 옮기는 일은 결코 쉬운 일이 아니다. 책을 쓰는 동안 나는 사회적 연결의 가치를 직접 보여준 모든 사람을 떠올리며 깊이 감사했다. 나의 훌륭한 가족, 친구, 동료들 그리고 지구에서의 내 사회적 경험을 형성해준 수많은 낯선 이들에게 깊이 감사한다. 그들이야말로 내가 삶의 의미를 깨닫게 해준 사람들이다.

우선, 이 분야에 대한 내 열정을 처음으로 일깨워준 선생님들께 감사의 마음을 전한다. 댄 맥닐, 엘리자베스 러벨, 스티븐 킨지, 조지 스피루, 홀리 몽고메리-다운스, 앤드루 댁스는 내가 웨스트버지니아대학교에 다니던 시절에 과학적 호기심을 길러준 분들이다. 지도교수였던 다르시 파월에게도 감사드린다. 그는 내가 3년 만에 대학을 졸업할 수 있도록 도움을 주었고, 불가능해 보이는 목표를 향해 손을 뻗는 일이 놀라운 결과를 낳을 수 있다는 것을 보여주었다. 살면서 그의 가르침을 한 번도 잊은 적이 없다.

또한 뉴욕주립대학교 버펄로 캠퍼스에서 박사 과정을 함께 하며 나를 이끌어준 젠 옌, 왕쯔췬, 자말 윌리엄스, 프레디 장, 메건 콘로, 칭 카오, 트리파 슈와니, 펑 중, 루예 친, 맥스 라파넬리, 피얄리 차크라보르티와 많은 분에게 감사한다. 그들과 함께 할 수 있었던 것은 내게 크나큰 행운이었다. 프레이저 심, 말컴 슬로터, 미하일 플레트니코프, 스티븐 루이스, 제임스 캐틀린, 윌 망지오네, 토머스 코비, 그리고 엘리자베스 화이트, 브리타니 샌도어, JSMBS 공동체 전체에도 귀중한 지원에 대해 깊은 감사의 마음을 전한다.

롭 말렌카에게는 특별한 빚을 졌다. 그는 가장 어려워하는 실험에서 출발하는 것이야말로 좋은 과학을 하는 방법이라는 사실을 가르쳐주었다. 진심으로 감사드린다. 모니크 스미스와 보리스 헤이페츠의 지도와 편달에도 깊이 감사한다. 린지 카메론, 매트 폼렌즈, 켄달 레이먼드, 다니엘 카르도소-핀토, 제이슨 투치아로네, 네이르 에셀, 로빈 세인트 로랑, 조이 장, 팅 우, 제니 이마무라, 에피파니 시몬스, 조슈아 크랩서, 멜라니 플라스티니, 투울리 히에타미에스 그리고 스탠퍼드 공동체의 많은 이들에게도 박사후 연구 과정을 생산적이고 즐겁게 해준 것에 감사한다.

클레오 에이브럼, 레이철 바, 줄리아 바우만, 모하 벤소피아, 숀 카르보넬, 브라이언 S. 코언, 존 델로니, 데이비드 이글먼, 린지 에조, 해리스 에이어, 킴벌리 피옥, 줄리 프라탄토니, 수잔나 해리스, 앤드루 후버만, 이나 카네프스키, 클로이 커크, 콜 크라텐, 짐 퀵, 가브리엘 라용, 안드레이 마이어, 카티 모턴, 니니 무뇨스, 캐시 니커슨, 배리 오리일리, 마이클 폴란, 코리 파월, 카란 라잔, 에릭 라이스, 마이크 토도로빅, 포레스트 발카이, 로렌 월드먼, 파멜라 와인트럽 그리고 내게 조언을 아끼지 않고 멘토가 돼 주었으며 영감을 준 수많은 과학 커뮤니케이터에게 큰 빚을 졌다. 그들의 가르침과 과학 커뮤니케이션에 대한 헌신에 감사드린다. 그들 한 사람 한 사람이 커다란 변화를 만들어내고 있다.

나의 연구를 지원해준 수많은 기관에도 감사드린다. 미국 국립보건원, 미국 국립과학공학의학원, 신경과학회, 슈미트 사이언스, 퓰리처 위기보도센터, UCSC 과학커뮤니케이션 프로그램, 미국과학진흥협회, 시그마 자이, 미네소타대학교, 앨런연구소, 다나 재단, 텍사스대학교 댈러스 캠퍼스 뇌 건강센터, 뉴욕주립대학교 버펄로 캠퍼스, 스탠퍼드대학교, 웨스트버지니아대학교, 〈오픈마인드〉 매거진, 어라이브드-AI, 블로그브라더스, 룬, 멘디, 다이버시티 인 액션 매거진, 노바디 스튜디오 등이다.

특히 메리엄 굿과 마인드 사이언스 재단 전체에도 특별한 감사를 전한다.

탁월한 에이전트 로렌 홀에게도 깊은 감사의 마음을 전한다. 그녀의 귀중한 조언이 없었다면 이 책은 완성되지 못했을 것이다. 그녀와 다시 일할 수 있게 되길 바란다. 또한 안나 파우스텐바흐와 엘리자베스 코이프만을 비롯한 에이브리 출판팀 전체에 감사한다. 그들의 노력과 헌신이 이 과정을 이끌었고, 나는 귀중한 교훈을 배웠다. 니나 실드가 이 책을 처음부터 믿어주었던 것도 특별히 언급하고 싶다.

초고 단계에서 의견을 주었던 마히마 삼라이크와 평생의 친구 리키, 사라, 칼리, 크리스천, 조이에게도 특별히 감사한다.

사랑스러운 아내 벨라는 내 곁에 앉아 이 책의 원고 전체를 큰 소리로 읽어주며 피드백을 주었을 뿐 아니라 몇몇 부분은 여러 번 반복해서 읽어주었다. 이 책에 수많은 시간을 내준 아내에게 감사한다. 그 밖의 삶에서 많은 일에 들인 아내의 노고를 나는 결코 잊지 않을 것이다. 아내는 내 삶에서 모든 것을 가능하게 해주는 존재다. 다시 한번 아내에게 사랑한다고 말하고 싶다. 스테판 가족 모두에게도 감사의 마음을 전한다. 내가 그 가족의 친구가 될 수 있었던 것은 큰 축복이다. 그들이 나에게 베풀어준 배려와 우정 그리고 사랑에 감사한다.

내 개 조이에게도 감사한다. 글을 쓰는 동안 조이가 수없이 산책과 공놀이를 요구하며 나를 환기시켜준 덕분에 삶이 즐거웠고 산만했으며 웃음을 잃지 않을 수 있었다. 정말 좋은 아이다.

그리고 무엇보다 나를 공감과 사랑으로 키워주고 언제나 안전하고 따뜻한 집을 제공해준 부모님과 여동생에게 감사한다. 내가 책을 쓸 수 있었던 것은 끊임없이 격려하고 끝까지 믿어준 당신들 덕분이다. 어머니는 내게 친절의 가치를 보여주었고, 내가 자신을 믿기 전부터 이미 내 가능성을 믿어주었다. 내 자신감이 흔들릴 때조차도 확신을 붙들고 있어 준 데 감사한다. 내 전화와 인생에 관한 질문에 늘 응답해준 아버지께 감사드리며, 다시 한번 사랑한다고 말하고 싶다.

마지막으로, 이 작업과 연결된 모든 이들에게 깊이 감사한다. 영상을 봤든, 이 책을 읽었든, 그 밖의 어떤 방식으로든 말이다. 지금 이 글을 읽고 있는 당신도 포함해서다. 당신이 이 부분까지 읽고 있다면 특별한 감사의 인사를 받을 자격이 있다. 값싼 자극과 의심스러운 정보가 각축전을 벌이는 세상에서 과학을 공부하기 위해 당신의 주의를 할애해준 것에 진심으로 감사한다. 당신이 뇌에 대해 배우면서 가치를 찾기를 바란다. 당신의 삶에 신경과학을 전할 수 있다는 것은 내게 참으로 큰 영광이다. 신경과학이 당신의 삶을 더 깊고 풍요롭게 하기를 바란다.

WHY BRAINS
NEED FRIENDS

뇌는 왜 친구를 원하는가

초판 1쇄 발행 · 2025년 12월 24일

지은이 · 벤 라인
옮긴이 · 고현석
발행인 · 이종원
발행처 · (주) 도서출판 길벗
브랜드 · 더퀘스트
주소 · 서울시 마포구 월드컵로 10길 56 (서교동)
대표전화 · 02) 332-0931 | **팩스** · 02) 322-0586
출판사 등록일 · 1990년 12월 24일
홈페이지 · www.gilbut.co.kr | **이메일** · gilbut@gilbut.co.kr

기획 및 편집 · 송은경(eun3850@gilbut.co.kr), 유예진, 오수영 | **제작** · 이준호, 손일순, 이진혁
마케팅 · 정경원, 정지연, 이지원, 이지현 | **유통혁신팀** · 한준희
영업관리 · 김명자 | **독자지원** · 윤정아
디자인 · studio forb | **교정교열** · 공순례 | **CTP 출력 및 인쇄** · 정민 | **제본** · 정민

· 더퀘스트는 (주)도서출판 길벗의 인문교양·비즈니스 단행본 브랜드입니다.
· 이 책은 저작권법의 보호를 받는 저작물로 이 책에 실린 모든 내용, 디자인, 이미지, 편집 구성은
  허락 없이 복제하거나 다른 매체에 옮겨 실을 수 없습니다.
· 인공지능(AI) 기술 또는 시스템을 훈련하기 위해 이 책의 전체 내용은 물론 일부 문장도 사용하는 것을 금지합니다.
· 잘못 만든 책은 구입한 서점에서 바꿔 드립니다.

ISBN 979-11-407-1689-0 (03400)
(길벗 도서번호 090257)

정가 22,000원

독자의 1초까지 아껴주는 정성 길벗출판사
(주)도서출판 길벗 | IT단행본, 성인어학, 교과서, 수험서, 경제경영, 교양, 자녀교육, 취미실용 www.gilbut.co.kr
길벗스쿨 | 국어학습, 수학학습, 주니어어학, 어린이단행본, 학습단행본 www.gilbutschool.co.kr

인스타그램 · thequest_book | 페이스북 · thequestzigi | 네이버포스트 · thequestbook